U0688845

品成

阅读经典 品味成长

# TRUE NORTH

EMERGING LEADER EDITION

## 新兴领导者成长指南

[美] 比尔·乔治（Bill George） 扎克·克莱顿（Zach Clayton）/ 著

徐中 朱彩虹 / 译　杨斌 / 审校

人民邮电出版社

北京

**图书在版编目（ＣＩＰ）数据**

真北 ： 新兴领导者成长指南 ／（美）比尔·乔治
（Bill George）著 ；（美）扎克·克莱顿
（Zach Clayton）著 ；徐中，朱彩虹译. -- 北京 ：人民
邮电出版社，2024.4
  ISBN 978-7-115-63919-6

  Ⅰ．①真… Ⅱ．①比… ②扎… ③徐… ④朱… Ⅲ.
①企业领导学 Ⅳ．①F272.91

中国国家版本馆CIP数据核字(2024)第061882号

**版 权 声 明**

Copyright © 2022 by William George. All rights reserved.
Published by John Wiley & Sons, Inc., Hoboken, New Jersey.
Published simultaneously in Canada.
Simplified Chinese edition copyright © 2023 by Posts & Telecom
Press Co., LTD

◆ 著　　　〔美〕比尔·乔治（Bill George）
　　　　　〔美〕扎克·克莱顿（Zach Clayton）
　译　　　徐 中 朱彩虹
　责任编辑　袁 璐
　责任印制　陈 犇
◆ 人民邮电出版社出版发行　　北京市丰台区成寿寺路 11 号
　邮编 100164　　电子邮件 315@ptpress.com.cn
　网址 https://www.ptpress.com.cn
　涿州市般润文化传播有限公司印刷
◆ 开本：720×960　1/16
　印张：22　　　　　　　　　　2024 年 4 月第 1 版
　字数：262 千字　　　　　　　2025 年 5 月河北第 5 次印刷
　　　著作权合同登记号　图字：01-2022-5321 号

定价：69.80 元

读者服务热线： （010）81055671　印装质量热线： （010）81055316
反盗版热线： （010）81055315

真北是指导你行动的道德指南，源自你最真实的信仰、价值观和领导准则。所谓内心的"指北针"，代表的是你内心最深处的自己。但忙碌的现代人、企业人、基层人、干活人可能会叹口气说，好些时候真的是"找不到北"啊——这里面要找到的北，不只是包括发展方向、成长道路，战略规划意义上的，更内含着自我觉察、自我接纳进而由自我关爱走向自我实现意义上的。前者如果更多的是事和行的北，后者则更体现在人和心上的"真北"。前者关注疆域，开疆辟土成就伟业；后者关照境界，内心充盈从容有爱。战略上找到北让人行动有向，领导力上找到真北则让人心定无畏。

——杨斌，清华大学经济管理学院教授、领导力研究中心主任

一个优秀领导者的成功，永远来自追随者们的"恩典"。在技术革命重塑组织形态的时代，组织中所有的人——领导者与被领导者——都是彼此的追随者。领导与被领导的界限日益变得模糊，服务越来越成为领导者最重要的天职，而权力与权威则越来越退居其次。服务于大众与员工、社会和人类，是高悬于任何新兴领导者头顶上的真正的"北极星"，也是

足以引起最高冲动的领导力信仰，也是一种永恒的道德追求。这是我阅读《真北：新兴领导者成长指南》所获得的深刻启发。

——田涛，华为公司高级管理顾问

我们正处于一个大变局时代，动荡而不确定是这个时代的基本特征。对于组织来说最大的风险，莫过于领导力的缺失与危机所导致的组织方向的迷失。越是在大变局时代，领导者越需要发现并追随自己的真北，从而在充满压力与诱惑的环境中牢牢把握自我与组织的航向。

哈佛大学商学院教授比尔·乔治的新书《真北：新兴领导者成长指南》，在对 222 名领导者进行访谈的基础上，从探索自我、发展自我、领导他人、应对当下的挑战四个维度，清晰地揭示出了大变局时代杰出领导者的关键要素和成长路径。对于领导者，尤其是新兴领导者来说，本书是一部帮助你找到自己的真北、开启激动人心的领导力发展之旅、引领组织创造更好世界的完美指南。

——宫玉振，北京大学国发院教授

对创业者、企业家和各类决策者而言，洞察力、学习力和领导力至为关键，而领导力的核心是人格领导力、思想领导力与逆境领导力。如何修炼自我，提升领导力，从而与时偕行？这本书会助你一臂之力。

——陈为，正和岛总编辑

2019 年我在美国工作时，在哈佛大学商学院学习了"找到你的真北"（Discover Your True North）领导力课程，也就是这本书的主要内容。不同于其他领导力图书，《真北：新兴领导者成长指南》包含了从全球最优秀的 CEO 及创业者的真实经历中总结而来的理论。这门课给我的冲击力很大，我的收获也颇丰。如果让我提炼一个最核心的词语，那就是真实（authentic）！无论是在工作和生活中，还是在个人管理和团队领导中，这都是至关重要的。

这本书可以帮助我们找到属于自己内心的人生使命：真北。当你开启与自己内心的对话，找到属于自己的真北，真实而坦然地面对一切时，你所爆发出的能量是最大的！无论你是刚刚步入职场的新人，还是已经事业有成的高管，这本书都值得细细品味。

——刘展术，捷豹路虎中国产品管理执行副总裁

剧变的世界人人都是领导者，成为领导者需要你探索自己的真北（道德指南）和追随自己的北极星（人生使命），从而做到"顺境不骄、逆境不怂、绝境不乱、平境不怠"，带领团队和组织成就非凡。

比尔·乔治和书中 222 位领导者的人生故事与蜕变模式彻底讲清楚了一个人发展的基本路径和原理，真北就是领导力发展的"第一性原理"！

——徐中，《清晨领导力》作者、领越®领导力高级认证导师、

北京智学明德国际领导力中心创始人

作为彼得·德鲁克和沃伦·本尼斯领导力著作的继承者，本书有望成为与德鲁克的《卓有成效的管理者》和本尼斯的《成为领导者》齐名的经典之作。我向这部佳作致敬。

——大卫·格根（David Gergen），四任美国总统顾问、

哈佛大学肯尼迪政府学院公共领导中心主任

比尔·乔治与我们分享了他对 21 世纪领导力的独特而美好的见解。他的智慧不仅具有前瞻性，而且极具现实意义。这本书无疑将成为新兴领导者和已有成就的领导者们的宝贵资源，为我们提供不可或缺的指导和启示。

——休伯特·乔里（Hubert Joly），百思买前首席执行官、

哈佛大学商学院高级讲师

这是一本以价值观为导向的高管必备手册，很高兴我能为这本书做出一点贡献。

——梅洛迪·霍布森（Mellody Hobson），星巴克董事长、

Ariel 投资公司联席首席执行官兼总裁

在各个层级，我们都需要勇敢而真实的领导者。真实是这个世界上所有伟大领导者的决定性特征，如果你也渴望为世界带来美好的改变，那么本书一定是你前进路上最好的朋友。

——保罗·波尔曼（Paul Polman），联合利华首席执行官

比尔·乔治为我们讲述了一个关于信念与领导力的故事：一个人如果没有坚定的价值观，就无法实现价值。比尔做了一项出色的工作，向所有踏上领导之旅的人展示了如何发现自己的真北。

——卢英德·努伊（Indra Nooyi），百事公司前首席执行官

这是我读过的最强大、最实用的领导力图书，比尔·乔治是我们这个时代最令人钦佩的领导者之一，他将几代人的智慧都浓缩在了这本书中。

——汤姆·拉思（Tom Rath），《盖洛普优势识别器 2.0》作者

清华大学经济管理学院教授、领导力研究中心主任
**杨斌 教授**

# 真北心，本色行

仍很清晰地记得那一幕——2006年12月在哈佛大学商学院，比尔·乔治的课堂上，作为"组织与领导力"教学单元的合作教师，我听他带领来自中国及周边国家的五十多位高管，一起探讨泰诺中毒事件这个哈佛案例。那个时候，有几样事情对我来说都是新鲜的：卸任的 CEO 全职到商学院教书，不是抽空做几个讲座而已，而是要承担一门 MBA 课程整个学期的主讲，还要批改作业、给分数；案例讨论结束时并没有做总结的比尔，下课后被团团围住，之后又被拉着一起在餐桌上继续激辩；以及那时候他反复念叨的一个词——当时只道是平常——"真北"，也就是摆在你面前的这本书的书名。正是因为比尔·乔治，真北已经成为一个重要的领导力概念。

理解真北，就要理解"真实领导力"（Authentic Leadership) 的含义。《真实领导力》（*Authentic Leadership*）是比尔·乔治的第一本书，出版于 2003 年，其写作动机就是批判当时主流的领导力模式的关键缺陷——装是装不出真正的领导者的，领导者要找到并忠于自己的本色，不被他

人的期待裹挟，不被外显的耀眼左右，做真实的自己，走出本色领导之道。有不少读者（也包括编辑）都问过我，我在《卓越领导之道》书系总序中曾写过的"领导不艳，人自成蹊"中的"艳"字是否"言"之误写，其实，那一处，我想表达的正是此中真意。

懂得归懂得，信不信另说。课后围着比尔追问的高管们，常常脑子里装着两个"正在打架的小人儿"，他们向比尔提出来的问题，很多时候也曾在深夜里无数次问过自己。以本色（authenticity）来说，大多时候人们更愿意将其翻译为（解释为）"真诚""正直""诚信"这样一些更具褒义的词、与道德高尚更靠近的概念，而不像本色那么赤裸裸，以及心怀不安。做自己也好，做正确的事儿也好，人们担心的是，最终的结果会不会好？纵使真北很美，会不会只是个不切实际的理想？

这种经常遇到的怀疑，对比尔来说并不稀奇，相反，更坚定了他传递真北信念和推动真北实践的决心。这本以真北为书名的第三版，是在前两个版本基础上的深入与升华，尤其这本书在新增研究对象上有着非常重要的与前不同，那就是新增了新世代领导者，从而更加贴近现在的读者、学习者和管理者。这些访谈带给比尔对于真北领导力更大的信心，因为新世代领导者推崇更高的透明度、更大的多样性，更重视人的整全性，新世代的力量有着从手（hands）到脑（heads）再到现在的心（hearts）的变化。新世代公司从关注股东到关注和贡献更大范围的共同体（不只是本司、本地、本国，且不只是人），这些都与真北的初心甚合。高科技、社交媒体、绿色潮流、平权等环境的变化，也给真北与本色之道以更大的必然性——试想一下，如果1982年的泰诺中毒事件发生在当下，哪些维度会有迥然的不同？这是个很好的情景思维（scenario thinking）练习。

也许不只是巧合，泰诺事件的主人公詹姆斯·伯克（James Bruke）为第 3 章贡献了章首语。这一章是我拿到这本书后首先读完的，因为这一章围绕着几位年轻领导者展开，他们都是聚光灯下的雄心勃勃的"明星创始人"，却因为失去真北而脱轨。在《真北》最早的版本中，比尔就探讨过迷失真北的五种领导者类型：冒充者、狡辩者、名利狂、孤独者、流星人，而这一次因为结合了读者更为熟悉的新兴领导者作为案例，更加贴近现实，也更能把读者带入其中。这几位都是美国公司的美国创业者，如果是面向中国读者介绍中国的案例的话，会包括谁和谁呢？如果你希望将这章内容作为教学案例用在课堂上的话，这几位领导者的案例都有以此为原型的非常传神的影视作品，可以借用一些影视片段来引导讨论（请注意尊重版权）。①

写作者的态度本身也能验证其是否真信并笃行自己的主张——你鼓励诚意正心，那么你写作的字里行间是否意诚心正呢？我推荐大家细读一下书中每一章都有的、甚至篇幅不短的反躬自省。除了比尔·乔治教授之外，本书还有一位合著者扎克·克莱顿——他既是乔治教授的学生，也是一位新世代创业者。他们在每一章结束处都有三五页纸的针对自我的回顾剖析，算得上本书的一大亮点，尤其是其中显露的真诚与深刻，正是"他们分享的方式就是他们分享的内容"（How they share is also what they share）的身体力行。比如这一段——年轻的比尔·乔治加入了

---

① 写 Uber 案例的美剧是：《超蓬勃：优步之战》《Super Pumped: The Battle For Uber》；
　　写伊丽莎白·霍姆斯案例的纪录片是：《滴血成金：硅谷血检大骗局》《The Inventor: Out for Blood in Silicon Valley》；
　　写特拉维斯·卡兰尼克案例的美剧是：《超蓬勃：优步之战》《Super Pumped: The Battle For Uber》；
　　写亚当·诺伊曼案例的美剧是《初创玩家》《WeCrashed》。

许多组织，却从未被选为领导者（尽管非常渴望并努力），直到学长把他拉到一旁，对他说："比尔，没有人愿意和你一起工作，更不用说被你领导了，因为你总是匆匆忙忙，从来不会为别人花时间。"学长的话声音不高，却醍醐灌顶，有棒喝之效，给比尔带来了最早的转变。这种自我剖析在书中还有许多，也鼓励着阅读者写下自己对应的省思作为行动前的思考。

本书的第四部分有着关照当下的针对性，特别是第11章，包容性领导力。在分析了大形势之迫切后，作者从新世代领导者的实践中阐释了，包容性如何成为一种真北领导者的核心品格，多样性领导者如何注定是真北的核心要求；更有深度的是，作者意识到很多身边的人（包括公司高管，也包括政府首脑）只是把包容作为策略性因应、政治工具，而非由衷的信仰、自然的行动。这样的包容行动，比如很多公司推行的 DEI（多样性、公平和包容）工作，就背离了真北领导者的精髓——那就是内和外一体，心与行一致。作者追问我们每个人，是否会无意识地对某些人和事物有偏见，存成见，轻率评判？一切还是要回到正心上找答案，因为只有这样才能持久，才不会为其所"累"，才能够从心所欲，由内而外，自然而然。

对于寻找人生发展方向的读者来说，出现在本书第 6 章的职业黄金点（sweet spot）的概念，也许会对你有所启发。真北视角下的黄金点，不只是强调找到既热爱又擅长的发力点，强调动机和能力的结合会产生相互激发的作用（"爱"激发"能"，"能"深化"爱"），更突出如何从过度追求外在动机的陷阱向发掘沉静持久的内在动机转变。这种平衡观，也体现在生活与职业的平衡上——推倒人的各种角色，推倒人生各种平行空间中的"人造墙"，"做一个整全的人"。这部分，在我看来，有着很有感染力的理念和还不够有信服力的案例，这也凸显出其难得的价值和难为的挑战。究其本质，这些平衡，都是在不同程度不同角度上回答着康德对于人只该（该只）作为目的而非手段的严肃诘问。

比尔·乔治首先受聘于哈佛大学商学院，后来又同时为哈佛大学肯尼迪政府学院授课，并和夫人佩妮一起在哈佛大学设立了专门的"乔治学者"项目，以奖学金来鼓励在商学院和政府学院攻读联合学位的青年人。现在"乔治学者"已经超过百位，人数虽然并不那么多，却颇具启发性，让我们思考，工商管理与公共管理如何在新时代取得结合与平衡。长期以来，商业领导者关注绩效、推动创新、服务客户，而现如今，越来越多的企业家、管理者关注自己和企业如何成为向善的力量，与社会中不同的方方面面"与共"协同，尽力在社会所面临的诸多问题与挑战中做出贡献。这不仅关乎企业如何更多地尽到社会责任，也关乎公共部门和社会团体如何向商业领军企业学习和借鉴，从而更加高效和更有创新。对于这种"商"与"公"的融通与共，比尔·乔治从人才培养的探索上，给我们开了个好头。

最近读到很多关于人工智能前沿突破的访谈，我发现"冥想"一词出现得越来越频繁，许多创新者都借助已经成为习惯的冥想，来从这个疯狂快变的世界中"切出""抽离"，让自己的注意力集中于内在的思想、情绪和感受上，让大脑重新布线，让生命的一切都变得有意义，让领导力更有韧性。

这让我也想起很喜欢的一句格言，来自哈马舍尔德——最长的旅程，是向内求索（The longest journey is the journey inwards）。真北是指导你行动的道德指南，源自你最真实的信仰、价值观和领导准则。所谓内心的"指北针"，代表的是你内心最深处的自己。但忙碌的现代人、企业人、基层人、干活人可能会叹口气说，好些时候真的是"找不到北"啊——这里面要找到的北，不只是包括发展方向、成长道路，战略规划意义上的，更内含着自我觉察、自我接纳进而由自我关爱走向自我实现意义上的。前者如果更多的是事和行的北，后者则更体现在人和心上的"真北"。前者关注疆域，开疆辟土成就伟业；后者关照境界，内心充盈从容有爱。战略上找到北让人行动有向，领导力上找到真北则让人心定无畏。

"真正是自己"，"心中才得意"。

《清晨领导力》作者，领越 ® 领导力高级认证导师
北京智学明德国际领导力中心创始人

徐中　博士

## 在动荡的世界中做一个绽放的真实领导者

剧变的世界人人都是领导者，成为领导者需要你探索自己的真北（道德指南）和追随自己的北极星（人生使命），从而做到"顺境不骄、逆境不怂、绝境不乱、平境不怠"，带领团队和组织成就非凡。21 世纪初的剧变和重大危机使得人们对领导力进行了的重新思考。2015 年，《哈佛商业评论》发表文章宣称："真实可靠已成为当今领导者的黄金标准。"

21 世纪的第三个十年，世界变局再次加速。以 OpenAI 公司陆续发布的 ChatGPT（2023）和视频生成模型 Sora（被称为"世界模拟器"，2024）等为标志的颠覆性新技术，以及后新冠疫情问题、俄乌冲突、美国政治严重极化、地缘政治危机、全球供应链脆弱、极端气候频现等环境巨变，让所有的国家、组织和个人都面临前所未有的挑战与机会。未来十年，很多行业和职业都要被颠覆，专业的价值周期越来越短，大多数人的一生将更换若干个工作，学习若干个专业，每个人都要成为自己人生的 CEO。

面对日新月异的新技术和动荡严峻的新局面，组织、社区和家庭都需要我们站出来，前瞻未来、重塑自我、踔厉奋发、使众人行、成就非凡！今天，AI（人工智能）已经读完人类全部的书籍和知识，还在一刻不停地学习和进化。作为人类，提问比答案更重要，行动比思考更重要！

面对呼啸而来的 AI 新时代，我们要问：

- 21 世纪与 20 世纪的领导者有哪些不同？
- 什么是领导力？
- 为什么人人需要领导力？
- 你为什么想要领导？
- 领导力究竟是天生的还是后天培养的？
- 发展自己的领导力该从哪里入手？
- 为什么领导力的核心不是领导他人而是领导自我？
- 领导自我的关键是什么？
- 领导者如何不迷失方向、不脱轨？
- 如何找到职业的"黄金点"从而实现最大的成就？
- 如何兼顾事业与家庭从而活出完整的人生？
- 你凭什么领导他人？
- 如何实现从领导自我到领导他人的成功转型？
- 如何成为一位使命驱动型领导者？
- 如何成为一位成功的教练型领导者？
- 如何领导多样性的团队？
- 如何领导组织度过危机？

● 如何成为行稳致远和受人尊敬的道德型领导者？

……

这样的问题，你还可以提出很多很多。但如果你想在一本书中找到核心的答案，这本书就是《真北：新兴领导者成长指南》。

从事高管教育 20 余年来，我也经常被问到这些问题，它们成为我不断学习和翻译新书的动力源泉。2023 年，在翻译《真北：新兴领导者成长指南》的过程中，朋友问我翻译这本书与翻译其他书有什么不同，我脑海中的第一反应是"醍醐灌顶"——比尔·乔治和书中 222 位领导者的人生故事与蜕变模式彻底讲清楚了一个人发展的基本路径和原理，真北就是领导力发展的"第一性原理"！

我强烈推荐这本书给那些想要在动荡的世界中实现自我蜕变、成为绽放的真实领导者的读者，主要有三点原因：

第一，本书源自大量最佳实践，经受了长时间和百万读者的检验。它是基于对 222 位领导者（其中包括近 50 位新兴领导者）的访谈和研究的领导力集体智慧，以及 20 余年在哈佛大学和全球为数万名领导者交付培训的成功实践。研究案例既有纳尔逊·曼德拉、萨提亚·纳德拉、玛丽·博拉、沃伦·巴菲特、奥普拉·温弗瑞、卢英德等坚守真北和追随北极星的典范，也有扎克伯格、伊丽莎白·霍姆斯等迷失真北的领导者；既有"20 后""30 后"等老一代的领导者，也有"80 后""90 后"等新兴领导者；不仅研究了他们的成长和成功，更研究了他们穿越"熔炉"的艰难历程。这种对领导者群体极富全面性和多样性的长期研究确保了研究结果的科学性、严谨性与普适性。

第二，本书是一个由内而外全面发展领导力的完整系统，包括探索自我（回顾人生故事和熔炉经历）、发展自我（培养自我觉察、践行价值观、找到职业黄金点、活出完整的人生）、领导他人（从"小我"蜕变为"大我"、追随北极星、成为教练型领导者），以及迎接新时代的挑战（培养包容性领导力和危机领导力、成为道德型领导者）。这个系统与儒家两千多年来倡导的"诚意、正心、修身、齐家、治国、平天下"的君子人格培养系统异曲同工！此外，这个系统也是剧变时代的不变之道。作者指出，人工智能将扩展我们使用大脑的方式，但它永远不会取代我们内心尊崇的基本领导品质，如：同理心、激情、勇气、价值观、直觉和使命。作为领导者，我们必须开发我们的内在来应对复杂的挑战和困境。在当今世界，你需要培养这些品质并贯穿你的人生，成为一个真实领导者。如果用一个词来概括这些差异——那就是"真实可靠"（Authenticity）。

第三，作者比尔·乔治就是一位实现绽放的真实领导者的典范，他既是一位带领美敦力公司从市值 11 亿美元上升到市值 600 多亿美元的世界上最受尊敬的 CEO 之一，也是哈佛大学商学院最受欢迎的教授之一。他的人生故事、事业成就和人格魅力极富感染力，以至于哈佛大学肯尼迪政府学院公共领导中心主任大卫·格根教授在推荐序中把比尔·乔治看作德鲁克与本尼斯的接班人，称他们三位都在塑造几代人的领导力和管理实践方面走在了最前列。

我从过去 20 年阅读比尔·乔治的作品的过程中感受到，他是一位知行合一、受人尊敬的真实领导者。在 2011 年翻译《美国培训与发展协会领导力开发手册》中他的"真诚领导"这一章，以及 2014 年翻译哈佛大学商学院的《领导力教学手册》中他的"真诚领导力开发"一章时，我多次被他的真诚、真实、专业和慷慨所打动！

最感人的是他多次饱含深情地回顾与人生导师沃伦·本尼斯的交往，以及本尼斯对于领导力学科发展和他的蜕变的深刻影响。其中一次是2000年，在本尼斯75岁的生日宴会上，比尔·乔治当着德鲁克的面致辞道："如果说，彼得·德鲁克是'现代管理学之父'，沃伦·本尼斯就是'领导学之父'。本尼斯第一个提出，领导力不是一系列天生的特质，而是持续一生的自我探索的结果，它让人们成为更完整、更圆满的人，成为对自我有清晰的觉察，并能激发他人最佳潜能的人。他的这个洞见，对领导力研究极其重要，消除了我们眼中领导力的神秘感，开启了将领导者请下神坛的关键一步。"

本书有很多思想和洞见常常引起我的共鸣，在我耳边不断地回响，在此，我分享其中几句。

- 无论你生活在哪里，无论你在做什么，时代都在召唤你：找到你的"真北"，追随你的北极星，做一名真实领导者并对世界产生积极影响。
- 头衔让你成为管理者，品格使你成为领导者。
- 最难领导的人是你自己。

最后，特别感谢杨斌教授在百忙之中对本书翻译给予悉心指导并撰写推荐序，尤其是他曾经与比尔·乔治教授在哈佛大学商学院联袂授课的经历，使得他的推荐序具有特别的视角和意义。感谢田涛老师、宫玉振教授和刘展术先生热情撰写推荐语，他们从领导力专家和高管的视角进一步拓宽了我们的认知。感谢老朋友袁璐的信任，再次委托我们翻译领导力领域的经典作品，希望本书也和我们第一次合作的《领导梯队》

（第二版）一样，成为持久畅销的领导力经典，助力万千希望突破领导力的领导者。

很高兴再次和朱彩虹老师合作翻译领导力书籍，朱老师重点翻译了第 8-13 章，我重点翻译了前言、第 1 ~ 7 章。

由于译者水平有限，错误在所难免，请读者批评指正。

在彼得·德鲁克（Peter Drucker）的管理思想如日中天时，首席执行官（Chief Executive Officer，CEO）们经常前往美国加利福尼亚州向他请教如何领导和管理自己的公司。德鲁克是商界的偶像、管理学之父，他的30多部著作对现代跨国公司的塑造产生了巨大的影响。我在他晚年的谈话中发现，他拥有一种令人着迷的智慧。

在他逝世后，人们自然会问："谁将接替彼得的工作呢？"人们很快发现，最合适的人是沃伦·本尼斯（Warren Bennis）。于是，CEO们又一次长途跋涉前往加利福尼亚州，与这位我有幸认识的最和蔼、最睿智的人悄悄会面。沃伦是美国大学里的领导力研究之父，他通过他的20多部著作赋予了领导力研究在学术上的正统性，他是我们能够拥有的最好的导师和朋友。

2014年，沃伦去世后，这个问题自然又出现了："谁来接替沃伦的工作呢？"随着《真北》系列图书的出版，这个候选人出现了：比尔·乔治（Bill George）。他与德鲁克和本尼斯有着显著的区别：比尔本人也谦虚地指出，德鲁克和本尼斯都是终身学者，在理论上受过严格的学术训练，造诣深厚；相比之下，比尔是作为一家大公司成功的CEO而享誉业界的，然后才成为一位重要的思想领袖。尽管如此，他们三位都在塑造几代人的领导力和管理实践方面走在了最前列。

一次偶然的机会，沃伦在 2001 年的世界经济论坛上把我介绍给了比尔。在比尔卸任美敦力公司 CEO 之后，他开始整理自己关于领导力的思想和经验，以便与年轻的商业领袖们分享。

不久之后，比尔的第一本书出版了，这本书本质上是他的自传，书名为《真实领导力》（*Authentic Leadership*）。这本书很快就成了畅销书。那时，他还没有完全意识到自己已经开启了一段全新的职业生涯，一个比他的第一份职业更具影响力的新职业。在阅读《真北：新兴领导者成长指南》时，你不仅会了解他的领导力思想的精髓，还会发现一群更加多元化的领导者以及他们在通往各自真北的旅途中所学到的东西。这本《真北：新兴领导者成长指南》很有可能与彼得·德鲁克的《卓有成效的管理者》以及沃伦·本尼斯的《成为领导者》并肩。我很自豪地把比尔当作我的挚友和值得信赖的顾问，并祝贺他完成了他最好的作品。

在此，我想和读者分享几个要点：大部分学者的著作只适合少数专业学者阅读。知识的进步往往就是这样取得的。但非专业读者也想知道普通人如何应用。比尔的领导力思想和方法很具实践性，适用于各类领导者，包括企业、公众服务和政府部门的领导者。

就像彼得和沃伦的著作一样，比尔·乔治的著作充分地将理论和实践相结合。他通过写作、教学和指导帮助领导者更好地领导自己，进而更好地领导他们的组织。目前，有 20 多家大型跨国公司的 CEO 定期向他咨询和寻求建议。

有证据表明，世界各地的领导者都渴望发现自己的"真北"（True North），并朝着自己的北极星前进。2005 年，比尔在哈佛大学商学院开设了"真实领导力发展"（Authentic Leadership Development）课程，作为 MBA 二年级的选修课。学生们对这门课程的热情日益高涨，使得它成为哈佛大学商学院最受欢迎的课程之一，并吸引了越来越多的高管学员参加。

比尔的课程也进入了哈佛大学肯尼迪政府学院，我在那里担任实践教授和公共领导中心的联合主任。比尔还向哈佛大学肯尼迪政府学院全球青年领袖年度培训项目讲授了他的课程，这些青年领袖是由世界经济论坛挑选出来的，他们非常喜欢这门课，尤其是每天早餐时进行的深入的小组交流。

目前，仅在哈佛大学，就有大约 1 万名学员接受了比尔的培训。虽然目前还不能深入研究这门课程在多大程度上影响了人们的生活和领导力，但有足够的证据显示，其培训结果令人鼓舞。

有一群学生对比尔和他的工作非常了解，他们是在哈佛大学商学院和肯尼迪政府学院攻读联合学位的学生，他们在第三年获得了比尔·乔治和佩妮·乔治夫妇设立的奖学金。这些"乔治学者"，平均 20 多岁，他们在肯尼迪政府学院的公共领导力中心有一个共同的家，在那里，他们经常与比尔和佩妮见面。比尔慷慨地给予他们指导，并在他们毕业后很长一段时间都和他们保持密切联系。获得乔治奖学金的校友现在已有 100 多名。

诚然，许多人在成为乔治学者之前都有过蜕变的经历，这些经历增强了他们的领导力。即便如此，他们近些年的成就还是令人印象深刻。以下是比尔持续指导的一些学员。

- 塞斯·莫尔顿（Seth Moulton）自 2015 年以来一直担任马萨诸塞州第六国会选区的代表。

- 莫拉·沙利文（Maura Sullivan）是 Ginkgo Bioworks 公司的运营副总裁，该公司让美国各地的孩子都能进行新冠核酸检测。

- 乔纳森·李·凯利（Jonathan Lee Kelly）是食品服务企业 Asymmetric Holdings 的创始人，这是一家专注于在餐饮行业提供有意义的客户体验的公司。

- 拉伊·巴科特（Rye Barcott）是非营利性组织与荣誉同在（With Honor）的联合创始人兼 CEO，该组织致力于促进退伍军人在公共服务方面发挥领导力，并著有《通往战争的路上发生了什么》（*It Happened on the Way to War*）一书。

- 约翰·科尔曼（John Coleman）是 Sovereign's Capital 公司管理合伙人，《激情与使命》（*Passion & Purpose*）一书合著者。

- 彼得·布鲁克斯（Peter Brooks）是西尔玛集团（Sylmar Group）的联合创始人兼 CEO，该公司是一家致力于保护公众健康和环境的水务公司。

- 内特·菲克（Nate Fick）是企业安全公司 Elastic 的总经理，也是畅销书《一发子弹》（*One Bullet Away*）的作者。

- 布莱恩·埃利奥特（Brian Elliott）是房地产投资公司 InReach Capital 的创始人。

- 陈世文（Stephen Chan）是美国东北大学（Northeastern University）办公室主任，曾任波士顿基金会战略与运营副总裁。

- 克劳德·伯顿（Claude Burton）是私募股权公司 SkyKnight Capital 的联合创始人兼合伙人，该公司主要投资于市场领先的企业。

毫无疑问，本书的思想适用于全球各个领域和各国的新兴领导者。

在本书《真北：新兴领导者成长指南》出版之际，世界正面临一场领导力危机。两极分化决定了美国的政治，不平等威胁着我们的经济。种族平等的进步几乎停滞不前。这场新冠疫情在美国社会上造成了明显的深刻裂痕。对世界各地的人们来说，生活变得越来越动荡和不可预测。许多领导者不仅没有带领组织劈波斩浪、奋勇前行，而且无法在风暴中驶向安全的港口。DDI 公司在 2021 年全球领导力预测调查中发现，只有 11% 接受调查的组织报告称，它们的组织拥有"强大"或"非常强大"的领导团队，这是过去 10 年来的最低数据。

本书能帮助我们找到前进的方向。正如比尔·乔治所言，如果领导者能够认识到自己何时偏离了"真北"，并成功地及时修正航向，那么，国家也是可以做到的。当然，真实领导力胜过很多人现在所拥有的领导力。

## 第二部分 发展自我

第三部分 领导他人

**第四部分 应对当下的挑战**

## 第 13 章 | 道德型领导者

引言

# 时代强烈召唤
# 新兴领导者

危机正从四面八方袭来。

越来越明显的是，我们需要强有力的新兴领导者来引领新的航程。

——大卫·格根《战火人心》（*Hearts Touched with Fire*）

**21** 世纪的前 20 年，危机不断。2001 年 9 月 11 日，纽约世界贸易中心遭受袭击；紧接着，安然（Enron）公司和世通（WorldCom）公司等公司破产；2008 年，全球金融危机爆发。第二个十年的一个标志性事件是通用电气（GE）公司的衰落，波音公司对 737 MAX 飞机坠机事件的处理不当，全球新冠肺炎疫情暴发，非裔男子乔治·弗洛伊德（George Floyd）被白人警察压颈而死，以及气候变化带来的巨大破坏。

从本质上讲，造成这些悲剧事件的原因都可以追溯到领导力的缺失。

《真北：新兴领导者成长指南》一书不是对这些危机或造成这些危机的领导者的分析，而是对下一代的新兴领导者——X 世代、千禧一代和 Z 世代[①]的召唤：请你们站出来，探索你们的"真北"，并追随你们的"北

---

① 在社会学中，最常被提及的几个世代的出生时间段如下：

（美国）婴儿潮一代：1946—1964 年；

X 世代：1965—1980 年；

千禧一代：1981—1996 年；

Z 世代：1997—2012 年；

阿尔法一代：2013—2025 年。——译者注

极星"，带领这个世界变得更加美好。

在本书中，我们介绍了许多新兴领导者的故事。他们已经有所作为，如卡比尔·巴戴（Kabir Barday），艾比·法利克（Abby Falik），特雷西·布利特·库尔（Tracy Britt Cool）和拉伊·巴科特（Rye Barcott），以及来自婴儿潮一代的先驱者们：卢英德·努伊（Indra Nooyi），肯·弗雷泽（Ken Frazier），玛丽·芭拉（Mary Barra），萨提亚·纳德拉（Satya Nadella），乌苏拉·伯恩斯（Ursula Burns），约翰·多纳霍（John Donahoe）和奇普·伯格（Chip Bergh）。

我们相信，新兴领导者将会创造一个更加美好的世界。我们写作本书的目的是，让你充分发挥自己的潜力，成为一名在生活和工作中都能对他人产生积极影响的真实领导者。本书将引导你去反思自己的领导力、人性、价值观以及人生使命。

无论你生活在哪里，无论你在做什么，时代都在召唤你：

**找到你的"真北"，追随你的"北极星"；**

**做一名真实领导者并对世界产生积极影响。**

■ ■ ■

## 你的"真北"与北极星

"真北"是指导你行动的道德指南，它源自你最真实的信仰，你的价值观和你的领导原则。它是你内心的指南针，独一无二，代表着你内心最深处的自己。

你的"真北"就像指南针一样总是指向北极，同时也指向你的北极星。你的北极星就是你追求的使命：**为每个人创造更美好的世界。**

当你找到自己的"真北"时，你就理解了最深层次的自己，并能展现真实的自我。当你找到了自己的北极星，你就准备好了去追逐自己的使命。这种认识自我的内心旅程是领导他人的伟大旅程的前提条件。我们在此邀请你去完成这个旅程，因为它既能帮助你发挥自己的全部潜力，也能使你对社会产生持久的积极影响。

**最难领导的人是你自己。**

很多人并不了解自己是谁。他们太过专注于给他人留下深刻的印象，迎合外部世界的需要，而忘记了把自己塑造成自己真正想要成为的那种领导者。当你追随自己的"真北"时，你的领导力将是真实的、可信的，人们自然想要和你在一起。

在一个世纪前，哲学家威廉·詹姆斯（William James）写道：

了解一个人品格最好的方式就是找出他内心深处最积极、最活跃的精神活动和道德态度。只有在这些活动中，他的内心才会有一个声音告诉他："这才是真实的我。"

你能回忆起当你最强烈地感受到自己的生命活力并自信地告诉自己"这才是真实的我"的那个时刻吗？当我第一次走进美敦力公司，开始和一群才华横溢的人共同为"减轻病痛、恢复健康、延长寿命"的使命而努力奋斗时，我能清晰地感到自己内心的那种强烈的情感。我感受到我可以做真实的自己，并赢得他人的尊重和感激。我立刻意识到美敦力公司的价值观与我个人的价值观是一致的。

无论你是领导一个小团队，还是领导一个规模庞大的组织，你都将面临来自外部的各种压力，它们挑战你的价值观或试图用各种利益来诱惑你。这些压力和诱惑可能会使你偏离自己的"真北"。一旦你偏离过多，你的道德指南就会告诉你：这样做是不对的！这时，你需要调整自己的方向，下定决心去承受压力、抵抗诱惑。当你在经受这些考验时，你会希望照照镜子——向你所看见的这个人和他所过的生活表达尊重。

当然，真实领导者并不是完美无缺的。每一位领导者都会有自身的弱点，都会犯错误，也都受到人性弱点的局限。但真实领导者会坦率地承认自己的缺点和错误，展现自己真实的人性和脆弱，与他人建立信任关系并激励他人充分发挥自己的潜力。

**· · ·**

## 命令与控制的终结

在 20 世纪，商学院教育管理者要培养自己的领导风格和沟通技巧等能力。一些畅销书作者将这些想法发挥到了极致，写下了一些无稽之谈，诸如"在演讲时要摆出一副权威的姿态"或"成功从假装开始"。基于领导能力的模型忽略了领导者品格的重要性——**头衔让你成为管理者，品格使你成为领导者**。

大多数婴儿潮一代接受了科层组织的规则，期待逐级晋升到公司高管层。他们看重公司的财务稳定性，随着第二次世界大战后美国经济的繁荣，他们的个人财富也随之增长。但这个时代对职业女性来说尤其艰难，因为她们往往面临着几乎没有灵活性的更高的职业标准，且职场之外的生活也无法得到认可。

在商业领域，20 世纪 80 年代和 90 年代的典型代表是杰克·韦尔奇（Jack Welch）。他引领通用电气成为世界上最有价值的公司和 20 世纪商业领导力的象征。杰克充满激情，并且在竞争力和绩效驱动方面做得非常成功。这激发了无数的效仿者，他们试图复制他的领导风格。猎头公司想方设法挖走通用电气的管理人员，以此帮助他们的客户实现组织转型。尽管他们中的许多人在成为 CEO 之后都失败了，但这种对通用电气等成功企业的领导范式的推崇趋势仍然存在。

在我担任美敦力公司的 CEO 时，我与许多同行不一样。他们似乎对公司的股票价格和盈利能力更感兴趣。当我在 2001 年结束我的 CEO 任期时，我觉得当时商业界占据主导地位的领导力模式存在严重缺陷，媒体主要根据领导者的魅力、领导风格、公司股价和薪酬待遇来评价他们的成败，这种评价方式是有问题的。

2008 年全球金融危机爆发后，公众对商业领导者的信任降到了 50 年来的最低点。金融界给人们造成的伤害唤醒了我们，我们需要重新思考资本——它不仅是让金融家致富的工具，也是为所有利益相关者创造价值的途径。

这些危机带给新兴领导者的启示是要明白什么是不该做的。他们看到了那些掌权者在极度追名逐利而不是为社会服务；他们认识到将个人利益置于组织利益之上是有害的。

■ ■ ■

## 真实：领导者的黄金标准

2003 年，我的《真实领导力》一书出版了，我很惊讶于人们频繁地询问："你提出的真实可靠（authenticity）是什么意思？"在那个崇尚魅力型领导的时代，许多人害怕做自己。事实上，没有人能够通过模仿他人而变得真实，从而赢得人们的信任和追随。你可以借鉴他人的经验，但你不可能通过复制他们的经验获得成功。只有当你真实可信时，人们才会信任你。

21 世纪初的危机促使人们对领导力重新进行了思考。2015 年，《哈佛商业评论》发表文章宣称："真实可靠已成为当今领导者的黄金标准。"现在，20 世纪盛行的科层组织和命令型领导已经被授权、协作和真实取代。以安然公司 CEO 杰夫·斯基林（Jeff Skilling）为典型代表的认为领导者应该是公司里最聪明的人的传统观念领导者，已经被具有高度自觉意识和高情商的领导者取代。例如，微软的 CEO 萨提亚·纳德拉。

领导力不再是培养个人魅力、模仿其他领导者、外表光鲜、为自己的利益行事。而且，你也不应该把领导力与你的领导风格、管理技能或胜任力混为一谈。这些能力固然重要，但它们只是你的外在表现。如果你创造了一个虚假的角色或隐藏在面具后面，人们很快就会看穿你。

真实领导者忠于自己和自己的信念。他们不仅能够让人们信任自己并且能够与身边的人建立真实的感情纽带，还能够激励人们获得高水平的业绩。他们从不会让他人的期待左右自己，而是做真实的自己，走自己的路。作为服务型领导者，他们更关心的是如何帮助他人获得成功，而不是只关心自己的成功或赞誉。

真实领导力的兴起与新兴领导者的成长不谋而合。X 世代、千禧一代和 Z 世代对工作的期望不同，他们的价值观也不同。比如，新一代人看重更高的透明度和更大的多样性；前几代人不愿意在工作场所公开讨论他们的个人生活或心理健康问题，新兴领导者却毫不避讳。

新一代人不会遵守传统的工作时间表：10 名千禧一代中有 9 人表示他们会优先考虑工作与生活的平衡。新冠疫情只是加速了这一趋势。在后疫情世界，人们更愿意为这样的领导者工作——他们关注员工的福祉，解决诸如员工敬业度、工作与生活的平衡、心理健康、工作场所的灵活性以及工作的社会影响等重要问题。

普渡大学的研究人员总结了新一代人的愿望：

他们希望公司更人性化，有一个致力于连接和支持社会的更大使命。公司能够满足他们对弹性工作、更好的医疗保健的期望，但最重要的是，能够帮助他们保持在困难时期生存和发展所需的个人精力。

多弗·塞德曼（Dov Seidman）是《How 时代：方式决定一切》（How）一书的作者、LRN 公司和 How 社会研究所的创始人，他描述了为什么这些变革是必要的。他说，近几个世纪来，领导力已经完成了"手→脑→心"（hands to heads to hearts）的转变。在工业革命时代，公司致力于让人们用自己的双手实现产出最大化。在过去的 50 年中，信息革命将重点转向了数据分析，最大限度地利用人们的大脑实现产出最大化。在现在这个正在发展的新时代，我们要专注于开启人们的心，激发人们的激情和敬业度。

人工智能将扩展我们使用大脑的方式，但它永远不会取代我们内心尊崇的基本领导品质，如：**同理心、激情、勇气、价值观、直觉和使命**。作为领导者，我们必须开发我们的内在来应对复杂的挑战和困境。你拥有这些内在品质吗？在当今世界，你需要终生培养这些品质，成为一个真实领导者。

国际著名服装品牌拉夫劳伦的 CEO 帕特里斯·路威（Patrice Louvet）总结了 20 世纪和 21 世纪的领导者的区别。

领导者已经从期望所有人都为他们服务的领导者变成了服务型领导者，他们认为自己的角色是为他们所领导和代表的人民服务。领导者的工作是为员工创造条件，使他们能够茁壮成长并充分发挥其潜力。20 世纪的领导者觉得他们拥有全部的答案，并且知道自己应该做什么。21 世纪的领导者们则不断学习，即使他们已经担任高层领导多年。

最大的转变是从"命令和控制"转向"授权每个人各司其职"，新一代职场人士将不再接受命令和控制的领导模式。新一代领导者会尽可能地把决策权逐级授权给贴近客户的员工，然后让员工对结果负责。

表 0-1 阐明了 20 世纪和 21 世纪的领导者之间的差异。如果用一个词来概括 21 世纪的领导者有什么不同，那就是"真实可靠"。真实领导者的特点是**讲真话、公开透明和信任**。

表 0-1  20 世纪和 21 世纪的领导者之间的差异

| 特征 | 20 世纪领导者 | 21 世纪领导者 |
|---|---|---|
| 领导哲学 | 命令与控制 | 真实领导 |
| 组织方式 | 层级管理 | 授权领导 |
| 领导形象 | 充满魅力 | 使命驱动 |
| 工作动机 | 自身利益最大化 | 组织利益最大化 |
| 工作经历 | 完美的履历 | 在熔炉中学习成长 |
| 时间期限 | 短期目标 | 长期目标 |
| 最大优势 | 智商 | 情商 |
| 个人成就衡量标志 | 外在认可的标准 | 内在认可的贡献 |

**讲真话：** 在真实领导者的基本品质中，有一个不可或缺的品质就是诚实正直，即讲真话。如果人与人之间没有诚信，就不可能有真实的关

系。没有诚实正直和真实可靠作为共同基础，组织就无法运作。如果没有诚实，组织就会沦为政治丛林，魅力凌驾于人格之上，这是一条通往失败的必由之路。

**公开透明：** 在 20 世纪，高层领导者经常和团队分享他们需要了解的信息。互联网和社交媒体已经完全改变了人们对信息的获取和对信息透明度的期望。领导者再也不能对他们的利益相关者隐瞒重要的信息了，因为一切信息最终都会浮出水面。如果想建立一个有效的组织，就必须让信息能够上下左右自由流动。真实领导者会和同事分享完整的信息，他们并不期望做到完美，他们坚持公开透明。

**信任：** 信任源于讲真话和公开透明，也源于承认自己的错误和暴露自己的脆弱。史蒂芬·柯维（Stephen Covey）在《信任的速度：一个可以改变一切的力量》一书中表示，拥有高信任度的组织会获得"信任红利"，因为当人们相互信任时，他们会更快地做出决定并达成共识。作为领导者，你工作的一个重要方面就是建立员工与客户对产品和服务质量的信任。信任不仅来自你的语言，更来自你的行动。用一句老生常谈的话来说：你必须"言行一致"才能赢得信任。

通过培养这三种领导品质——讲真话，公开透明，并与所有利益相关者建立信任，你就获得了作为真实领导者的信誉。

■ ■ ■

## 关于本书

为了撰写《真北：新兴领导者成长指南》，我的合著者扎克与我一同访谈了 50 位领导者，其中主要是新兴领导者。这些访谈是我们在本书前两个版本中与172位领导者访谈基础上新增的。在这总计222次的访谈中，我们挖掘出了关于领导艺术的集体智慧。

在本书中，我描述了我在职业生涯中所学到的领导力原则。我从一位个人贡献者逐步成长为一位领导者，最终升任美敦力公司CEO。在过去的20多年里，我一直在哈佛大学商学院等机构向高管和MBA学生讲授领导力课程，为领导者提供教练指导，并在多家公司的董事会任职。这些经历让我对各行各业的真实领导者有了更深的理解。我的合著者，37岁的千禧一代领导者扎克，他在过去的12年中经历了职业生涯的不同阶段，创立了一家数字媒体公司，并将其发展成一家拥有数百名员工的成功公司。

请注意，在分享我的个人故事或反思时，我将使用代词"我"；当用到"我们"这个代词时，则是扎克和我共同认为的对你的发展至关重要的要义。

本书没有领导力发展的"6个简单步骤"或其他简单公式等工具，而是要指引你找到自己的"真北"，这需要你进行自我反省、鼓励，以及接受来自家庭、朋友和同事的反馈。归根结底，你必须对自己的成长承担起全部的责任。就好像那些天生具有某种天赋的音乐家或运动员，你也必须穷尽一生去刻意练习以充分发挥你的全部潜力。

**第一部分：探索自我。**这一部分将聚焦于你的整个人生旅程。它从深入探索你的人生故事开始，这比任何一套领导技能或领导特质都要强大。通过探索自己的熔炉经历，你将学会如何将挑战转化为激励，成就非凡的事业。在领导的旅程中，许多领导者会迷失方向。为了了解领导者是如何脱轨的，我们分析了五种类型的领导者，他们过度追逐财富、名声和权力，陷入了失去"真北"的领导陷阱。

第二部分：**发展自我**。这一部分概述了个人发展的四个要素，这四个要素构成了你的内心指南：培养自我觉察、践行价值观、找到职业黄金点、活出完整的人生。这些要素使你能够成为一名真实领导者，并培养你在面对挑战时保持真实自我的能力。

第三部分：**领导他人**。这一部分描述了如何从一个以自我为中心的"小我"（I）领导者转变为一个以服务他人为中心的"大我"（WE）领导者（"我们"型领导者）。只有这样，你才能准备好去探索你的北极星——你的领导力使命。使命驱动型领导者通过教练辅导（COACH）——关爱、组织、协同、挑战和帮助，帮助团队成员释放他们的全部潜能。

第四部分：**应对当下的挑战**。这一部分将指导你如何应对今天的领导力挑战。我们将审视创造包容性文化的重要性，探讨如何在危机中发挥领导力。最后，我们期待你成为服务社会的道德型领导者，致力于解决世界上最困难的问题（见图0-1）。

本书每一章都以一位富有特色的领导者的人生故事开始，阐明本章的要义。然后，我们将介绍有助于你应用这一概念的领导原则和框架，并通过我们访谈的领导者的深刻洞见说明这些原则和框架。在每一章的结尾，我们会介绍一位新兴领导者，以及我对这些洞见的看法。每个"本章小结"部分都重述了本章的要点，为你提供具体的实践指导，并提出了探究性、反思性的问题，供你在领导力发展过程中使用。我们鼓励你每天花一些时间写下你的答案。最好是购买《新兴领导者的真北指南》（*Emerging Leader's Guide to True North*）一书，其中提供了更多的练习，以便你进行更深入的思考。

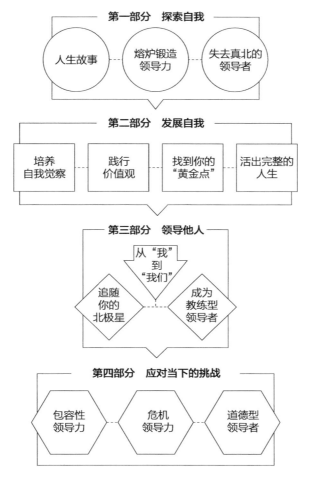

图 0-1　全书知识点导图

　　本书将帮助你找到你的"真北"并追随你的"北极星",踏上人生中最激动人心的旅程。以下内容为本书另一作者扎克的真诚分享。

　　我在 24 岁还是哈佛商学院 MBA 学生时就开始与比尔一起工作,我当时并不清楚在我未来的人生旅程中,将会如何运用他的智慧。因此,我想向正在阅读本书的其他新兴领导者分享几点建议。

- 本书蕴含着重要的人生智慧，可以开启你的成功之路。
- 它为你弄清楚你是谁，以及你应该做什么提供了一个路线图。
- 你获得的自我认知和发展的思维模式将有助于你改变自己的人际关系。
- 了解和发展自我的内心旅程，将为你对世界做出最有意义的贡献的外部旅程做好准备。

理解和应用这些概念是一个持续的过程。我在与比尔一起工作的过程中，不断地回想起这些思想，并在不同的地方与它们相遇。我鼓励你也这样做。在阅读本书时，不仅要认真阅读，还要做笔记、做反思，更要讨论概念、做练习。一年之后再看一遍这本书，再做一遍练习。我运用比尔的智慧改变了我的人生，我相信它也可以改变你的人生。

当你踏上领导力之旅时，请记住：

**你不必天生就具备领导者的特征或特质；**

**你不一定要担任组织的高管；**

**你现在就可以站出来发挥领导力；**

**你现在就可以去探索你的"真北"。**

# 1

第一部分
## 探索自我

在我们对领导者进行的成长访谈中，最显著的共同点是他们的人生故事
对他们领导力产生的影响。你的人生经历就是你的领导力基础。它塑造
了你看待这个世界的方式，它既可以推动你前进，也可以阻碍你前进。

| 在第一部分，我们将主要探讨以下三个主题：

1 **你是如何构思你的人生故事的。**当你面对世界的考验、奖励和诱惑时，人生的旅途将带你经历巅峰和低谷。反思和内省将帮助你理解你的人生经历，在某些时候甚至重构你的人生故事。

2 **熔炉对锻造领导力的关键作用。**你应对最艰难逆境的方式比逆境本身更能塑造你的品格。就像炼铁需要高温熔炼一样，你人生中最重大的挑战和最痛苦的经历是你个人成长的最大机遇。

3 **迷失方向的风险。**每个人都会经历生活中的压力和困难，都要面对恐惧和不确定。在你的人生旅途中，你会经历不计其数的诱惑，它们总是想要将你拖离你的"真北"。我们找出了五种可能导致你迷失方向的人物原型。

　　当你对自己的人生有了更清晰的认识和洞察时，你就能找到你的"真北"的核心。

第 1 章

# 人生故事

我丰富的人生经历塑造了我，使我成为这样一个人和一个领导者。

——霍华德·舒尔茨（Howard Schultz）

星巴克公司 CEO

**真**正的领导力之旅始于理解自己，走近自己的人生故事和熔炉经历。我们访谈的 222 位领导者的人生故事涵盖了生活的各个方面，包括父母、老师、教练和导师的影响，他们所生活的社区的支持，以及运动队中的团队领导，学生会和早期工作经历等。许多领导者都受到过困难经历的影响，如本人或家庭成员的疾病，亲人故去，被同龄人排斥、歧视等。

这些领导者通过他们独特的人生故事找到了他们的领导激情。


- 没有人天生就是领导者。
- 没有人天生具有领导者的特征、特质或风范。
- 没有人是通过效仿其他领导者而成功的。


相反，他们通过做真实的自我，成为伟大的领导者，用他们的才华来帮助他人。只有首先理解自己和自己的人生故事，才能做到这一点。

所有伟大的神话都是在向人类的曲折命运致敬。例如，荷马的巨著《奥德赛》的主角奥德修斯花了十年时间环游世界，才逐步认识自我。尽管每个人的旅程都是独一无二的，但其模式都是相似的。生活充满痛苦和艰辛。我们一边学习，一边奋斗，一边跌跌撞撞前进。在这些遭遇中，我们的性格得以逐渐形成。我们获得了智慧，找到了完成使命的线索。

著名领导力大师、美国卫生与公众服务部前部长约翰·加德纳（John Gardner）说："我想生活一定在期待着挖掘我身上的某种领导品质。"你有没有思考过生活想要从你身上挖掘出的领导品质是什么？请在阅读下面的故事时，想一想你的人生故事是如何激发你和定义你的领导力的。

◼ ◼ ◼

## 卡比尔·巴戴：凤凰涅槃之旅

在卡比尔·巴戴出生前，他的父母从印度移民到了美国佐治亚州的亚特兰大市。尽管他的父母遇到了各种各样的困扰和歧视，但他们仍然相信美国梦，并将其灌输给卡比尔。事实也确实如此，卡比尔是如此相信美国梦，如此自信，以至于当斯坦福大学和麻省理工学院拒绝他的大学申请时，才华横溢的他感到无比惊讶。他从佐治亚理工大学毕业后，接连被谷歌（Google）和脸书（Facebook）拒绝了求职申请，此后还经历了更多的拒绝。他说："我已经习惯于得到我想要的东西，在此之前很少被人拒绝。"

最初，这种拒绝反而激励卡比尔更加努力地工作。在担任软件顾问几年后，卡比尔创立了 OneTrust 公司，这是一个企业软件平台，通过管理隐私、道德、ESG<sup>①</sup>和安全，帮助公司更好地服务客户和全世界。为了推动业务发展，他每年飞行超过 50 万英里<sup>②</sup>去与全球各地的客户见面。他经常遇到的情况是，当他深夜到达一个陌生城市时，唯一可以选择的餐食是星巴克咖啡和麦当劳汉堡。卡比尔结婚后，他与妻子第一年的相处时间大约只有 30 天。他说："我与朋友们也疏远了，我两个最亲密朋友的单身派对和婚礼我都没能参加。"

在一个感恩节，卡比尔前往伦敦继续工作，因为英国人不庆祝这个节日。在伦敦时，卡比尔躺在床上度过了一个疼痛难忍的晚上。第二天，他去看医生，医生告诉他："你的淋巴结已经完全发炎了，有可能是癌症。"医生建议他立刻去医院检查，但卡比尔却前往布鲁塞尔去参加下一个会议。到达布鲁塞尔后，他承受着巨大的疼痛，被迫在半夜住进了一家医院。

卡比尔后来在梅奥诊所住院两个月，鉴于他的症状的复杂性和严重性，即使经过 300 次检查，医生也无法准确诊断他的病症。诊断预估似乎很糟糕，因为他血液中没有血小板，血红蛋白极低，几乎每天都需要输血。尽管面临重重困难，但是他的病情还是在好转。

医生仍然不知道是什么原因造成的，他们觉得可能与我自身的免疫相关。在初次住院后的几年时间里，一些与自身免疫相关的问题会爆发，这提醒我要重视自己的身体健康状况。

---

① 全称为 Environmental, Social and Governance，中文名为"环境、社会和公司治理"，经济术语，是指从环境、社会和公司治理三个维度评估企业经营的可持续性与对社会价值观念的影响。——编者注

② 1 英里 =1.609 公里。——编者注

卡比尔经历的严峻考验本来可能是毁灭性的，却让他开启了人生的新阶段。

现在，他通过冥想减压，并花更多的时间与妻子和孩子相处。他说："没有任何医学实践能够完全解释压力、饮食、基因之间的联系，以及它们共同作用的重要性。"就像你在企业中管理业绩目标一样，你必须经营你的幸福。

创业是一份理想的工作，非常有趣，但我从未认识到长时间工作所带来的压力。回头看，这一切都值得吗？公司蓬勃发展，我们引领了这个市场，但代价是什么呢？是我的健康。我现在还很年轻，这些都可以重来，我需要重新安排生活中的优先事项。

卡比尔在职业生涯早期自诩"专注的领导者"，现在的他则转变为过一种更为完整的生活。他认识到"自我宽恕是像我这样的人需要培养的终极技能"。他的人生经历也让他有能力领导公司应对 2020 年席卷全美的新冠疫情和种族动荡局面。他补充道：

尽管过去的两年很残酷，但这一切让我成了更好的领导者。我在经历了健康危机之后，终于意识到每个人都会面临一些挑战。我们公司的非洲裔员工、拉丁美洲裔员工和亚洲裔员工向我讲述了他们的成长经历。他们的故事对我成为一名领导者产生了重大的影响。

今天，卡比尔取得了更大的成功，因为他专注于过一种更理智、更平衡、更完整的生活。OneTrust 公司成立仅 6 年，市值已超过 50 亿美元，三年的增长率高达 48337%（483.37 倍），被《公司》（*Inc*）杂志评为美国发展最快的初创公司之一。卡比尔反思道："如今，经营公司的唯一成功方法就是要以人为先，同时具有同理心和真实感。"

**■ ■ ■**

## 重构你的人生故事

卡比尔·巴戴，以及我们访谈的所有领导者，他们都从自己的人生故事中获得了有关领导力的启发。他们通过理解自己早年的成长经历，重构自己的人生故事，并围绕着实现梦想和追随"真北"来塑造自己的领导力。

你可能会问：每个人都有自己的人生故事吗？是什么让领导者的故事与众不同？许多有痛苦经历的人把自己看作受害者，觉得命运给了他们一手差牌。有些人沉迷于追求赢得世人的尊重，以此弥补内心的创伤，以至于他们从未想过自己这一生到底想要什么。有些人则缺乏反省，无法将他们的人生经历和所追求的目标联系起来，导致他们重复犯错。

真实领导者与他人的不同之处在于他们对自己的人生故事的解读方式。那些故事促使他们思考对世界产生积极影响的愿望是什么。他们通过反思自己的故事，理解了重大事件和人际互动是如何塑造了他们的世界观的。他们反思自己的故事，然后在必要时重构它们，这使他们能够认识到自己不是受害者，而是被经历塑造的人，这些经历为他们提供了成为领导者的动力。

小说家约翰·巴斯（John Barth）说过："**你的人生故事并不是你的人生，它只是你的故事而已。**"换言之，重要的不是你的生活中发生了什么，而是你如何解读它。你必须积极地解读这些人生故事，才能获得意义和启示。

你能把自己的过去和未来联系起来，找到成为一位真实领导者的启示吗？是哪些人或经历塑造了你？你生命中的关键转折点是什么？你的过去是如何激励你或者阻碍你前进的？在你的故事中，你在哪里找到了领导的激情？你是如何利用你的才华和人生故事来创造非凡的？

## 霍华德·舒尔茨：建立以人为本的企业

在霍华德·舒尔茨 7 岁时，他的父亲在冰面上跌倒摔伤了脚踝，并因此失去了工作和全家的医疗保险。由于当时根本不存在工伤赔偿这回事，再加上当时母亲已经怀孕 7 个月，霍华德深刻地意识到自己家庭面临的困境。他发誓自己以后绝不会让这样的事情再度发生，他梦想着建立一家"我父亲会因在这里工作而感到自豪"的公司，并善待员工，提供医疗保险福利。他没有想到有一天，他的公司会有超过 38 万名员工，32 000 家分店分布在全球。

霍华德的人生经历为他将星巴克打造成世界顶级的咖啡馆提供了动力。霍华德说："我的人生启示来自我看到父亲在 30 份糟糕的蓝领工作中不断失业，在那些公司，一个没有受过教育的人是没有机会的。"这些难忘的记忆让霍华德为星巴克公司的每个人，甚至兼职员工都提供了医疗保险。

这件事情也直接影响了星巴克的企业文化和价值观。我想建立一家每个人都会得到尊重和重视的公司，无论你来自哪里、你的皮肤是什么颜色、你的受教育水平如何。为每个人提供医疗保险这一个变革性事件，使得员工对公司产生了强烈的信任感。我们要建立一家将股东价值与星巴克文化紧密相连的公司。

霍华德为自己的出身感到自豪。他认为恰恰是自己的这段人生经历给了他奋斗的动力，使他缔造了全球最伟大的成功企业之一。但他也是经过深思才理解了自己人生故事中的意义，因为和几乎所有人一样，他也不得不面对过去那些经历带给他的恐惧和阴影。

霍华德在纽约布鲁克林的湾景住宅区长大，他从未忘记自己的出身，也从未被自己的财富冲昏头脑，他说："小时候，我身边的人总是感到生活没有任何希望，永远没有机会休息。"

那是一种永远不会离开你的东西——永远不会。在我最早的记忆中，我记得母亲说我在美国可以做自己想做的一切。但与此相反，我看到我的父亲陷入崩溃，痛苦地抱怨自己总是得不到机会和尊重。我的奋斗动力来自对失败的恐惧，我太了解失败的滋味了。

1982 年，霍华德在西雅图的派克广场打销售电话时，第一次接触到星巴克咖啡。霍华德从星巴克的创始人那里得知自己可以收购星巴克。尽管遭到了投资者的 200 次拒绝，他还是从私人投资者那里筹集到了收购所需的资金。后来，他最大的股东提出要自己收购这家公司，并对霍华德说："如果你不同意我的交易，就再也别想在这个镇上工作了。你会被干掉的。"霍华德离开会场时泪流满面。最终，他筹集到了收购星巴克所需的 380 万美元，并避开了这位投资者。

父亲去世那天是霍华德一生中最悲伤的时刻。他没有把父亲看作一个失败者，而是意识到他的父亲已经被体制压垮了。从那以后，霍华德将自己的精力投入到建设一家父亲会因在这里工作而感到自豪的公司上。

霍华德最大的天赋之一是他能够与来自不同背景的人相处。他说："星巴克给了我一张可以任意挥洒的画布。"

星巴克绝对是一家以人为本的公司，我们所做的一切都是围绕人进行的。星巴克的文化和价值观是公司的标志和竞争优势。人们渴望人与人之间的亲密联系和真实可靠的关系，咖啡是这种联系的催化剂。

2018 年，当两名非洲裔男子因在费城的星巴克咖啡厅"闲逛"而被捕时，霍华德立即飞往费城，向这两名男子道歉，对他们进行了经济赔偿，并公开对媒体说，他对这种情况感到羞耻和厌恶。他说："这与星巴克所代表的价值观背道而驰。"

## ——┤ 萨莉·朱厄尔：为环境代言 ├——

萨莉·朱厄尔（Sally Jewell）[1] 说她最喜欢的格言是"**这个地球不是我们从祖先那里继承来的，而是向我们的子孙后代借来的**"，这句话激发了她对自然和环境的热爱。

在萨莉小的时候，她的父亲在华盛顿大学获得了医学奖学金，他们一家从英国搬到了美国的西雅图。当父亲询问西雅图的同事们业余时间在做什么时，他们告诉他："我们在露营、徒步旅行，并加入了位于市中心派克街绿苹果馅饼市场楼上的一个叫 REI 的小合作社。"萨莉说：

---

[1] 萨莉·朱厄尔，美国户外用品连锁零售商 REI（Recreational Equipment, Inc）公司 CEO。2013 年 2 月 6 日，被时任美国总统奥巴马任命为内政部长。——译者注

我对户外运动和 REI（户外用品连锁零售商）的认识来自我的父母询问身边的人："你们业余时间做什么？"西雅图是一座美丽的城市。这是一个我们能够享受户外活动的地方。

萨莉在华盛顿大学学习工程学，她是班上为数不多的女生之一。毕业后，她在 15 份工作机会中选择了美孚石油公司。萨莉之所以选择这份工作，是因为她对户外运动的热爱。所以，最终她搬到了丹佛，在那里她可以有更多的时间滑雪和徒步旅行。对于在油田工作的女性来说，那个时代是充满挑战的。她描述了在男性占主导的办公室召开例会的场景，墙壁上钉着折叠的不雅图片，一些男同事会告诉女同事"我喜欢你穿紧身毛衣上班"。

这些经历使得萨莉坚强起来，她说话从不拐弯抹角，也不容忍胡搅蛮缠。有一次，她接到一个电话，说油管漏出的石油流入了一条小溪。承包商点燃打火机，告诉她："我可以很快处理好这些石油泄漏。"莎莉严肃地回应道："你不要再说这样的话，否则你的公司就要被美孚石油公司踢出合作伙伴行列。"

我一直在接受考验，有人想要走捷径，有人想要恐吓我，或者考验我的道德底线。幸运的是，美孚公司是一家遵守商业道德的公司，同事们会支持我。

在美孚公司工作三年后，萨莉回到西雅图，加入雷尼尔银行，负责审查给能源领域的贷款，并将精力更多地投入社会志愿者工作，她说这是"我职业生涯中与其他事情的连接点"。她对环境的热爱和作为"户外探险家"，热爱环保的声誉，使她在非营利性组织的董事会中担任职务，包括作为 Mountains to Sound Greenway 信托公司的创始成员和后来加入 REI 的董事会。

在银行业工作的 19 年中，她先后担任太平洋安全银行高级副总裁、华盛顿西一银行的 CEO 以及华盛顿互惠银行旗下西部银行子公司 CEO。当 REI 在 2000 年面临流动性危机时，她应邀担任公司的首席运营官（Chief Operating Officer，COO）。2005 年，REI 董事会选举她为公司 CEO。

作为 CEO 的萨莉和管理团队重构了 REI 的使命——**"激励、教育和为终身户外探险爱好者提供最好的装备"**。她努力将户外活动带入普通人的生活，并支持志愿服务和户外管理。她确立了 REI 到 2020 年实现碳中和的目标，REI 是首批实施这一目标的组织之一。

萨莉的激情和坚韧引起了时任美国总统奥巴马的注意，他于 2013 年任命萨莉为内政部长。萨莉把从事公共服务看成一项崇高的使命：

为了我们国家公共土地的未来，我们需要把来自不同背景、不同地区的年轻人与美国伟大的户外运动建立起深厚而有意义的联系。我们创建了"每个孩子的公园"，让 400 万名四年级学生免费进入美国的所有公共土地。我希望看到未来有 1000 万名儿童在公共土地上学习和成长。

萨莉的人生表明，如果领导者有一条激励他们的人生主线，他们就可以把自己的才华应用于各个领域——包括营利性部门、非营利性部门和政府部门。在萨莉的案例中，她的人生主线就是保护环境，这促使她在不同的组织中围绕同一主题扮演了不同的角色。

## 阿伦·佩吉：通过教育改变世界

大多数人都知道阿伦·佩吉（Alan Page）是有史以来最好的职业橄榄球

运动员之一，他曾带领圣母大学队获得 1966 年全美冠军。他是参加过四次超级碗比赛的名人堂球员，也是第一位当选美国国家橄榄球联盟（NFL）最有价值球员的防守球员。但如果你认为这就是他的全部，那么你就错过了他伟大的部分。

阿伦出生在俄亥俄州的坎顿。他的父亲在钢铁厂工作，母亲在一个俱乐部当服务员。他和家人经常遭受种族歧视。他注意到："如果你是非洲裔美国人，你就要知道自己的位置。你就要知道自己属于哪里。"面对这种歧视，阿伦的父母有一个坚定的目标：他们的孩子一定要接受良好的教育。

阿伦在打职业橄榄球的同时在明尼苏达大学法学院攻读博士学位，并加入了当地的一家律师事务所。后来，他被选入明尼苏达州最高法院，并在那里服务了 20 年，直到 70 岁退休。激励阿伦不断奋斗的是他小时候所面临的歧视。他相信法律面前人人平等，但也承认社会距离这一目标还很远。他说："我们的司法系统建立在歧视的基础上。"

追溯我们最初的宪法：非洲裔只能算五分之三的人。我们为奴隶制进行了内战，但我们没有结束与奴隶制相关的种族仇恨。在 20 世纪 50 年代和 60 年代的民权斗争中，死去的人们贡献出自己的生命，才让像我这样的人有机会做一些事情。和他们相比，我所做的一切都相形见绌。

尽管阿伦以橄榄球成就而闻名，但他从解读自己的人生故事中得到的最大启发是，教育是消除歧视的最佳良药，他的真正使命是让每个人都能获得优质的教育。阿伦在美国国家橄榄球联盟名人堂发表获奖感言时说：

我不知道孩子们什么时候会停止梦想。我已经看到他们在学校里没有获得任何进步时的放弃之心。他们知道自己在这个似乎愿意接纳庞大弱势阶层的社会中被遗忘了。起初，孩子们试图用蔑视来掩饰他们的恐惧，后来，这种反抗变成了对我们社会及其规则的无视。现在，我们可能永远失去了他们。如果我们能让他们在被学校和体制放弃之前回到学校，我们就还能有所作为。

当阿伦谈到种族正义或教育时，他会变得很激动，他的行动也会更加有力。1988年，他和妻子戴安娜创办了佩吉（Page）教育基金会。该基金会为8000名学生提供了大学奖学金，其中大部分是年轻的少数族裔学生，如果没有这些经济支持，他们中的许多人都不可能上大学。作为对其奖学金的回报，佩吉学者们提供了50万小时的志愿社区服务，主要是在中学辅导学生学习。

现在，阿伦正与明尼阿波利斯联邦储备银行行长尼尔·卡什卡里（Neel Kashkari）合作，推动修改明尼苏达州的法律，赋予每个孩子接受优质公共教育的公民权利，而不是参加"合适的教育体系"。阿伦说："投票自由、言论自由、宗教自由、新闻自由是最基本的权利。我们有机会成为未来的缔造者。"

阿伦的人生故事生动地证明了当一个人以极大的热情投身于改变世界的某个方面时，他能够获得怎样的成就。2018年，他被授予总统自由勋章，这是美国最高的公民荣誉。

■ ■ ■

## 真实领导的三个阶段

大学毕业后，我曾天真地认为成为领导者的道路是一帆风顺的。而现在，我深刻地认识到，成为领导者不是简单的抵达终点——它是一场马拉松，要经过许多阶段，沿途有许多的跌宕起伏和惊喜，要想达到你的巅峰领导力状态，就必须坚持到底。

先锋集团前 CEO 杰克·布伦南（Jack Brennan）认为，人们做的最糟糕的事情就是用职业发展地图来管理自己的职业生涯。"我所认识的对生活最不满的人，以及那些被道德或法律惩罚的人都有明确的职业规划。"杰克建议，在面对意想不到的机会时要灵活和勇于冒险。"如果你只关心自己的职业发展，那么你最终会失望的。"他说。追求持续的职业晋升给领导者带来了巨大的压力，这要求他们要不断攀升。相反，脸书的 COO 谢丽尔·桑德伯格（Sheryl Sandberg）更喜欢职业的"立体方格"的比喻，你可以上下移动，也可以横向移动。

领导者的旅程是按照生命周期的长度演进的，现在很多人的生命可以长达 90 年。一个人大致会经历三个领导力阶段，每个阶段都有不同类型的领导机会（见图 1-1）。领导者在时间轴上的步伐会有所差异，但他们的经历有很多共同之处。

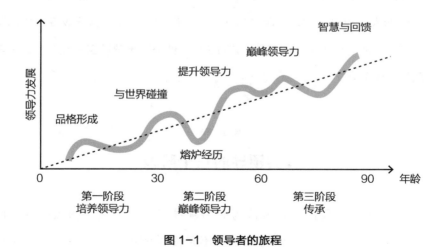

图 1-1　领导者的旅程

- **第一阶段是培养领导力**。在这个阶段，领导者通过教育和学习，以及课外经历和作为个人贡献者的早期工作发展自我。
- **第二阶段是巅峰领导力**。在这个阶段，领导者从个人承担更多的领导他人的责任开始，到他们的领导经历达到巅峰。
- **第三阶段是传承**。这是心理学家埃里克·埃里克森（Erik Erikson）提出的人类发展阶段。当领导者完成自己主要的职业领导角色时，他们就开始把传授自己的经验给后辈作为主要任务。在这个阶段，真实领导者会寻找机会将他们的知识和智慧传播给许多人和组织，他们也会继续积极学习新的知识。

## 第一阶段：培养领导力

在第一阶段，你的角色是个人贡献者或团队领导者，你会很自然地专注于自我发展。在青少年阶段和 20 多岁时，你衡量成功的标准可能是：考上名牌大学或取得早期职业的个人成就。风险投资家兼作家兰迪·科米萨（Randy Komisar）描述了一个人的职业生涯是如何开始的：

我们沿着一条线性的道路开始人生，成功是基于明确的目标。当目标不明确时，生活就会变得复杂，你必须自己设定前进的目标。

渐渐地，你开始意识到，只是获得个人成就并不能带你去你想去的地方。正如兰迪所说，通过"与世界碰撞"，你开始了解自己，并看到规划自己独特的人生道路的机会。

## 第二阶段：巅峰领导力

领导力之旅的第二阶段始于你将承担更大的责任，你可能会面临个人和职业的挫折，经受严峻的考验。这些经历将深化你对领导力的理解，并显著加速你的领导力发展。在第 8 章中，我们将更密切地关注从"我"到"我们"的转型，这标志着你的领导力发展正全面进入第二阶段。

在第二阶段，许多领导者面临严峻的考验，这些考验从根本上检验了他们的自我认知、价值观和职业规划。在攀登职业顶峰的过程中，你会遭遇各种障碍，甚至可能会跌入深渊。随着时间的推移，许多领导者会成功地通过这些熔炉的考验，获得精神的升华，将目光从获得成功转向实现永恒的意义。这就是从以"我"为中心的世界观转变为以"我们"为中心的服务型领导力的时候。它将充分释放你的激情、价值观和能力去解决有意义的问题，并产生长远的影响。无论你是大公司的 CEO 还是小型非营利性组织或团队的领导者，巅峰领导力是在你带领他人实现一个富有意义的使命时，找到自己的正确步态。

## 第三阶段：传承

第三阶段是你领导生涯的最后一个阶段，也可能是最有价值的阶段。正如我们在霍华德·舒尔茨、萨莉·朱厄尔和阿伦·佩吉的故事中所看到的，许多领导者正在放弃传统的退休生活，积极主动地与很多组织的领导者分享他们的领导力和人生智慧。他们在营利性或非营利性组织的董事会担任董事，指导年轻领导者成长，从事教育培训工作。许多退休的领导者在营利性、非营利性和公共服务这三个领域继续工作。

沃伦·本尼斯用鲜为人知的"赤子态"一词描述了他的第三阶段领导哲学,"它保留了我们与年轻人在一起时的所有美好品质:**好奇、顽皮、雄心、无畏、热情、活力。**"拥有赤子态的老人能够持续成长,同时保持享受乐趣、乐于探究和探索的青春特质。这是一种值得每个人终生抱有的领导哲学,尤其是在生命的最后三分之一时光。

现在,我们来看看厄斯金·鲍尔斯(Erskine Bowles)的人生历程,以及他是如何驾驭这三个阶段的领导力的。

## 厄斯金·鲍尔斯:超越梦想的人生

厄斯金·鲍尔斯曾在私营企业、公共事业和教育等多个领域工作。20多岁时,他在华尔街投资银行摩根士丹利工作,为成为领导者做准备。在30～40岁时,厄斯金创办了最早的中型市场投资银行之一。

后来,厄斯金又到政府任职,担任比尔·克林顿总统的办公室主任。在那里,他领导了与众议长纽特·金里奇(Newt Gingrich)的谈判,制定了40年来第一个联邦平衡预算。之后,他又为联合国协调2004年海啸的灾后重建工作。然后,他回到家乡担任拥有16个学院的北卡罗来纳大学的校长。厄斯金说:"我从来没有想过我的职业生涯会从事这些工作。我的人生已经超越了我的梦想。"

他一生中最引人注目的要素是"服务",它贯穿了他的每一段职业生涯。厄斯金的父亲告诉孩子们,衡量他们人生的标准就是他们为他人做了什么。"我爸爸告诉我们,我们有责任为社会添砖加瓦。事实证明,我们都深深地参与了某种形式的公共服务。我从未想过不做公共服务。公共服务是我生活的一部分。"厄斯金接受了服务社会的想法。即使是在带着三个年幼的孩子创办他的公司时,他也积极参与公共服务。他说:"我为亨特州长领导了一个乡村繁荣工作队,主持了一个幼儿教育项目,在社区医院董事会任职,并担任青少年糖尿病研究基金会的主席。"当一项重要的社会义务需要有人承担时,厄斯金就告诉自己,可以少做一笔生意,腾出时间来承担这项工作。

他解释道:"我没有成为金钱的奴隶。我不想成为墓地里最富有的人。"厄斯金想要融入社会服务工作,这使得他从金融领域转型到联邦政府工作,而不是单纯地追求"更多"的收入。厄斯金将金钱视为一种工具。


我在来到华盛顿为政府工作之前赚够了钱,这让我拥有对当权者说真话的自由,这很难得。当克林顿总统对我发火时,我说:"听着,这没问题。我知道如何离开这里,但这是我的真实想法。"这形成了一种真正的合作关系,他知道他可以相信我,我总是会告诉他我的真实想法。


厄斯金和我们访谈的许多领导者一样,也面临着各种各样的挑战,他需要应对克林顿被弹劾、2004 年海啸危机和大衰退等重大危机。他还两次竞选美国参议院议员,但均以失败告终。

然而,他最大的遗憾是没有在孩子们童年的时候花更多的时间陪伴他们。"养育孩子不是看一部电影。你不可能再回看一遍。时间一旦过去,就不会重来。我错过了很多事情,现在,我愿意付出更多来进行弥补。"如今,厄斯金把家庭放在一切的首位,尽力花时间与他的孩子和九个孙子们在一起。"这是我有生以来第一次,不仅在身体上和他们在一起,而且在精神上和情感上都与他们在一起。你要抽出宝贵的时间与家人共处。当你和他们在一起时,你必须全心投入。"

现年 76 岁的厄斯金对自己的慈善事业最为热衷,他总是全力以赴地对待每件事。尽管他从创办公司到在华盛顿工作，再到领导北卡罗来纳大学，他的工作目标发生了变化，但厄斯金为社会服务的心态一直保持不变。他说："要想幸福，就要在生活中有明确的目标，我的遗绩是我的孩子们会继续为社会提供服务。"

■ ■ ■

## 新兴领导者：扎克·克莱顿的观点

我对创业的热情始于孩童时期，我在 9 岁时做起了第一笔生意：我根据祖母的食谱销售酵母卷。我的创业、商业和领导力的早期记忆是由我的父亲灌输给我的，父亲是一位银行家，他把银行业视为一种高尚的行业，认为它使社会变得更加强大。

我 22 岁进入哈佛大学商学院攻读 MBA 学位，是班上最年轻的学生之一。在想要获得成就的渴望之下，我在哈佛赢得了一席之地，并打算将这份动力继续保持下去。我把美国诗人亨利·沃兹沃斯·朗费罗（Henry Wadsworth Longfellow）的一句话潦草地写在一张卡片上，它时常在提醒我，伟人的高度是在"当同伴深夜酣睡时，他们仍然在辛苦攀登"时实现的。

在哈佛，我遇到了比尔·乔治教授，他的形象让人印象深刻。在我们的早期互动中，他提出了比我见过的任何人的想法都更深入、更根本的问题。

毕业后，我创办了一家数字媒体公司——三船（Three Ships）公司。为了省钱，我搬回了父母家住，我将全部积蓄都投在创办公司上，每周工作超过 80 小时，并努力创造一种挑战不可能的文化。与此同时，比尔邀请我与他共同创作一本书。一个雄心勃勃的年轻企业家还能要求一个比为世界上最重要的领导力专家之一进行研究更充实的"副业"吗？

具有讽刺意味的是，当时，三船公司团队中的许多人都说我是一个糟糕的领导者。这不是虚伪的谦逊。我读过一些伟大领导者的传记，听过一些顶级 CEO 的演讲，但当我真正开始与比尔·乔治合作时，我还没有弄清楚如何成为一名通过帮助他人建立强大组织的服务型领导者。我对领导力的认知与我内心的信念之间存在差距。

27 岁时，我参加了为期 3 天的领导力工作坊，并接受了 360° 测评，得到了 10 位同事的反馈。我兴奋地打开装有测评结果的信封，但我没有看到同事们对我的领导力优势有多么钦佩，而是发现我在领导力方面的排名是第 19 位。测评反馈内容包括："你常常缺乏耐心，有时会造成不必要的恐慌或危机""当你没有得到你想要的东西时，你可能会表现出愤怒或爆粗口"以及"有时，你不清楚你想要什么，却让员工不得不被动等到最后一分钟"。

最初，我想我没有必要成为一名带团队的领导者，而是应该集中精力成为一名具有影响力的个人贡献者。我抱怨道："也许我不适合当领导者。"渐渐地，我冷静下来。我与团队成员分享了我的测评结果，并请求他们帮助我改进，这是一个持续的过程。我意识到我需要从一个竞争规则的制定者转型为一个激发每个人最佳状态的领导者。

2017 年，我将三船公司的一家子公司卖给了一家私募基金公司，之后我自己的公司陷入了困境。我加入了收购方的高管团队，担任首席数字官（Chief Digital Officer，CDO）。该公司拥有 1300 名员工，是直接面向消费者的保险销售行业的领先企业。高管团队与通用电气前 CEO 杰克·韦尔奇在公园大道的一座塔楼举行了半年一次的规划会议。我们乘坐包机四处飞行与客户见面，并考察潜在的收购项目。对于一个需要每月支付1000美元在北卡罗来纳州的罗利市租一套公寓的"孩子"来说，这是一件令人兴奋的事情。

在为公司高管会议做准备时，我给CEO发了一份10页的备忘录，阐述了公司的数字运营状况，提出了业务增长战略，并建议公司选择一个使命，即通过高质量的保险产品帮助人们保障他们未来的财务收益。但在场外，CEO却给我上了一课，这让我感到非常困惑。他说："我们来这里的真正目的是赚钱和打高尔夫。我们会卖任何能够赚钱的东西。"他宣称他将"重新构造我的思想"，帮助我接受"我只需要进一步压缩运营成本来提高利润率、卖掉收购的公司、赚取三倍的回报，然后发大财"的观点。

那天的谈话让我的人生发生了重大转折。我刚来这里时很兴奋、干劲十足，准备帮助公司做得更好，但我离开时感到了沮丧和失望。我发誓在未来领导其他公司时，一定会记住这段经历。此后不久，我放弃了几百万美元的期权，离开了这家公司。但愿这家公司的业务一切顺利。

后来，我把全部精力都转向了三船公司，让我们的专业服务商业模式转变为拥有自己的营销网站。我们放弃了许多大客户，解雇了十几个人，并填补了运营亏损的窟窿，同时等待着新的市场商业模式的起飞。

我每天都在为帮助公司实现成功转型努力工作，但我经常在夜里辗转反侧。许多日子都是令人沮丧的。被我解雇的员工感到自己被背叛了，而那些留下来的员工则怀疑他们是否在追随正确的领导者。有时候我也会问自己：我是不是犯了一个灾难性错误？我是否知道自己在做什么？我是否在尊重所有与我共事的人和做出正确的商业决策之间做出了合理的权衡？

我从比尔那里学到的智慧帮助我度过了这段黑暗的日子。我对自己说："我不仅仅要关注公司的盈亏平衡，衡量我人生的成功标准不只是生意成功。"

在这段时间里，公司转型的结果是不确定的，我被迫放弃对成功的执着。面对困难时，我能感受到自己在成长。我不再追求职业上的完美无缺。我学会了说出自己的缺点，并接纳自己的缺点。遇到困难时，我与团队成员坦诚分享，并请求他们提供意见和支持。我更公开地谈论我的错误。我变得越来越开朗，虽然我仍在努力工作，但我不再每天第一个到达办公室给大家安排任务并控制工作进度。现在，我喜欢在早餐时与四个孩子玩耍，然后去公司工作。最重要的是，我变得更自信了，我在不断成长。

随着时间的流逝，我逐渐感受到公司的新商业模式正在快速发展。公司的使命变得更加聚焦——简化人们探索、研究和购买的方式。我们制定了明确的价值观，并将其作为我们招聘和管理的核心基石。我们加强了对员工和社区的投资——让床垫顾问团队捐赠了一卡车的床垫，让房屋建设团队为大家建造房子。这使得我们团队的信任度、参与度和协同性大幅度提升。与此同时，我们的业绩也得到了提高——销售收入增长了 20 倍，员工人数从 20 人增加到 300 多人，利润率在行业中名列前茅，员工的敬业度也明显提高。

我知道我的人生旅程会经历更多的曲折和变化。比尔提醒我，很多人会发现他们 40 岁之后的十年才是经历最大考验的十年。通过与比尔合作，我逐渐认识到理解人生故事和书写人生故事的力量。

■ ■ ■

# 比尔的观点：我的领导力之旅

我出生在密歇根州大急流城的一个中产阶级家庭，小时候梦想着要影响世界，但多年后我仍然不知道如何去实现这个目标。

作为年迈父母的独生子，我与母亲的关系要比与父亲的关系亲密得多，因为父亲每周要出差 4 天，每周末去打高尔夫。我的母亲对我则充满了无条件的爱。她从不说他人的坏话。她对我的要求就是要忠于自己的价值观，我一生都在努力做到这一点。她是一位保守的荷兰家庭的女主人，不仅要照顾我的爷爷，还要在每个节日时负责家庭聚会。

在我 9 岁时，父亲告诉我："儿子，我希望你长大后能成为一名领导者，那是我从未实现的梦想。"不管你信不信，他甚至说出了我可以领导的公司名称，从可口可乐到宝洁和 IBM 公司。虽然我当时还太年幼，但成为领导者的念头已经深深地植入我的脑海。

高中时，我加入了许多组织，但从未被同学们选为领导者。我在大四竞选班长时，以 1∶2 的比分落败，因为同学们不认为我是领导者。当时，我还没有意识到领导力是一种人际关系。

我渴望着有一个新的开始，于是选择了佐治亚理工学院的工程专业，这是一所具有特殊文化的优秀学校。在学校，我感觉就像在家一样，可以全年打网球。我又一次加入了许多组织，六次参加竞选，六次都落败了。那时，我觉得自己是个十足的失败者！

然后，一些学长把我拉到一边，对我说："比尔，没有人愿意和你一起工作，更不用说被你领导了，因为你总是匆匆忙忙，从来不会为别人花时间。"虽然他们的话很难听，但他们说得很对。在接下来的一年里，我一直在对这些反馈进行反思，并改变了自己的做法。第二年，我当选为多个组织的领导者，并开始迈出成为领导者的第一步。

## 本章小结：人生故事

**要点回顾：**

- 领导力不是到达一个目的地——它是一段漫长的旅程，沿途有很多的站点。
- 每个人都有一个关于自我塑造的人生故事，这为他们的领导力奠定了基础。
- 每个人在领导力之旅中都会经历各种挑战。这些挑战塑造了我们的品格，品格决定了我们的领导力，因为领导力就是品格。
- 我们可以通过解读自己的人生故事，在挫折和失败中找到意义，并通过精心叙述自己的故事塑造我们的领导力。
- 虽然我们不能控制自己人生中的环境和事件，但我们可以控制如何讲述它们。

**问题思考：**

1. 请回顾你的童年和青少年时期的行为模式，哪些人、事件和经历对你和你的人生产生了最大的影响？
2. 你在自己的哪些人生经历中找到了领导力的最大启示和热情？
3. 你之前经历过的失败或绝望的事情给你的人生带来了限制吗？你能

否把它们重新定义为一种学习经历？

4. 是什么阻碍了你在领导力之旅中进一步前进？

5. 你将对你的个人和领导力发展做出哪些调整？

**领导力发展实用建议：**

● 通过绘制 $y$ 轴上的高点与低点，以及 $x$ 轴上的时间来绘制你的"生命线"（参见图 1-1）。你生命线上最重要的巅峰经历和低谷经历分别是什么？

● 请一位值得信赖的朋友一起做这个练习，然后进行公开、诚实、不带评判的对话，与对方分享你的人生经历。

第 2 章

# 熔炉锻造领导力

熔炉是成为领导者的过程中的重要因素。无论遇到什么困难，
领导者都能穿越熔炉经历，变得更加强大而且永不屈服。

——沃伦·本尼斯《成为领导者》

我们访谈的大多数领导者都是在熔炉经历中历练出来的——熔炉是他们人生中的重大考验。心理学家亚伯拉罕·马斯洛（Abraham Maslow）发现，灾难和创伤是促使人类自我实现的最重要的学习经历。熔炉告诉人们，生活是不确定的，他们的控制能力是有限的。穿越熔炉，你将学到人生中最难得的一堂课：**生活并不总是公平的，好人也常遭遇厄运。**

这一新的领悟使人们能够改变旧的假设，并认识到他们必须积极主动地应对自己在人生中遇到的挑战。另外，熔炉会使人们陷入绝望、危机和怀疑。在严峻的考验中，痛苦和创伤可能会压倒你。如果你拒绝面对你的熔炉，那么它就会击垮你。

你的熔炉经历也可以让你的人生产生蜕变。当你给外界留下深刻印象的外表被剥开时，你会敞开心扉地进行更深刻的反省，更清楚地认识自己的"真北"。有了足够的韧性，你就能够更坚强、更真实地面对这些挑战，而当你能够通过自己的领导力克服最严峻的考验，你就可以凭借领导力创造非凡。

■ ■ ■

# 领导力的熔炉

在生活中，没有人不曾经历严峻的考验。1953 年，在关于塞勒姆女巫审判的戏剧《熔炉》中，剧作家阿瑟·米勒（Arthur Miller）普及了"熔炉"这个词。领导力大师沃伦·本尼斯认为，一个人在成为领导者的过程中必然会经历熔炉考验。

在熔炉经历中，领导者会发生一些神奇的改变。无论是像曼德拉（Mandela）在监狱里那些年的蜕变经历，还是像在日常工作中被指导的无痛经历。无论他们经历了什么，他们都会从熔炉中脱颖而出，变得更加坚韧和强大。

所有人都经历过或即将经历熔炉考验，无论这些考验是像霍华德那样的痛苦经历，还是在学校被你喜欢的社团拒绝那样的经历。有些熔炉经历是十分深刻的，会改变你的人生，另一些经历则显得微不足道，除非你能反思它们对你的人生带来的影响，否则你不会有任何改变。

熔炉是对你的品格的真正考验。如果你深入探索自己的熔炉经历，那么它可能是一次蜕变性经历，使你能够重新定义你的人生意义。你可以回顾过去，从熔炉经历中汲取力量，并利用它的意义来塑造你前进的道路。

熔炉经历可能出现在你的青少年时期，例如，失去亲人、患病、父母离异、在贫困中成长、被歧视、不被同龄人接受或经历早期失败。在后来的人生中，你可能会遭受诸如离婚、生病、失去亲人或被解雇等熔炉经历。大多数的情况是，熔炉出现在你最不经意的时刻。

衡量熔炉的标准不是你所遭受创伤的严重程度，而是它对你所产生的影响。你可能需要在多年以后才能完全理解它的意义。即使是普通的挫折，对某些人来说也可能是一场熔炉经历，尤其是对年轻的你产生的重大影响。

如果你不能恰当地应对这场熔炉经历，那么它可能会让你觉得自己是个受害者，或者失去生活的勇气。未能解决的愤怒、悲伤或羞愧可能导致你否认自己的经历，封闭自己的感受，在面对困难时逃避痛苦，或很难正常地发展亲密关系。

当你身处熔炉之中，无法预见最终结果时，你将面临最大的挑战。你可能感到非常痛苦，看不到从熔炉经历中学到的宝贵经验。为了渡过难关，你需要相信自己，相信人生的使命，并鼓起勇气和积蓄力量来承受各种压力。在这些困难时刻，你也需要身边人的肯定和支持。归根结底，你必须面对这些困难时刻。正如我们在之前所说的，如果你隐藏你的熔炉经历，它则可能会将你埋葬。

大卫·布鲁克斯（David Brooks）在《第二座山》（*The Second Mountain*）中将生活描述为两座山：

第一座山将自我的欲望置于中心。我们找到自己的身份，与父母分离，培养自己的才能，塑造一个自信的自我，并努力在这个世界上留下自己的印记。攀登第一座山的人花了很多时间来建立和维护自己的名誉。他们总是在为自己的名誉积分。他们的目标是成为我们的文化认可的——一个成功的人，深受好评，被邀请进入成功者的社交圈。

生活常常把我们从第一座山上赶下来。这也许是一场悲剧，或者我们只是跌跌撞撞，意识到我们无法达到我们所追求的顶峰。大卫解释道："跌落山谷里的人被摔碎了。但他们一直忽视了另一层，那就是黑暗的创伤和最强烈的渴望所在的底层。"在深谷里，我们最终接受了我们不需要为世界留下深刻的印记。当我们从熔炉中领悟到人生的智慧时，我们就准备好朝着世界召唤我们的新方向前进了。从深谷中，我们可以重新开始攀登第二座山的旅程，但这一次是以关系、激情和灵魂来指引前进的道路。

## 疾病带来的使命启示

在我们所有的受访者中，诺华公司前 CEO 丹·魏思乐（Dan Vasella）走上了一条最艰难、最不寻常的领导之路。他从年轻时的极端挑战中脱颖而出，最后成为全球制药行业的顶尖人物，这印证了许多领导者都会在他们的领导旅程中经历重大蜕变。

1953 年，丹出生在瑞士弗里堡的一个普通家庭，他早年疾病缠身，这激发了他成为医生的热情。他 5 岁时患上了哮喘，被单独送到瑞士东部山区度过了两个夏天，在那里，他与三个酗酒的兄弟和他们的侄女住在一个农场里。

8 岁时，丹患上了肺结核，随后又患上了脑膜炎，这迫使他在疗养院度过了整整一年。他不仅患病，还深感孤独。他的父母从未探望过他，他的两个姐妹只来看望过他一次。但他仍然记得护士们把他"像动物一样"按在地上使他动弹不得，以及腰椎穿刺带来的疼痛和恐惧。

一天，一位新来的医生耐心地向他解释手术的每一个步骤。丹问医生他能否握住护士的手而不是被死死地按住，医生答应了他的请求。丹回忆道："这次手术并不疼，所以我给了他一个大大的拥抱。这些人类的仁慈、关怀和同情的举动给我留下了深刻的印象，我想做这样的人。"

即使他后来身体康复，他的生活还是充满了波折。在他 10 岁时，他的姐姐因患癌症去世了。第二年，他的妹妹死于一场车祸，他的父亲在一次手术中去世。为了养家糊口，他的母亲在一个遥远的城镇工作。14 岁的丹只好一个人独自生活，他变得叛逆，还加入了一个摩托车团伙，经常打架斗殴。

在疗养院的一位善良的医生的榜样感召下，丹决定成为一名医生。在医学院学习期间，丹寻求从精神分析角度来接受他早年的经历。"我想认识自己，不想成为受害者，"他说，"我认识到我不必一直掌控一切。"

在实习期结束后，丹意识到他想通过经营一个使人们恢复健康的组织帮助大家。他加入了制药公司山德士，被派到美国负责营销业务，并获得了成功。他回到瑞士后不久，成了制药部门的 CEO。他领导了与跨城竞争对手 Ciba Geigy 公司合并的谈判，并在 43 岁时被任命为合并后的诺华公司的 CEO。

作为 CEO 和成功的领导者，丹大显身手，他整合了两家公司，创造了一种新的诺华文化，以同情心、胜任力和竞争力为基础，赋能各层级的公司领导者。他获得的最大成功是开发药物格列卫（被誉为"抗癌神药"），他发现这种药物在诺华的研究实验室里不受重视。他说服团队在两年内将该药物推向市场，这打破了美国食品和药物管理局批准药品上市的所有纪录。现在，格列卫以 60 亿美元的年收入成为诺华公司最畅销的药物。

丹的熔炉经历引导他实现了自己的领导力使命。

我童年的疾病，父亲和姐妹的死亡，以及与死亡擦肩而过的经历对我产生了巨大的影响。作为 CEO，我有能力影响更多人的生活，并遵循我的道德准则。最终，唯一重要的是我们为他人做了些什么。

# 在中年时重构童年熔炉经历

奥普拉·温弗瑞（Oprah Winfrey）[①]用她的心声和共情而不是领导一个组织来影响全球众多的人，但她是到了36岁，才完全明白童年的熔炉经历对她人生产生的重大影响。当奥普拉在访谈一位名叫特鲁迪·蔡斯（Truddi Chase）的女士时，她的情绪变得十分激动。她说："我以为我要在访谈现场崩溃了，我大喊，停！停！马上关掉摄像机！"但是摄像机一直在拍摄，她内心的情绪也一直在起伏动荡。

特鲁迪的故事唤起了奥普拉许多的童年创伤记忆。她说，"那是我第一次意识到应该受到责备的人不是我，而是其他人"，因为直到那一天之前，她的心魔一直在纠缠着她。

*我在少年时期有过性泛滥的经历。因此，我陷入了严重的苦恼，并认为自己对此负有责任。直到我36岁时，我才恍然大悟"原来是这样的"。我之前总是陷入自责之中。*

奥普拉出生在密西西比州农村的一个单亲家庭，自幼过着贫困的生活。在她很小的时候，母亲就搬到了北方去找工作。她说："我被迫搬去和外祖母一起生活，这可能挽救了我的一生。"她回忆在4岁时，看着外祖母在一个大锅里煮衣服的情景，虽然当时她还是一个孩子，但她那时就萌生了一个要改变自己人生的愿景。"我记得当时在想，'我未来的生活不会是这样的。它一定会变得更好。'这不是因为自负，而是那一刻我知道我可以过上一种不同的生活。"

奥普拉回忆起她9岁时搬迁到密尔沃基后被表哥强奸带来的创伤。在她和

---

① 美国知名演员、制片人、主持人。——编者注

母亲一起生活的五年里，她多次遭到家族成员的性骚扰。"这种事情持续不断地发生，以至于我开始想，生活也许就是这样的。"14岁时，她早产了一个孩子，只活了两周就夭折了。

如今，奥普拉已经建立了世界上最受尊敬的媒体帝国之一，但直到她访谈特鲁迪·蔡斯的时刻，她才意识到自己肩负更广泛的使命。她从年轻时的创伤经历开始，就觉得自己必须取悦他人，而且永远不能拒绝他人。那天的访谈让她终于明白了这背后的原因。

从那时起，奥普拉的使命已经远远超出了追求个人成功的范畴，而是赋予世界各地的人们以力量，特别是年轻女性。

我一直在寻找爱、亲情和关注，以及有人注视着我的双眼对我说："是的，你是值得的。"我最大的教训是认识到，我对自己的生活负有全部责任，我不是为了取悦他人而活着，而是要做我内心所想的事。

在我与奥普拉在奥斯陆的诺贝尔和平奖颁奖晚宴上交谈的3小时之前，我一直把奥普拉看作一位名人，而忽略了她肩负的更大使命。当她描述自己是多么热衷于鼓舞数百万人为自己的人生负责时，我意识到她的领导力产生的真正影响。当有人问她她的节目的主题是什么时，奥普拉说："我们的节目主题只有一个：你要对自己的人生负责。我希望我的节目和我的演讲能帮助年轻人比我更快地吸取人生的教训，过上有意义的生活。"

由于早年经历的虐待和贫困，奥普拉很容易觉得自己是一个受害者。然而，她克服了这些困难，用积极的方式重新构建了自己的人生故事：首先，她将自己的熔炉经历转化为每个人都要为自己的人生负责的力量；然后，她认识到自己的使命是赋予他人力量——帮助人们对自己的人生负责。她的这个蜕变是在30岁左右才发生的。在通常情况下，一个人蜕变的酝酿期的确需要这么长的时间，因为我们需要真实的经历来认识我们在这个世界上的位置，并理解它对我们人生的意义。

奥普拉的朋友萨塞克斯公爵哈里王子（Prince Harry）也受到了她的智慧的影响，哈里在母亲威尔士王妃戴安娜去世后，一直在这段熔炉经历中挣扎。哈里利用服兵役和狂欢来让自己不再思考失去母亲的事实。这些在早年经历过重大挫折的人面临的现实是，他们会无可避免地一直思考这些问题。那段痛苦经历的记忆会在他们认为自己已经进入人生的下一个阶段时又涌现出来。作为回应，他们关闭了自己的情感，回避那些试图帮助他们的人。

你很难隐藏自己的情绪和熔炉经历，因为活跃的思想无法被隐藏。即使你不再去想你所经历的熔炉时刻，也解决不了任何问题。哈里王子描述了他为逃避痛苦所做的努力，他说："我会在周五全天或周六晚上喝掉平常一周的酒量，试图去掩盖一些东西，减轻自己的痛苦感受。"

哈里首先要处理的是他失去亲人的痛苦和愤怒。他反思道：

当我想到我的母亲时，我脑海里的第一件事情总是一样的。我在车上系着安全带，母亲开着车被骑着摩托车的狗仔队追赶，她因泪流满面而无法正常驾驶。我感到很无助，可是我太小了，什么都不能为她做。在她去世的那天之前，这种事几乎每天都会发生。

你可以通过深入反思来应对你的熔炉经历，无论它看起来是大还是小。当你接受它的考验时，你可以选择如何继续前进。

我们的经历也许没有奥普拉·温弗瑞或哈里王子的经历那么严峻和痛苦，但所有人都在生活中遭遇过熔炉考验。如果你认为自己可以一帆风顺地度过一生，或者用一生的时间来回避熔炉考验，这只是天真的想法。真正重要的是，你如何穿越熔炉经历从而成为一个完整的人和真实领导者。熔炉带来的最重要的影响之一是使你能够战胜对外部需求的满足，专注于你真正的自我和你独特的天赋，以及你如何能够帮助更多的人。

达伦·巴布科克（Daron Babcock）经历的熔炉考验几乎将他彻底击垮。他从得克萨斯州搬到俄勒冈州创办自己的公司一年后，妻子被诊断患有乳腺癌，并在两年后去世。在这之前，达伦相信努力工作可以过上好生活，但妻子的去世打破了他的这种幻想。

妻子的去世使他失去了方向，他变得非常沮丧。他回忆道："我不在乎我的生死。"为了减轻痛苦，达伦开始自我麻痹。他说道："使用毒品和酒精来逃避悲痛毁了我，滥用药物会让人麻木，让你对现实视而不见。"

有一天在海边，当孩子们在沙丘上玩耍时，达伦架着冲浪板奋力冲过海浪向前划行。他解释说："我内心深处有一股力量让我继续向前划行，因为我不想再待在这个世界，但当我回头看到孩子们时，我放弃了划向深海。我已经痛不欲生，但我的孩子们拯救了我。"

达伦的家人和朋友把他带到了康复中心，但他在第一晚就从窗户逃走了。最终，他们让他留了下来。他说："用蜕变来描述我的人生经历也太过温和了。"

这是生与死的区别，你需要获得帮助并学习如何重构你的人生经历。我的心灵之痛是我身体内的一个引擎，推动着我走到今天。在我的康复过程中，我开始了一次心灵之旅，并与命运和解。我就像一个回头的浪子在泥里打滚，当我终于哭出来说："如果一切都是命中注定，那么我认输了。"

达伦对自己染上毒瘾感到羞愧和自卑。他说："一个人如果没有谦卑之心，他的人生就真的很肤浅；他可能拥有许多的荣华富贵，但它们毫无意义。"最后，一位在监狱工作的朋友把达伦介绍去了得克萨斯州南达拉斯的邦顿社区。邦顿是该市最贫困的社区之一，高中生毕业率仅为51%，青少年生育率仅次于达拉斯县，婴儿死亡率极高，癌症、中风、心脏病、糖尿病和儿童肥胖症的发病率是达拉斯县的两倍。达伦说：

我们走到一个房子前，一个戴着联邦GPS脚踝监测器的人打开了门，她露出了美丽的笑容。这是一次天赐的碰撞，仿佛我的整个生命都在为这一时刻做准备。我和那些从未被告知可以有所作为的人一起实现了我的人生使命。

达伦从一小块土地上的一个花园开始，创办了邦顿农场，并建立起两个功能齐全的农场，以及农贸市场和咖啡屋。达伦说："我们正在解决邦顿居民面临的困难，他们有机会克服生活中的各种挑战。"

尽管存在偏见、种族主义和体制性压迫，但这里的人都很善良，他们希望搭建友谊的桥梁，相互包容，因此，他们在这里都拥有公平的地位。邦顿社区是其他成千上万个类似地方的一个缩影。如果我们能在这里实现梦想，就能在其他地方也实现梦想。

达伦回看自己的人生时说道："当我意识到生命的脆弱，我就能够从内心找到自己真正的人生价值。"

当你的生命结束时，你的生命代表了什么？我们很容易陷入追求最大化的功名利禄的陷阱。作为一个经历过人生悲剧的年轻人，我永远地放弃了这种人生范式。我从那些失去的虚幻的东西中获得了一份真实的礼物，这些东西是夺不走的。我没有很多金钱，但我却是达拉斯最富有的人。

奥普拉的、哈里王子的和达伦的人生经历表明，熔炉经历带来的痛苦可以培养我们重构人生和为他人服务的能力。

■ ■ ■

## 创伤后成长

2007 年，《真北》第一版出版后，我收到了佩德罗·阿尔戈塔（Pedro Algorta）寄来的一封感人的信，他是皮埃尔·保罗·里德（Piers Paul Read）在其著作和电影《天劫余生》（Alive）中记录的安第斯山脉坠机事件的 16 名幸存者之一。佩德罗和他的同事们在山区中没有食物和水的情况下度过了艰难的 70 天。

35 年来，佩德罗尽力掩藏了他的熔炉经历。然而，这些经历不断重复出现在他的脑海中。根据他的经验，佩德罗列举了三种应对熔炉考验的方法。

1. 做一个受害者，放弃向前看的人生，对这些经历充满愤怒和指责。
2. 将记忆和痛苦埋藏在心灵深处，若无其事地度过每一天。
3. 通过这个事件将你的悲痛转化为宝贵的珍珠。

如果你采用佩德罗所描述的前两种方法中的任何一种——对你的熔炉经历感到愤怒或隐藏它，你就可能会经历创伤后应激障碍。创伤后应激障碍通常是通过反复的回忆、噩梦和闪回让你再次体验当时的经历。成为受害者或假装什么都没有发生的可悲之处在于，你可能永远不再信任他人，永远不能过上正常人的生活。

第三种方法是佩德罗关于珍珠的比喻，呼吁你将痛苦作为重新开始的催化剂——心理学家卡罗尔·德韦克（Carol Dweck）教授将其称为创伤后成长。经历创伤后积极成长的关键是你要直面曾经的经历，认识到生活中的不确定性，然后用一种自主意识来为你未来的选择承担责任。

许多人拒绝谈论自己的熔炉经历，他们说："那些事情已经过去了，我不想再提。"实际上，你很难真正隐藏那些熔炉经历，因为它会不断地在你的思绪中涌现。你需要重构你的熔炉经历，将痛苦转化为成长的经验，这可以让你利用自己的困难经历来帮助他人成长。

## 利用熔炉经历来帮助他人和改变组织

瓦莱丽·凯勒（Valerie Keller）是一位非凡的领导者，25 岁之前的她是在宗教崇拜中度过的，从女性角色、为丈夫服务到衣服穿着等都有严格的规定。她的父母是一个邪教组织的成员。她说，这个邪教组织"基于恐惧的文化"，即"我们对抗世界"。

小时候，瓦莱丽和父母一起离开了路易斯安那的家，搬到了印第安纳州的玉米地，加入了霍巴特·弗里曼（Hobart Freeman）博士的邪教。当弗里曼去世时，这个邪教组织解体了，瓦莱丽的父母搬回了路易斯安那州，但他们的信仰保持不变。19 岁时，瓦莱丽嫁给了一个通过教会认识的男人，教会长老建议她不要表现得优于丈夫。虽然她在标准化考试中得分非常高，但瓦莱丽还是和丈夫一起上了同一所社区大学。

毕业后，她意识到自己真正的热情是在收容所做志愿者。当收容所遇到财务问题时，瓦莱丽便辞去了一家领先金融机构的公关经理职务，全力挽救这个收容所。当她发现丈夫有外遇时，她说："我逃离了教会和家庭，他们也背叛了我。我感到十分孤独。"

挽救收容所这一勇敢的举动使瓦莱丽能够全身心地投入利用自己的天赋为他人服务的事业。卡特里娜飓风过后，她将收容所改造为一个化学治疗、住房开发和持续护理的中心。她说："我决定把我在邪教和教会的经历看成一个积极的熔炉考验，让我准备好为人们实现自我的更高使命而工作。"后来，她在牛津大学获得了 MBA 学位。

由于她在卡特里娜飓风灾难发生后所做出的杰出贡献，她被世界经济论坛选为全球青年领袖，她说，她在这些致力于改变世界的青年领袖中"找到了自己的家"。她的使命转变为帮助众多公司转型为使命驱动型公司，因为她看到了帮助很多公司实现使命驱动转型的机会。在达沃斯世界经济论坛会议上，她结识了安永咨询公司的 CEO 马克·温伯格（Mark Weinberger），后者邀请她作为企业家加入安永咨询。她自己根据作为一名社会企业家的经验，设想创建一个名为 Beacon 的新安永机构，在她领导安永在全球范围内向使命驱动转型的过程中，安永致力于将商业重新定义为一股向善的力量。一年后，她在达沃斯的一场备受瞩目的活动上推出了 Beacon 组织，这个组织包括了维珍航空公司创始人理查德·布兰森（Richard Branson）、联合利华的保罗·波尔曼（Paul Polman）和赫芬顿邮报的阿丽安娜·赫芬顿（Arianna Huffington）等。

波尔曼从联合利华退休时，瓦莱丽刚刚创立了一个名为 IMAGINE 的新组织，以帮助各类公司实现完全可持续发展，她邀请波尔曼与她合作。她说："我们正在与领先的食品和服装公司合作，创建可持续发展的公司，并改造其供应链以实现真正的系统性转型。"她还通过建立一个由使命驱动型前 CEO 组成的团体，在牛津大学开设了公司转型课程，帮助其他新兴领导者加速组织转型。

瓦莱丽是一位非凡的领导者，她的人生故事是创伤后成长的一个范例。她战胜了邪教带给她的困扰，充分利用她的熔炉经历，致力于让人们和组织专注于变革与可持续发展。

起初，查德·福斯特（Chad Foster）否认了自己的熔炉经历，最后他直面了它。当他这样做时，就像佩德罗和瓦莱丽一样，他也找到了自己创伤后的成长。查德 3 岁时，父母注意到他在黑暗的地方有视力问题。他们把他带到杜克大学，医生诊断他是视网膜色素变性，这是一种退行性眼病。

医生建议查德的父母把他送进盲人特殊教育学校，但相反，他们却为查德选择了足球运动。查德相继参加了橄榄球、篮球、足球、摔跤和田径等运动。他不认为自己是盲人或视力障碍者，因为他拒绝承认自己的眼疾。他在 20 多岁时完全失去了视力，他说："我想我已经没有未来了。"

那是一段令人难以置信的痛苦历程。我当时非常震惊并极力否认。我曾经认为自己将在医学领域大有作为。但在我失明后，我甚至怀疑自己能否独自生活下去，更不用说帮助其他人了。我感到害怕、羞愧和尴尬，担心未来不得不依赖他人生活和不能自理。我感到愤怒、伤心和苦闷。

查德的故事不是一个受害者的故事，而是一个创伤后成长的故事。他摆脱了妄想、自欺欺人和无用的担忧。他学会了接纳自己的现状。他说："我们需要看清自己是谁，这是自我接纳的基础。"

拒绝接纳自己会让我们走上失败、沮丧和受害者的道路。生活就像一场扑克牌游戏，没有人能掌控自己的手气，但每个人都可以决定如何出牌。我学会了问自己："我能从中学到什么？"而不是以受害者的口气问："为什么是我？"最终，我找到了答案。我可以通过我的演讲、写作和人际交往回馈他人。

查德继续说道，"我不会让视力问题限制了我的视野。"

我可以告诉自己，我之所以失明是因为我运气不好，也可以告诉自己，是因为我是这个星球上为数不多的有足够的力量和毅力克服困难并帮助他人的人。这两种解读都有道理，但第一个故事把我塑造成一个受害者，第二个故事则把我的奋斗重新塑造成一种优势。我们成了自己故事中的人。

他总结道："我们都心怀恐惧，无论是害怕失败还是害怕不能充分发挥自己的潜力。勇敢不是没有恐惧，而是穿越恐惧的障碍，无所畏惧地行动。我可以接受在追求目标过程中的失败，但我不能允许埋没自己的潜力。"

没有人能控制人生的境遇，但我们能控制自己的表现和努力程度。如果你自己都不去掌控自己的人生，那么让谁去掌控呢？只有失败者才寻找借口。我们可以找到失败的各种理由，但这些理由对我们有什么用呢？让自己为想要得到的东西负责是很不容易的，但如果我们不自我负责，那么我们就是失败者。

你想做一个受害者还是一个能够穿越熔炉经历的人？你是否让恐惧阻碍了你的发展？你将如何重构你所经历的熔炉经历来实现你的梦想？

■ ■ ■

## 新兴领导者：艾比·法利克

艾比·法利克在少年时期看见的贫困人群让她心力交瘁。在她 13 岁时，父母带她去了南非，在那里，她看见了极度贫困的人们。她感到困惑、不知所措，并高度意识到自己的优越性。她说："一旦你认识到社会正义，就不能忽视它。"这种意识在她与同龄孩子对比时尤其明显："我曾被告知我可以做任何我想做的事。但当我与一个有天赋和抱负的 10 岁女孩交谈时，我意识到因为她的出身，她没有我所拥有的各种机会。"

大学期间，艾比休假一年，在拉丁美洲生活和工作。在尼加拉瓜，她回到了高中时居住过的社区。在她初次来这里时，她发现尽管这里的人识字率很高，但社区里几乎没有书，所以她决定筹集资金建设一座图书馆。

建立图书馆是我一生中最艰难和最卑微的经历。我觉得自己快要失败了。在异国的语言和文化背景下，我无法胜任一个建筑项目领导者的角色。我记得在每天结束时，我都会因为图书馆的筹资进展不力而感到沮丧。

回顾过去，艾比将这些急于求成和疲惫不堪的感受视为她学习的基础。她说："我学到了建设性的一课。在刚到达那里时，作为一个外国人，我认为我要召集社区的人们参与并在我规划的时间内实现一些目标，这是一种失败的做法。要让这个项目顺理成章地实现，我需要去邀请大家参与，并表现出谦逊的态度。"

一年半之后，艾比搬到了巴西居住。

作为一个年轻人，我在一个与故乡有着巨大文化差异的城市中感到不知所措。这里与我以往的经历不同。我必须找到朋友、工作和公寓。我感到孤独、迷失了方向，但最终还是实现了成功转型。那一年的经历差点让我崩溃。当你原有的做事方法在一个新的环境中无效时，你会深感卑微。

艾比在尼加拉瓜和巴西的熔炉经历使她能够通过一个新的视角看待自己，反思自己的人生使命。她问自己"在这些熔炉经历中，哪些是有用的挑战，哪些是成长所必需的？"这段经历激励艾比创立了"全球公民年"，这是一个非营利性组织，旨在利用高中和大学之间的过渡时期，培养出具有好奇心、信念和勇气的新一代领导者。艾比的组织为1000多名学生提供了3000多万美元的奖学金，帮助他们在亚洲、非洲和拉丁美洲体验生活与工作。

在新冠疫情暴发时，由于学生无法外出旅行，艾比不得不进行重新规划。她与她的团队一起创办了全球公民年学院，为来自80个国家和地区的17～21岁的学生提供一个集中的、在虚拟环境中进行的领导力体验课程。她之所以能够如此迅速地适应变化，是因为熔炉经历培养了她的韧性，使她坚定地兑现为即将成年的年轻人开辟人生新道路的承诺。

今天，艾比在社会创新、领导力和教育的未来方面具有很大的影响力。她的故事表明，一个人可以通过直面痛苦的经历释放自己的潜能、实现新的成长。

■ ■ ■

## 比尔的观点：应对悲剧

生活中的不幸往往是我们无法预料的。在我 20 多岁的时候，我经历了许多磨难，它让我直面了生命的意义、痛苦和不公。在我开始第一份工作时，我正处于人生的巅峰。我喜欢我的工作、朋友和新环境。仅仅 4 个月后，我接到了父亲的紧急电话，他几乎说不出话来，他告诉我母亲在那天早上因心脏病发作去世。母亲是我的榜样、支持者和无条件的爱的来源。她是我生命中最重要的人。那天下午回到家，父亲已经因无法面对母亲的死亡，变得消沉。从某种意义上讲，我在一天之内失去了双亲。

第二年，我坠入爱河并订了婚。就在我们举办婚礼的前几周，我的未婚妻开始出现严重的头痛，眼睛出现重影，并无法保持正常的身体平衡。我带她去找一位著名的神经外科医生做了一周的检查。她的所有检查结果都显示没有明显的病症，但严重的头痛仍在继续。

当神经外科医生冷静地告诉我们她患有神经失常症时，我的直觉告诉我这是误诊。她一定是出了严重的问题，但绝对不是精神问题。我很绝望，但不知道该向谁求助，而距离婚礼只有 3 周的时间。当我们在一个周六通过电话交谈时，我们都感到不知所措。第二天早上，我从教堂回家，注意到我们在乔治城的房子窗帘拉上了，室内一片漆黑。

我的一个邻居在门口迎接我，请我坐下。我意识到发生了最糟糕的事情，我大喊道："她没有死，对吗？"但他还是告诉了我她的死讯，我感到无比的难过。那天早上，她死于恶性脑瘤。我再次跌入悲伤的深渊，我一个人孤零零地生活在这个世界上，我无法理解这些悲剧性事件的更深层含义。值得庆幸的是，我的朋友们陪伴在我身边，向我提供了急需的爱和支持。

这是我生命中的一个决定性时刻，我可能变得痛苦不堪和意志消沉，甚至失去生活的勇气。但承蒙命运的恩典、信仰的力量和朋友的支持，我的伤痛得到了疗愈。尽管这些事件很悲惨，但它们打开了我的心扉，让我理解了生命的更深层意义，并更深入地思考我在有生之年能为这个世界做出什么贡献。我认识到生命中有许多事情是我们永远无法解释的。

在生活中，有时在一扇门关闭的瞬间，另一扇门也会打开。在我未婚妻去世几个月后，我遇到了我的妻子佩妮，她在我的悲痛中支持我。我们相爱并在一年后结婚。佩妮是我生命中最大的幸运，53 年来，她是一位了不起的母亲、祖母、领导者、顾问和妻子。

## 本章小结：熔炉锻造领导力

**要点回顾：**

- 每个人都会经历熔炉考验，无论是像巴布科克那样的生死考验，还是年轻时深受伤害留下的伤疤。
- 我们的熔炉经历提供了一个独特的机会，让我们认识到生活中真正重要的东西，并探索人生的真北。
- 通过创伤后的成长，我们可以穿越熔炉塑造新的人生。

**思考问题：**

1. 请写下你经历的最大熔炉考验，并描述：

    a. 你当时的感受

    b. 你穿越熔炉时所利用的资源

    c. 如果你成功地应对了这个熔炉考验，你是如何做到的

    d. 这段熔炉经历如何塑造了你和你对世界的看法

2. 你是如何利用这些经历来重构你的人生故事，以及更充分地认识自己和人生的？

3. 这些熔炉经历是否阻碍了你今天的发展？


**领导力发展实用建议：**

- 请回想一下你的人生经历，回忆一下你经历过的最大压力、挑战或逆境，那就是你的熔炉经历。

- 请反思它对你人生的意义，以及它带给你的使命召唤。

- 请与亲密的朋友、导师或爱人分享你的熔炉经历，并寻求他们的智慧和指导，以此重构你的这段经历。

第 3 章

# 失去真北的领导者

没有道德指南，你将迷失方向。

——詹姆斯·伯克（James Bruke），

强生公司（Johnson & Johnson）前 CEO

在前两章中，我们探讨了人生故事和熔炉经历在探索你的"真北"——你的道德指南方面发挥的作用。在本章中，我们将探讨如果你没有找到自己"真北"，却试图发挥领导力所带来的风险和后果。

我从自己的经历中认识到，一个急于求成的年轻领导者将面临很大的风险，尤其是在你还没有弄清楚自己是谁的情况下就担任了主要领导者。你很容易被外在的利益驱使——金钱、名声和权力，这些巨大的诱惑可能主宰你和你的决策，即使你没有意识到它们的影响。在本章中，我们介绍的四位领导者都是试图在没有道德指南的情况下领导组织的年轻领导者：马克·扎克伯格（Mark Zuckerberg）、亚当·诺伊曼（Adam Neumann）、特拉维斯·卡兰尼克（Travis Kalanick）和伊丽莎白·霍姆斯（Elizabeth Holmes）。他们都偏离了做公司的正道。

在急于出人头地之前，你要先通过理解自己的人生故事，踏上认识自己的内心之旅。为什么如此众多的领导者回避在自己的人生故事中找到生命之根？他们可能是害怕脆弱，或者缺少能帮助他们反思自己熔炉经历的亲密朋友。他们试图隐藏自己的过去，戴上新的面具。或者，他们沉迷于追逐世俗的尊崇，渴望积累财富、名声和权力，而不是追随自己的心。

如果你想要否认或压制自己的人生故事和熔炉经历，其后果可能是严重的。它会放大你的阴影——你觉得不太理想，并试图压抑的人格阴影。当阴影被隐藏时，它会影响你的行为。许多具有巨大潜力的领导者最终迷失了方向，就是因为他们没有直面自己内心的阴影，没有发现自己偏离了人生的真北。

■ ■ ■

## 马克·扎克伯格：迷失道德指南的领导者

脸书的创始人马克·扎克伯格曾公开宣扬公司的使命是"**赋予人们建立社区的力量，让世界联系得更加紧密**"，但马克的行为却与这一崇高使命背道而驰。

马克在 19 岁时创立了脸书，当时有争议称他窃取了委托他开发网站的泰勒·温克莱沃斯（Tyler Winklevoss）和卡梅隆·温克莱沃斯（Cameron Winklevoss）兄弟的创意。在一个即时信息沟通中，马克说，他故意拖延为两兄弟开发网站的工作，秘密地开发自己的竞争性网站，并给一位密友写道："是的，我要干掉他们。"后来，他以 2000 万美元的现金和 6500 万美元的脸书股票与他们达成了诉讼和解。在与温克莱沃斯兄弟的调解会上，马克为自己的行为辩解说，他抄袭他们的想法并没有错。

一年后，马克排挤走了联合创始人兼首席财务官（Chief Financial Officer，CFO）爱德华多·塞韦林（Eduardo Severin）。爱德华多的父亲为马克提供了脸书公司的初始资金，从而获得了大量股权。最终，马克与爱德华多达成协议，收购了他手中持有的大约价值 50 亿美元的脸书股票。

当我第一次看到《社交网络》这部电影时，我试图把马克看作一个没有经验的 19 岁少年，给他一些宽容。随着他变得越来越强大，并继续采取类似的行为，我意识到他的这种模式只是一个序幕。今天，马克继续采取欺骗性和不道德的行为，并带来全球性的严重后果。2016 年，脸书高管安德鲁·博斯沃思（Andrew Bosworth）的内部备忘录将公司激进的增长策略合理化，认为这是获胜的代价：

可怕的事实是，任何能让我们更频繁地联系更多人的事情都是合理的。脸书通过有问题的导入联系人的做法和微妙的语言让人们更容易被朋友搜索到。最好的产品不是赢家。所有人都使用的产品才是赢家。增长策略是我们能够走到今天的原因。

但越来越多的情况是，脸书为了赢得胜利付出了高昂的代价。2018 年 3 月，剑桥分析公司透露，他们在没有得到用户同意的情况下，从 5000 多万脸书用户那里获取了私人信息。脸书在 2015 年 12 月就知道此事，却向用户和监管机构隐瞒了此事。

2018 年，《华尔街日报》披露，脸书研究用户行为的工作组发现，"脸书的算法利用了人脑对争议性内容的关注。如果不加以控制，那么平台会给用户提供越来越多的有争议的内容，以此获得用户的关注，增加他们留在平台上的时间。"马克的反应是什么？他对这项研究置若罔闻，并削弱了重新调整平台的努力。

脸书前员工弗朗西斯·豪根（Frances Haugen）表示，公司将用户增长置于用户安全之上，因为脸书意识到，"如果将算法改得更安全，人们在网站上停留的时间就会更少，点击的广告也会更少，公司赚到的钱也会更少。"

《华尔街日报》的调查报告《脸书档案》披露：

文件显示，脸书公司在美国和海外的研究人员已经发现该平台在很多方面产生的不良影响，包括对青少年心理健康、政治言论和人口贩卖等。尽管有国会的听证会、马克的承诺和无数媒体曝光，但脸书公司并没有解决这些问题。

在《脸书档案》发布后，脸书的高管们很沮丧："我们创造了这台'机器'，但我们却无法控制它。"

马克在向国会提供的关于国会大厦骚乱的证词中，否认了关于该平台的广告驱动型商业模式放大了两极分化言论的说法，他没有承担任何责任，而是将公司的问题归咎于"使美国人走向分裂的政治和媒体环境"。

马克声称他正在追求建立一个联系得更加紧密的世界。然而，他的行动的核心目标却是促使公司股价上涨。他一直忽视了自己所创建的这个社会基础设施的现实危险，对网络平台的黑暗面佯装乐观和天真，并将出现的问题归咎于他无法控制的因素。

2022 年年初，由马克主导的这个有缺陷的商业模式最终伤害了公司，脸书在一个季度之内失去了 2 亿用户，导致其股价在一天内下跌 2300 多亿美元（26%），创下美国历史上股价单日最大跌幅。马克指责大力倡导保护用户隐私的苹果公司 CEO 蒂姆·库克（Tim Cook），因为是他让苹果用户可以"选择加入"从而允许自己的个人信息被卖给广告商，也可以"选择退出"，拒绝其使用。在脸书的案例中，74%的苹果用户选择不使用脸书的定位功能。

可悲的现实是，马克·扎克伯格在做决策时没有"真北"可以遵循，导致脸书失去了正确的方向。

■ ■ ■

## 领导者为什么会迷失方向

你可以扪心自问："这种事情有可能发生在我身上吗？我是否容易被金钱、名声或权力诱惑？有哪些盲点可能导致我迷失自己的真北？我是否有一个道德指南来指导我的行动？"这些问题困扰着每一位真实领导者。

那些迷失方向的人也并不是一开始就是坏人，他们往往是在前进途中的某个地方偏离了原本方向。他们渐渐被自己的成功迷惑，并且大胆地挑战极限。最终，他们跨越了道德边界，导致身败名裂。

是什么激励你去领导他人？如果你真实的回答是追求权力、名声和财富，那么你就有可能迷失方向。如果你有一个更深层次的服务于比自己更伟大的世界的愿望，那么你终将获得权力、名声和财富。如果你仅仅追求外在的回报，那么你将永远无法获得全部的满足，因为你总是想要更多，你会离你的"真北"越来越远。

即使是亚伯拉罕·林肯（Abraham Lincoln），也在1858年的参议院竞选中承认了自己的外在动机，"我也有自己的雄心抱负"。但他有必要的道德原则使他专注于自己的"真北"和使命，即打击"一个使奴隶制普遍化和永久化的强大阴谋"。林肯超越了自己对外在满足的渴望，将自己投入一个最终使他付出生命代价的崇高事业。

如果你注重外在满足而不是内在满足，那么你将很难保持脚踏实地。你会拒绝身边敢说真话的人。相反，你的周围都是一帮"马屁精"，他们只说你想听的话。但随着时间的推移，你将失去坦诚对话的视角和能力，周围的人也学会了顺从和虚伪。

■ ■ ■

## 脱轨：渴望成功却害怕失败

这些倾向的背后可能是对失败的恐惧。许多领导者通过将自己的意志强加于他人并踩在竞争对手身上而获得晋升。当他们到达事业巅峰之时，他们会偏执地认为有人在等着把他们从神坛上推下去。在他们的虚张声势背后隐藏着一种恐惧，那就是害怕自己没有资格担任这样的领导角色，他们害怕有人会揭穿他们的伪装。

他们为了克服内心的恐惧，全力以赴地追求丰功伟绩，以至于与现实脱节，不敢承认自己的弱点。面对自己的失败，他们试图掩饰或者合理化地认为这不是他们的错。在通常情况下，他们会在组织内外寻找替罪羊。他们通过权力、感召力和魅力，说服他人接受他们的编造，使得组织与现实脱节，给组织带来最大的伤害。

他们害怕失败的另一面是对成功永不满足的渴望。大多数领导者都想做好工作，获得认可，并得到相应的奖励。他们在获得成功后，会享受到额外的权力和名声，这可能会冲昏他们的头脑，并滋生权力腐败。他们在到达权力顶峰时，会渴望一直保持下去，因此，他们倾向于铤而走险，认为自己可以逃脱惩罚。

诺华公司前 CEO 丹·魏思乐描述了这个过程：

成功是令人陶醉的。它创造了一种庆祝模式，要么强化了你的信念，要么带来了误导。当你获得好成绩时，人们会祝贺你，你开始变得自以为是、忘乎所以。

■ ■ ■

## 职业脱轨的五种原型

在观察那些职业脱轨的领导者时，我们发现了五种失去"真北"的领导者的原型（见表 3-1），你能从这五种人中发现自己的影子吗？这些特征是否会让你意识到自己在偏离轨道呢？

表 3-1　职业脱轨的五种原型

| 原型 | 脱轨模式 | 解决方法 |
| --- | --- | --- |
| 冒充者 | 缺乏自我觉察和自尊 | 建立自我觉察（第 4 章） |
| 狡辩者 | 不能建立和保持清晰的价值观，以一个自以为没有问题的故事来自欺欺人 | 建立清晰的价值观（第 5 章） |
| 名利狂 | 渴望获得世人的赞赏 | 寻找工作的内在意义（第 6 章） |
| 孤独者 | 不能建立支持自己的人际网络，缺乏完整生活的基础 | 构建值得信任的关系（第 7 章） |
| 流星人 | 浅尝辄止，不断追逐下一个目标 | 致力于一个能改变世界的长久使命，并以此来衡量进步（第 9 章） |

## 冒充者

冒充者凭借其狡猾和攻击性在组织中飞黄腾达。他们深谙在组织中出人头地的秘诀，而且绝不允许任何人阻挡他们。他们往往是马基雅维利的信徒，当他们在实施阴谋计划时，他们思索着前进的每一个诡计。他们是最高明的政治动物，擅长找出潜在的竞争对手，然后逐个铲除。他们不喜欢反躬自省，也缺乏自知之明。

亚伯拉罕·林肯说过："**如果你想要考查一个人的品格，就给他权力。**"冒充者在获得权力后，对自己如何使用权力缺乏信心。他们对自己的领导能力充满怀疑，并且经常偏执地认为下属要和自己争功夺位。

亚当·诺伊曼在 2010 年创立 WeWork 众创空间之前，从事过销售高端婴儿服装的工作。他在纽约房地产行业发现了一个机会，即千禧一代会为了更好的薪资待遇而接受更高密度的商业办公空间。亚当将这一想法付诸实践、获得了耀眼的成就，他在接下来的十年里筹集了 104 亿美元，这些资金主要来自软银的技术投资者孙正义。

WeWork 发展迅速，亚当的自尊心也随之膨胀。艾略特·布朗（Eliot Brown）和莫琳·法雷尔（Maureen Farrell）在《我们的崇拜》（*The Cult of We*）一书中描述了亚当作为 CEO 的所作所为。他在自己的办公室里安装了一个冰浴池，购买了一架价值 6300 万美元的公务机，让他的朋友和家人担任公司高管，并进行了极其反常的内部交易。最荒唐的例子是，他把"我们"（We）这个词注册为商标，然后以 590 万美元的价格卖给自己的公司。

亚当因为缺乏人性的滑稽行为和同事们疏远了。当亚当要去开会时，他经常要求员工乘坐他那辆由专职司机驾驶的价值 20 万美元的豪华轿车。一旦亚当与他们交谈完毕，他就把他们放下，让他们乘坐其他交通工具前往目的地。

2019 年，在 WeWork 试图在纽约证券交易所上市时，亚当作为 CEO 的行为和他的控股地位受到了抨击。《华尔街日报》的新闻报道描绘了亚当的阴暗面：吸毒、逃避工作去冲浪，以及他反复无常的管理风格。当 IPO 失败时，亚当通过谈判为自己争取到了一笔令人瞠目结舌的咨询费——1.85 亿美元，作为更大的退出计划的一部分。由于 WeWork 宣布裁员数千人，现有员工和股东都蒙受了巨大的损失。

亚当是一位极具魅力的推销员，他成功地推销了改造房地产行业这个愿景，但他的商业模式从未在财务上被证明是可行的。当他以亿万富翁的身份离开时，其他人则损失惨重。

## 狡辩者

狡辩者总是喜欢推脱责任。当事情没有按照他们预期的方式发展时，他们会指责外部势力干扰或下属无能。他们很少承担责任，是拒不认错的大师。当他们在前进中面临更大的挑战时，他们就把压力传递给下属，而不是缓解下属的压力。当下属无法完成目标时，他们就想方设法通过削减对研究、创新计划或组织建设的资金达到财务目标。最终，这些短期行为会影响到他们的长期业绩。接下来，他们就通过寅吃卯粮、透支未来的业绩，让今天的财务业绩好看一些。他们或者扩大会计准则，合理化地认为他们可以在未来弥补今天的亏损。

遗憾的是，他们的行为只会让未来的发展更糟。之后，他们会推进更激进的计划。例如，在季度销售中报告未来的收入，或者用库存重新填充客户仓库。当这些短期行动无法阻止业绩滑坡时，他们就采取铤而走险的措施，这些措施往往会演变为非法行动。最终，他们成为其合理化的受害者，他们的组织也深受其害。

近年来，狡辩者的错误行为已经变得非常显著。来自股东的压力导致许多高管在满足股市预期的同时，牺牲了公司的长期价值。即使在多年后，许多狡辩者仍然坚持否认他们的过错，不愿意为他们造成的问题负责。正如沃伦·本尼斯所说，"否认和投射是现实的敌人"。

拉吉特·古普塔（Rajat Gupta）是我的一位亲密的职场同事。我们一起在三个组织的董事会任职，高盛公司、美国世界经济论坛和哈佛大学商学院院长顾问委员会。拉吉特也是宝洁公司和美国航空公司的董事会成员。他是世界上具有杰出成就的领导者之一，聪明、精明，与许多杰出的人关系密切。

拉吉特是麦肯锡咨询公司第一位不是在美国出生的全球管理合伙人。他在执掌麦肯锡公司9年间建立了一个强大的集团，使麦肯锡公司的收入增长280%，达到34亿美元。拉吉特还领导慈善事业，担任全球基金会主席，并创立了印度商学院。对印度人来说，他是实现美国梦的榜样，是印度移民能够在美国出人头地的象征。

2012年10月24日，拉吉特被判处两年联邦监禁。他因向帆船集团（Galleon Group）创始人拉杰·拉贾拉特南（Raj Rajaratnam）提供内幕信息而被判四项罪名成立。他透露了2008年在高盛董事会上获得的内部信息，拉贾拉特南曾利用这些信息进行内幕交易。在批准巴菲特在高盛投资50亿美元的关键董事会之后，拉吉特在当天下午3点52分，即董事会会议结束后仅16秒，就打电话给拉贾拉特南，告诉他交易已获批准。随后，拉贾拉特南在下午4点收盘前买入了9000万美元的高盛公司股票。

这样一位处于成功巅峰的杰出领导者，怎么会迅速地堕落到如此地步呢？我们可能永远不会知道完整的答案，因为拉吉特仍然否认他的错误行为，但他的人生故事提供了一些线索。拉吉特的父亲是一名记者和自由战士，在印度争取独立时被英国人送入监狱。年轻的拉吉特面临严峻的熔炉考验，他的父亲在他 16 岁时就去世了，两年后，他的母亲也去世了，他在 18 岁时成了孤儿。一贫如洗的他承担了抚养两个弟弟妹妹的责任。尽管面临这些挑战，他还是考上了著名的印度理工学院，在 1973 年加入麦肯锡之前移民到美国并在商学院获得了 MBA 学位。

是什么导致他违规向拉贾拉特南提供内部信息？从表面上看，拉吉特已经拥有一切——才华、财富、权力和尊重，但显然这些都还远远不够。

作为高盛公司的董事，我被美国政府传唤到他的审判中作证。在整个审判过程中，拉吉特坚持认为自己是无辜的，尽管拉贾拉特南已经被判处了 11 年的监禁，但他暗示自己是拉贾拉特南案的受害者。尽管拉吉特的个人净资产为 1.2 亿美元，但他似乎永不满足。2013 年,《纽约时报》的一篇文章推测，"与拉贾拉特南合作似乎是他在亿万富豪精英圈中建立自己辉煌职业生涯的一个计划。"

2005 年，拉吉特在哥伦比亚大学的一次演讲中反思了他的这一弱点，他说："当我审视自己时，是的，我是被金钱驱使的。"他补充道：

我生活在这个功利社会，确实会变得相当物质化。我对此有些失望。我现在可能比以前更物质化了。金钱很诱人，但你必须小心它，因为你拥有得越多，你想要的也会越多，你已经习惯了舒适、住大房子、去豪华度假别墅。不管你如何声称自己不会落入俗套，最终你还是落入了它的陷阱。

当我们参加同一个董事会时，拉吉特的这个倾向并不显著，但我的直觉告诉我，他被年轻时的熔炉经历深深地伤害过，他一直在追求更多的财务安全感。他对金钱的渴望可能是他的阴影，金钱对他的控制超出了他的认知。他的故事表明，如果没有道德指南的指引，我们是多么容易受到诱惑。

## 名利狂

名利狂总是用外界的赞誉来定义自己。他们的目标是财富、名声和权力。在很多时候，他们认为自己能否出现在"最有权势的商业领导者"名单中比组织的长远价值还要重要。他们对名声的追逐是无法抑制的。他们总是不满足于现有的成就，总拿自己和拥有更多财富、名声和权力的人进行比较。在内心深处，他们常常感到非常空虚，甚至嫉妒那些比他们拥有更多的人。

格雷格·林德伯格（Greg Lindberg）的故事属于美国励志小说家霍雷肖·阿尔杰（Horatio Alger）[①]描述的一类人物。他出生在一个中产阶级家庭，是家里的第五个孩子，也是家里的第一个大学毕业生。作为

---

① 霍雷肖·阿尔杰是美国著名教育家和青少年励志小说家，19岁就毕业于哈佛大学，从事过家庭教师和记者职业，从事文学创作多年，创作了一百多部以"奋斗与成功"为主题的小说。阿尔杰的作品已成为"美国精神"的代名词，《男孩迪克的成功之旅》是其最畅销的一部作品，迄今仍是美国中学生的课外必读书。他本人也被数届美国总统赞誉为"美国精神之父"，与马克·吐温（Mark Twain）并列为"对今日美国影响最深的两位作家"。——译者注

一名大学生，他创办了一家商业刊物《家庭护理周》，并在毕业后投入5000美元，将这份时事通讯的工作作为自己的全职工作。他说："我以每月285美元的价格租了一间办公室，在那里住了10年，一直睡在办公桌下。"他的口头禅是"6·6·6"，即工作时间是从早上6点到下午6点，一周工作6天。

格雷格每年只给自己支付4万美元的报酬，并将其他收入全部投入新的收购。他首先扩大出版业务，然后扩展到其他行业。他收购破产企业的方法是找到一家陷入困境的企业，廉价收购，利用离岸外包来降低成本，并增加销售收入。当他被阿拉巴马州法律限制为他所拥有的一家保险公司的关联方交易提供资金时，格雷格将该公司搬到了法律宽松的北卡罗来纳州，以逃避法律的监管。

为了保持这种优惠待遇，格雷格和他的团队为北卡罗来纳州保险专员的竞选活动做出了巨大贡献，并组建了一个超级竞选行动委员会，捐赠42.5万美元用于广告宣传。当一位新的保险专员当选后，格雷格向他施压，要求他批准非常激进的关联交易。他提出向北卡罗来纳州共和党捐赠50万美元，其中25万美元直接用于专员的竞选基金，这违反了竞选资金限额。这位专员联系了联邦调查局，联邦调查局和格雷格进行了一次谈话，格雷格承诺提供200万美元的竞选捐款，以罢免一家监管机构。

这件事上了美国头条新闻，媒体披露了格雷格拥有价值3500万美元的豪宅、昂贵的湾流喷气式飞机和4500万美元的游艇。为了奖赏他通过婚介服务所认识的一个女人，格雷格为她提供了珠宝、奢侈的旅行，有一次还提供了每月9万美元的昂贵的曼哈顿公寓供其居住。2020年，联邦陪审团裁定格雷格行贿罪成立。在宣判时，法官马克斯·科伯恩（Max

Cogburn）表示，"他能操控如此多起买卖政府官职的事件，实在令人震惊。"

2001 年时的格雷格·林德伯格是一个聪明、有创造力、努力奋斗的企业家，但他从未培养出他迫切需要的道德品质。格雷格对名利的狂热追逐使他变成了一个凌驾于监管机构之上的恶霸。他是因为缺乏真正的朋友所以对他人的反馈视而不见吗？他为什么要把那些敢于挑战他的人都拒之门外，强迫人们服从命令以保持对他的忠诚？

如今，格雷格住在一个小牢房里。他曾一年又一年地实现了自己的财务目标，最终却因缺乏"真北"而琅珰入狱。

## 孤独者

孤独者回避与他人建立亲密关系，也不愿意寻求导师的指导或建立支持他们的人际网络。他们相信靠自己就行。他们与"内向者"的不同之处在于，孤独者往往有很多表面上的朋友和追随者，但他们从不听取别人的意见。他们不接受真实的反馈，即使是那些关心他们的人的反馈也不听。

由于没有他人的明智建议，孤独者很容易犯一些严重的错误。当他们没有达成理想的结果，受到的批评质疑越来越多时，他们就会绕道回避。他们在追求自己的目标时是僵化的，没有认识到他们的行为恰恰妨碍了自己实现目标。因此，他们的组织也会随之失败。

雷曼兄弟公司的 CEO 迪克·富尔德（Dick Fuld）就是一个孤独者，他否认自己的公司深陷困境。2008 年 3—9 月，他的同事警告他，公司资本杠杆过高，缺乏流动性，资本不足，容易受到市场波动的影响。美国财政部部长汉克·保尔森（Hank Paulson）与迪克进行了50次讨论，告诉他："雷曼公司必须认识到公司的损失，增加股本并增强流动性。"汉克在他的书中写道："我与迪克的谈话非常令人沮丧。尽管我迫使他接受现实并抓紧操作，但我怀疑我的坦率并没有达到目的。"

2008年9月12日星期五，汉克召集大型投资银行的负责人开会，讨论雷曼兄弟即将破产带来的影响。迪克没有出席，他选择了留在办公室里，也许是希望得到政府的救助。周日晚上8点，当证券交易委员会委员克里斯·考克斯（Chris Cox）打电话告诉他政府不会出手救助时，他仍在苦苦等待。9月15日凌晨，雷曼兄弟公司申请破产，迪克和他的大部分员工失去了工作，雷曼公司的股票也变得一文不值，并引发了自大萧条以来最大的金融危机。

作为一名领导者，你需要倾听同事的意见，接受坦诚的反馈，并愿意在你的战略出现问题时直面现实。

## 流星人

流星人的生活完全以他们的职业为中心。在观察者看来，这些人就像永动机，总是在路上快速前进。他们为了出人头地而不停地奔波，很少为家人、朋友、社区，甚至自己留出必要的时间，并且放弃了必要的睡眠和运动。随着他们跑得越来越快，他们的压力也越来越大。卡比尔·巴戴在建立OneTrust公司时，就发现自己处于这种情况，但他的健康危机促使他重新评估自己的生活和领导力，从而避免了脱轨。

许多流星人与卡比尔不同的是，他们在职业生涯中升迁得很快，以至于没有时间从错误中学习。他们在从事一项工作一两年，尚未产生结果之时，就已经做好了换工作的准备。当看到自己制造的问题再次困扰着自己时，他们的焦虑感就会上升，迫切地想换一个新工作来缓解压力。如果老板不提拔他们，他们就跳槽去另一个组织。直到有一天，他们发现自己身居高位，被难以应对的问题压得喘不过气来。这个时候，他们就很容易做出不理性的决策。

流星人将自己的成功置于组织使命之上，优步创始人特拉维斯·卡兰尼克就是其中一个典型的案例。特拉维斯因其共享汽车应用在全球的迅猛发展而成为头条新闻。他用脏话连篇的长篇大论将公司推向成功，他经常鼓励员工将竞争对手赶尽杀绝。随着优步员工人数增至 1.2 万人，40 岁的特拉维斯说他的管理风格是追求极限。"在开车时，你可以开得很快，但常常很难突破某一红线，你要突破那个界限，试试发动机的性能是否可以做到。"

闯红线的 CEO 们早晚会陷入麻烦。2017 年，优步陷入了公司文化的巨大争议，包括性骚扰投诉泛滥，政府监管机构声称优步违反了交通法规，谷歌指控优步窃取其知识产权的诉讼等。特拉维斯对一名优步司机大发雷霆的视频在网上被疯传。

虽然特拉维斯承认自己有时会爆发傲慢情绪，但他认为这是一种优势，并吹嘘优步的强势文化。他否定了显示员工对他的领导力持负面看法的内部调查数据，数据显示他存在公共关系问题，而不是公司文化问题。他缺乏提供诚实反馈的真心朋友。最终，公司的五名董事会成员要求他辞去 CEO 职务。

特拉维斯通过一款出色的应用程序改变了交通行业，但他缺乏领导公司的能力。他的继任者，艾派迪（Expedia）公司的 CEO 达拉·科斯罗萨西（Dara Khosrowshahi）重新设定了公司的文化，建立了新的价值观，并为公司过去的行为道歉。达拉精简了公司巨额的投资，使公司立足于使交通变得更简单、让人们的出行更方便，并将尊重作为公司的文化基石。

■ ■ ■
## 领导者的孤独

高层领导者是孤独的。对领导者来说，他们与下属或董事会谈论他们面临的最大问题和最深的恐惧是有风险的。领导者知道他们对组织发展负有最终的责任，而且许多人的福祉都掌握在他们的手中。如果他们失败了，就会有许多人受到伤害。

由于这种孤独感的存在，许多领导者会否认自己内心的恐惧，关闭内心的声音，因为这些听起来太不舒服了。相反，他们试图满足那些压迫他们的外界的需求。由于外界的建议往往难以应对，一些领导者只听那些能够强化他的观点的人的意见。苹果公司创始人史蒂夫·乔布斯（Steve Jobs）曾说："不要让他人的意见淹没了你内心的声音。"

与此同时，他们的工作和个人生活变得更加失衡。由于害怕失败，他们全力投入自己的工作，甚至说："工作就是我的生活。"最终，他们失去了与最亲近的人（他们的配偶、孩子和最好的朋友）的联系。随着时间的推移，小错误会变成大麻烦，再多的努力也无法纠正这些错误。他们没有寻求明智的建议，而是给自己挖了一个更深的坑。当崩溃来临时，失败是不可避免的。

他们是谁？他们可能是那些因其错误行为而面临起诉的公司高管，或者是因个人原因被迫辞职的 CEO。但他们也可能是你、我或我们中的任何一个人。我们可能没有面对过像以上案例中那样严峻的困境，但我们都应该认识到自己也有迷失方向的可能。

■ ■ ■

## 新兴领导者：伊丽莎白·霍姆斯

2015年，伊丽莎白·霍姆斯作为"下一个史蒂夫·乔布斯"出现在《公司》杂志的封面上。《福布斯》杂志称她为最年轻的白手起家的身家过十亿美元的女性，估计她的净资产为36亿美元。但六年之后，她被称为"下一个伯尼·麦道夫（Bernie Madoff）"可能更合适。

像许多悲剧故事一样，这个故事的开头也很好。伊丽莎白是一个年轻的创业家，在高中时就开始做电脑生意。作为斯坦福大学一名有前途的化学工程专业的学生，她曾在新加坡基因组研究所工作，检测SARS-CoV-1的血液样本。大一后，伊丽莎白从斯坦福大学辍学，用自己的学费创办了血液检测公司Theranos。

伊丽莎白是一位年轻而专注的CEO，她研究了硅谷很多成功公司的创始人并以他们为榜样。同事们说，她常常降低自己的音调以增加威严。她模仿已故的史蒂夫·乔布斯，穿着黑色高领毛衣。她组建了一个由前国务卿乔治·舒尔茨（George Shultz）、亨利·基辛格（Henry Kissinger）和前国防部长吉姆·马蒂斯（Jim Mattis）组成的政治名人顾问委员会。他们带来了广泛的人际关系资源和明星效应，但他们显然没有相关的医学知识。

在多轮的巨额融资和令人目眩神迷的媒体推动下，伊丽莎白成为硅谷的宠儿，因为Theranos公司的估值高达91亿美元。在访谈中，她把自己塑造成一个颠覆性领导者，旨在通过革命性的血液检测实现医疗保健的个性化。《财富》《彭博商业周刊》和《福布斯》都把她列为封面人物。她聘请了一位知名摄影师为自己拍摄肖像，住在租来的豪宅里，并乘坐私人飞机旅行。

伊丽莎白声称她的检测设备"爱迪生"可以在早期诊断出绝症，创造"一个没有人会过早离世的世界"。在与沃尔格林公司的交易中，她谎称 Theranos 设备为美国军方的战场测试提供支持。后来，她承认自己未经许可通过添加制药公司的标识篡改投资者报告，使得这些公司看起来似乎已经审查了 Theranos 的技术。

在公司内部，Theranos 也造成了一场灾难。她的首席运营官成为她的男朋友，他在 2014 年将实验室描述为"灾难区域"。最令人震惊的是，Theranos 公司声称具有开创性技术的医疗设备并没有实际的效果。据《华尔街日报》报道，癌症和艾滋病的患者并没有得到准确的诊断。许多员工辞职，质疑这项技术的有效性，并拒绝接受 Theranos 公司的有毒文化。

伊丽莎白无视这些问题带给患者的严重健康风险，只将其视为公关问题。她痴迷于塑造自己的形象，指示员工编辑和美化她在维基百科的页面，并雇用律师事务所威胁任何公开挑战 Theranos 公司的人。2015 年，我因为写了一篇质疑她的领导力的批评性文章而受到她的公关副总裁的人身威胁。

医疗技术领域的规则与软件产品的不同。如果图片分享社交应用软件缤趣（Pinterest）的产品更新出错，人们不会死，但如果一家医疗检测公司误诊一个人患有癌症或艾滋病，其后果则会危及生命。这就是为什么医疗技术领域有很高的风险门槛。虽然伊丽莎白成了知名的 CEO，但她缺乏建立医疗科技公司所需的医学专业知识。

伊丽莎白没有清晰的道德指南引导，也没有努力把自己培养成真实领导者。时年 37 岁的伊丽莎白·霍姆斯正在为将商业成功置于患者安全之上而付出代价。2018 年，美国证券交易委员会禁止她在 10 年内担任上市公司的高管或董事。2022 年 1 月 3 日，她被判定犯有四项刑事欺诈罪。

Theranos 公司已经破产了，估值为零。伊丽莎白·霍姆斯的悲剧故事是对新兴领导者的一个教训。"想要通过假冒获得成功"是行不通的，同样，"假冒，直到你成为它"也是行不通的。人们早晚会看穿你。

■ ■ ■

## 比尔的观点：道德指南让我保持清醒

我年轻时总是想要获得成功、被人认可、被人喜爱。我从佐治亚理工学院毕业后直接进入哈佛大学商学院，23 岁获得 MBA 学位。然后，我想方设法进入美国政府，担任国防部CFO的助理和海军部长特别助理。我很热爱那三年的工作。我从那些杰出的领导者身上学到了很多，并很高兴能够为我的国家做出贡献。

后来，我接受了利顿工业公司提供的战略规划主管的职位，为一位优秀的导师工作，他教会了我很多现实中的商业知识。9 个月后，我成为利顿公司微波炉事业部的总经理，肩负着将利顿产品打入家用电器市场的使命。

此后 9 年，我们的业务以每年 50% 的速度增长，员工人数从 200 人增加到 2000 人，我们还打造了一支一流的高管团队。我们面临外部持续不断的压力——来自母公司的财务业绩压力，来自竞争对手通用电气和西尔斯（Sears）的压力，以及来自外部监管机构 FDA 的压力。

我喜欢这份工作，但它使我承受了很大的压力。现在回想起来，我为了在竞争中保持领先，可能在创新方面走得太快了，而且太想成为利顿公司业绩最好的部门，这导致产品质量出现了问题。我当时很年轻，雄心勃勃，在与公司老板打交道时显得有些鲁莽。

幸运的是，我有强烈的道德准则意识。佩妮的智慧和支持，我的团队的洞见，以及学习冥想为我的生活和领导力提供了强大的支持，这些工具帮助我避免了那些可能导致职业脱轨的道德失误。

---

### 本章小结：失去真北的领导者

**要点回顾：**

- 失去真北的五种领导者原型：冒充者、狡辩者、名利狂、孤独者和流星人。

- 当你不能追随你的真北时，就会发生脱轨。一开始是偏离道德准则，最后可能是行为受到普遍的谴责且声誉扫地。

- 从商业失败中恢复实力相对容易，从重大的品格危机中恢复声誉则相当艰难。

- 当我们不了解自己的领导力旅程和动机，过于强调成功或名声等外部衡量标准时，就会播下脱轨的灾难种子。

- 作为领导者，我们必须了解自己内心的阴影，它可能会使我们远离"真北"。

**思考问题：**

1. 你是否见过迷失方向的领导者，或曾与符合这些原型的领导者共事？在这五种原型中，你在自己身上看到了哪种类型的影子？

2. 你害怕失败吗？你是否害怕在你失败时他人对你的看法？你是否在有意回避失败的风险？失败的经历如何帮助你实现你的最终目标？

3. 你渴望在哪些方面获得成功？它们是如何影响你做出关于领导力和职业发展的决定的？你是否只选择成功率高的工作？

4. 你可以采取哪些措施来避免职业脱轨？

**领导力发展实用建议：**

● 请写下你当前面临的最严峻的道德困境，并按照所经历事件的时间顺序对自己的行为进行严格的剖析。

● 预测未来十年，并假设最坏的情况：你在一次重大失败中出现职业脱轨。请设想你可能迷失方向的情况。

# 2

第二部分
## 发展自我

北极星

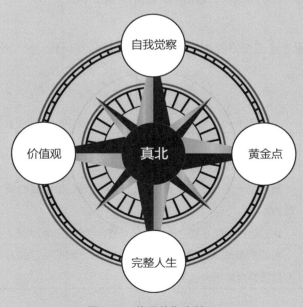

图 II-1　旅程的指南针

在详细回顾了自己的人生故事之后，你现在已经准备好了发展成为一个真实领导者。在我们的访谈中，我们了解到个人发展中有四个基本要素：自我觉察、价值观、黄金点和完整人生（见图II-1）。每一个方面我们都会用一章来专门讨论，在你成为真实领导者的过程中，你需要不断地进行自我发展。

这四个要素整合在一起，就构成了引导你寻找"真北"的指南针。你要在每次经历之后，校准你的指南针，以确保你在领导力旅程中所采取的行动与你的"真北"，以及你想要过的生活保持一致。因为你的环境、机会和周围的世界都在不断变化，永不停歇。

当你在思考这四个方面中的每一个时，请询问自己表II-1所示的基本问题。

表II-1 领导力的关键挑战

| 领导力要素 | 关键挑战 |
| --- | --- |
| 自我觉察 | 我是如何通过自省和反馈提升自我觉察的？ |
| 价值观 | 我最坚定的价值观是什么？是什么原则在指引我的领导力？ |
| 黄金点 | 我如何找到职业的"黄金点"来整合我的动机和优势？ |
| 完整人生 | 我能指望谁来指导和支持我？我怎样才能把生活的方方面面整合起来，达到自我实现？ |

第 4 章

# 培养自我觉察

认识你自己。

——公元前 6 世纪，刻在德尔斐神庙的墙上

自我觉察是做真实自我的基础。你要通过探索自己的人生故事和熔炉经历，理解这些经历如何塑造你成为一个人和真实领导者。当你从他人那里寻求坦诚的反馈时，你的自我觉察就会提升。即使是在混乱的时刻，你也要通过保持专注和觉察的练习改善自我觉察。

当斯坦福大学商学院就领导者最重要的品质对其顾问委员会进行调查时，他们得到的答案是一致的：**自我觉察**。自我觉察就是你要理解自己的价值观、分辨自己的激情所在、保持平衡和探索人生使命。在本章中，我们将讨论如何通过正念、坦诚的反馈、自我接纳以及对自己和他人的关爱达到自我实现。

■ ■ ■

## 萨提亚·纳德拉：从"无所不知"到"无所不学"

2014 年，萨提亚·纳德拉接替史蒂夫·鲍尔默（Steve Ballmer）担任微软公司 CEO，当时公司正在遭受一种功能失调的政治文化的困扰。过去十年里，这种文化让公司错过了每一项重大的高科技创新，包括网络搜索、手机、电子商务、社交媒体和云计算。在我与史蒂夫的互动中，我发现他经常表现出粗暴、傲慢和专横。萨提亚注意到："很多在我们公司园区里散步的人认为，我们是上天送给人类的礼物。无论在古希腊还是在现代的硅谷，只有一件事使公司、社会和文明衰落——傲慢。"

萨提亚执掌微软之后，迅速改变了微软的战略和文化。微软退出了对诺基亚手机的收购，通过收购领英（LinkedIn）进入社交媒体，通过《我的世界》和动视暴雪等扩大游戏业务，并拓展了 Azure 智能云平台。在鲍尔默的领导下，微软的股价在 14 年里一直保持疲软。自从萨提亚担任 CEO，微软的股票市值已经增长了 9 倍，达到 2.5 万亿美元，使微软成为世界上最有价值的两家公司之一。

尽管萨提亚获得了巨大的成功，但他仍然非常谦逊，他有着极高的自我觉察和同理心，这是由他的人生经历和熔炉经历所塑造的。有趣的是，他一开始由于缺乏同理心几乎失去了加入微软的机会。在求职面试中，微软的面试官理查德·泰特（Richard Tait）问他："请想象一下，你看到一个婴儿躺在马路上啼哭。你会怎么做？"萨提亚不假思索地说："拨打 911。"后来，理查德送他走出办公室，然后揽着萨提亚的肩膀说："你需要有点同理心。如果一个婴儿躺在马路上啼哭，你需要先把他抱起来。"

萨提亚的熔炉经历发生在他的第一个孩子出生时。他的儿子扎因（Zain）出生时因子宫窒息而导致脑瘫，使得他只能长年坐在轮椅上。萨提亚在《刷新：重新发现商业与未来》一书中描述了这个经历是如何促进他培养同理心的。

我很伤心，主要是我为我和阿努的遭遇感到难过。值得庆幸的是，阿努帮助我认识到重点不是我遭受了什么打击，而是要深刻理解扎因的遭遇，对他的痛苦和处境抱以同理心。

作为一个善解人意的父亲，我渴望去发现使我成为一个更好的领导者的核心和灵魂是什么。一个有同理心的领导者需要走出去，理解各式各样的人和他们的经历。

扎因只活了 26 年，2022 年 2 月去世。

萨提亚第一次经历失去亲人的重大悲痛是在 6 岁时，他的 5 个月大的妹妹去世了。这段经历指引他去探索佛陀关于苦难和无常的教诲——我们不能解决生命中的所有问题。接受现实使他更加平静和富有同情心。

萨提亚在被任命为微软公司 CEO 后，动情地讲述了自己的人生故事，这些故事使他能够更好地发展自我觉察。

作为一个在印度长大的孩子，一个移民美国的年轻人，一个丈夫和一个需要特殊照顾的孩子的父亲，以及一名致力于让技术惠及全球数十亿人的工程师，所有这些都汇集到一起，成就了我现在这个新角色，它召唤我所有的激情、技能和价值观。

我们在工作上花了太多的时间，所以它应该有深刻的意义。如果我们能把个人的主张与公司的长处联系起来，就没有什么是我们不能完成的。我的个人哲学和激情是将新的创意与对他人日益增长的同理心联系起来。

之前，微软的文化已经变得教条化，每个人都必须证明自己懂得一切，是公司里最聪明的人。萨提亚致力于将微软的文化从"无所不知"转变为"无所不学"。他认为 CEO 的主要工作是组织文化的管理者。文化变革的关键是授权，使每个人都能发挥出自己的最佳状态。他要求所有员工培养心理学家卡罗尔·德韦克提出的成长型思维，认为"固定型思维会限制你的成长，成长型思维会推动你前进，公司的核心信念是人人都能成长和发展"。

萨提亚相信，所有微软员工都可以培养成长型思维，都能找到自己内心深处的激情，并把自己的激情与微软的使命联系起来——**"予力全球每一人、每一组织，成就不凡"**。为了提升团队成员的自我觉察，萨提亚邀请专门从事正念训练的心理学家到微软。在微软园区的一个偏僻地点，他的高管团队成员深入地分享了他们对自我的认识，以及他们的人生故事、指导信念和奋斗历程。

"每个人都在谈论改变，但我们都希望对方改变而不是自己改变。现实的情况是，内在的改变是最难的，"萨提亚说，"这适用于人类、社会、国家和世界。"萨提亚也谈到了他自己的弱点，包括痴迷于新想法和过早地转向下一个想法的倾向。他承认，"我很幸运，我们有一个非常能干的团队，他们发挥了我的优势，弥补了我的劣势。"

你能列出多少位企业领导者是把同理心作为他的核心领导理念的？哪些领导者在指导他们的高管团队进行正念练习？萨提亚能够以这种方式进行领导，是因为他拥有高水平的自我觉察和自我接纳。他从应对家庭熔炉经历中学到了同理心，这使他成为一个敢于展示脆弱和更开放的领导者。

萨提亚认识到，如果没有同理心，微软就永远无法成功理解客户的需求并为客户提供满意的解决方案。他通过引导公司重新关注客户的需求，重建了公司文化，并重振微软公司改变世界的使命，改变了世界上最伟大的公司之一。

■ ■ ■
## 自我觉察之旅

每个人都可以通过理解自己的人生故事和重构自己的熔炉经历发展自我觉察，它是成为领导者道路上的起点。在许多领导者职业生涯的早期，他们努力奋斗并想要在职场上站稳脚跟，却从不花时间进行自我探索。随着他们变得成熟，他们会发现人生中仿佛缺少了什么，或者意识到有什么阻碍了他们成为自己想要成为的那个人。当他们面临更多的挑战时，就会出现多重压力，如结婚、生子、买房、管理团队或亲人离世。他们面对这些挑战时的选择往往会使得他们产生冷漠、上瘾、不忠或其他脱轨行为。

面对压力时，你如何避免上述这些反应？你要通过理解你的人生故事更好地理解自己的脆弱、恐惧和渴望。你可以通过重构自己的熔炉经历更好地控制情绪反应。如果你不进行深刻的自我反省，就很容易被情绪操纵，因为你没有通过自我觉察识别那些触发因素。

自我觉察是你迈向自我接纳和自我关爱之旅的第一步，最终达到自我实现（见图 4-1）。

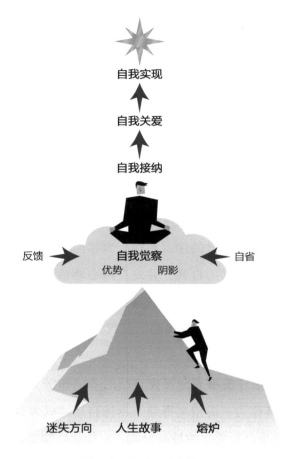

图 4-1　自我觉察之旅

　　当你获得自我觉察时就会意识到，你不必模仿他人就能获得成功。你也不必羡慕他人。你可以钦佩他人，向他们学习，但不是成为他们。这最终会让你解放自己，做最好的自己。

　　心理学家卡尔·荣格（Carl Jung）说，你拥有的光芒越大，你投下的阴影就越大：这意味着拥有非凡优势的人往往也有相应的弱点。你的阴影来自你人生故事中的印记，它代表了在你的个性中你不愿意承认的那一部分。每个人都自然地倾向于隐藏自己的阴影，但你可以通过自我觉察让它袒露在阳光下。

在许多情况下，我们的优势一旦被过度使用，就会变成劣势。例如，一个明智的、有洞察力的人，他的优势是具有良好的判断力，但他的阴影面却表现为狭隘的评判。另外一个精力充沛、乐于改变的人可能拥有一个包含冲动和反复无常的阴影面。你要通过接纳自己的光芒和阴影，成为一个更完整的人，从而避免极端行为。

要想无条件地接纳自己，你就必须直面自己的阴影面，学会接纳自己的弱点，就像热爱自己的优点一样。当你能够接纳自己的光芒和阴影时，你就可以接纳真实的自我，并发自内心地感到愉悦。这种自我接纳带来的自我关爱（或善待自己）的发展，使你能够对自己和他人以及他们所面临的挑战产生真正的同理心。自我关爱最终使你能够成为你自己，并完成自我实现。

自我实现是指你能够充分发挥自己的才能和潜力。心理学家亚伯拉罕·马斯洛将其称为"渴望变得越来越像自己，成为自己所能成为的最好"。自我实现是自我觉察的最高形式，它能让你知道自己是一个什么样的人和什么样的领导者。

─────────────┤ **直面自己的阴影面** ├─────────────

如果你没有接纳阴影面所带来的自我觉察，那么你就很容易迷失方向，去追求名声和成功等外在象征，而不是成为你想要成为的人。人们急于彻底隐藏内心不愉快的记忆，他们非常努力地追逐外部世界认可的成功。虽然他们的努力可能获得成功，但他们也容易脱轨，缺乏自我觉察会导致自我欺骗和判断错误。

兰迪·科米萨在辞去卢卡斯艺术公司 CEO 的职位，成为竞争对手水晶动力（Crystal Dynamics）公司的 CEO 时，他被迫面对自己的阴影面，这是他有史以来最糟糕的决定。"我不知道自己为什么要到竞争对手的公司，"他说。"公司经历重重困难最终获得了成功，但我自己却失败了。我不得不问自己，'我想要从生活中得到什么？'"

一年后，兰迪辞去 CEO 职务，并开始练习冥想，以弄清楚自己到底想要做什么，想要成为什么样的人。他经过深入反思，意识到自己正在追求物质成功和自我实现之间挣扎，这要追溯到他经常赌博的父亲的故事。兰迪说："当他在赌博中输钱时，我们担心我们无力支付大学学费。我对金钱的不安全感在小时候就已经根深蒂固了。"兰迪意识到他必须摆脱父亲对自己的影响，停止无休止的追逐名利，他要过上自己想要的生活。

## ──────┤ 自我觉察让你与内在联结 ├──────

当安吉拉·阿伦茨（Angela Ahrendts）快要成为美妆品牌丽诗加邦（Liz Claiborne）公司的 CEO 时，有件事为她的自我觉察之路敲响了警钟。丽诗加邦公司董事会考虑将她定为 CEO 保罗·查伦（Paul Charron）的继任者，因此公司领导层和顾问试图将安吉拉塑造成一位成功的领导者。人力资源部负责人告诉她："我们很关注你的领导风格，认为你可以穿得更严肃一些。我们希望你能够与顾问合作，学习如何代表公司形象。"

在原计划为期三天的培训工作坊中，顾问们在拍摄了 1 小时视频之后告诉她："你的手势太多了。手要这样放。你说话的语速太快了，你需要像新闻播报员一样，说得更慢、更深沉一些。"然后，他们要求她重新拍摄。她说：

到了第一天的午餐时间，我感到非常难过，眼泪忍不住流下来。我告诉顾问们："我喜欢自己，我想成为最好的自己。我不喜欢你们想要我成为的那个人。我从不想成为那样的人，我要离开这里。"回到纽约之后，我告诉人力资源部主管："我不在乎能否成为 CEO，我不会做出改变的。"那段经历伤害了我，但我必须战胜它。

仅仅一周之后，安吉拉被任命为著名奢侈品品牌博柏利（Burberry）的CEO，她将自己的成功归因于做真实的自己。"我们成为一支创造非凡的团队。我们的精力、激情和对彼此的热爱使我们获得了巨大成功。对我来说，这一切总是始于人，终于人。"这就是我选择做真实自己的原因。

如果安吉拉在博柏利也放弃自我去扮演一个成功的公司 CEO 的形象，她会获得成功吗？我对此表示怀疑。我在利顿工业公司和霍尼韦尔公司也有过类似的经历，那里的高管一再告诉我不要那么充满激情，要隐藏自己的感受。如果我这样做，那么我也会牺牲我最大的优势。安吉拉在担任博柏利 CEO 9 年后，被蒂姆·库克招募加入苹果公司，领导零售、在线商店和"Today at Apple"[1]。如今，她在拉夫劳伦（Ralph Lauren）、爱彼迎（Airbnb）和 WPP 集团[2]的董事会任职，并担任救助儿童会的主席。

安吉拉的故事说明了做自己的重要性，你的自我实现根植于你的人生故事、你的熔炉经历和你的价值观。在这个坚实的基础上，做真实的自己，你的成就就不会受到限制。这不是一种静态的存在方式。作为一名真实领导者，你可以通过尝试新事物和迎接新挑战不断成长。当我们在这个世界上不断考验自己，不断进化，当我们受到世界的影响并努力适应它——这都是为了找到自己独特的位置。

---

① 苹果公司在其直营店开展的一项教育服务。——编者注
② 世界上最大的传播集团，旗下拥有 60 多个子公司，包括奥美、智威汤逊、扬罗必凯广告公司等业界领先品牌。——编者注

阿丽安娜·赫芬顿在她的领导力旅程中也有一个自我觉察的醒悟时刻。她在创办《赫芬顿邮报》几年后，名气变得越来越大，《时代》杂志将她评选为全球100位最具影响力的人物之一。

有一次，她因劳累过度而摔倒在家里的地板上，血流不止，精疲力竭。她回忆道：

当时我突然晕倒，在我摔倒时，我的头撞到了桌子的一角，划伤了眼睛，撞断了颧骨。我做了一个又一个的检查，从脑部磁共振成像到计算机断层扫描再到心电图，以查明我是否有疲劳过度之外的潜在病症，但没有发现这类问题。我发现医生的候诊室是问自己更深层次问题的好地方，我问自己："你想要过什么样的生活？"

阿丽安娜·赫芬顿的身体崩溃迫使她直面现实："我一周工作7天，每天工作18小时，我试图建立一个不断扩大业务范围的公司，以吸引投资者的关注。我的生活失去了控制。我问自己，'这是成功的样子吗？这是我想要的生活吗？'"

阿丽安娜·赫芬顿在她的《茁壮成长》（Thrive）一书中指出，我们追求幸福的能力确实丰富了我们的生活。她写道："社会普遍渴望重新定义成功和美好生活。最近，我们把成功的定义转移到我们赚了多少钱、买了多大面积的房子，以及在职业阶梯上晋升到多高的职位。但我痛苦地发现，这些并不是创造美好生活的唯一。成功的定义应该超越金钱和权力，人生的成功包括幸福、智慧、好奇和给予。"

阿丽亚娜和我们中的许多人一样，她的自我觉察之旅经历了许多波折。在她被唤醒之前，追逐金钱、名声和权力使她偏离了她的"真北"。这个经常谈论追求智慧的女人怎么能牺牲自己的健康和幸福呢？

对高绩效的人来说，这是一种常见的情况，他们在驱使自己获得成功的欲望和理智之间走钢丝。他们的自我觉察在紧张和反思之间发挥了稳定器的作用。阿丽安娜·赫芬顿意识到，在发生更严重的事情之前，她必须改变自己的行为。她能够退后一步，看见自己的愿景和行为之间的背离，这对所有人来说都是一个有价值的榜样。

## 承认自己的不足

自我觉察最难的部分是直面自己的弱点。要想做到这一点，就需要接受坦诚的反馈，看见自己的盲点和承认自己的不完美之处。查尔斯·施瓦布（Charles Schwab）公司的前CEO戴夫·波特拉克（Dave Pottruck）的工作风格是积极进取和长时间工作。他回忆道："我认为自己的成就人人都看得见。"当他的老板告诉他"你的同事不信任你"时，戴夫感到很震惊。他回忆道："那就像一把匕首刺进了我的心，我立刻否认了，因为我没有看到他人眼中的我。"

戴夫发现改变自我是一个非常困难的过程，"你的压力越大，就越容易回到你原有的行为模式当中"。那么，领导者是如何改变自己的呢？他们找到刺激和反应之间的空间，然后在这个空间中观察自己。当你观察那一刻时，你会开始意识到你可以改变你的反应模式。

戴夫在第二次离婚后，意识到自己还有很大的盲点。他说，"当我的第一次婚姻结束时，我认为这都是她的错。在我的第二段婚姻破裂后，我认为我的选择模式有问题。"然后，他求助于一位咨询师，后者告诉他："我有一个好消息和一个坏消息给你。好消息是你没有选错妻子，坏消息是你作为丈夫行为有问题。"

戴夫解释道："我们面临的最大挑战是否认自己的问题。你要战胜它，就必须诚实地面对自己，不要找借口或指责他人。"戴夫学会了展现真实的自我，而不再伪装。

他通过展示自己的缺陷和脆弱的一面使同事与他更加真实地联系在一起。

■ ■ ■

## 剥洋葱

当你在寻找真实自我时，本质上是在做类似剥洋葱的工作（见图 4-2）。最外层是你向世界展示的你的外表、面部表情、身体语言、着装和领导风格。通常，这些外层是坚硬的，以保护你免受内在自我的批评。我曾经问一个学生，为什么他总是喜欢照镜子。他告诉我说："我需要让外表看起来很好，因为我的内心感觉很糟糕。"

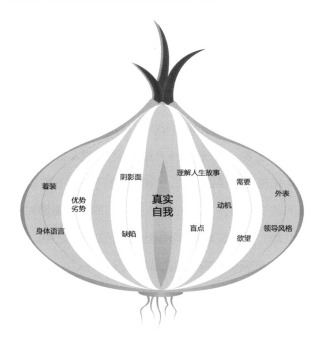

图 4-2　剥开你的洋葱

进一步剥开洋葱的内层，你会到达你的内在核心，你会对自己的优势、劣势、价值观和动机有更深入的了解。当你进入这些层次，你就能理解自己的人生故事。进一步接近自己的内在核心，你会探索你的阴影面、盲点和缺陷，以及你作为一个人的核心：你是谁——你的真北是什么。

你的内心之所以感受到温柔和脆弱，是因为它们没有暴露在外部世界的审视之下。当你感到不安全时，你会隐藏你的内心，以保护它不被暴露和伤害。这往往会导致形成一个虚假的自我或面具，它阻碍了你与他人建立真正连接的能力。

---

## 脆弱就是力量

我们愿意展现自己的脆弱并将完整的自我暴露给那些真诚的人吗？一开始，我们可能会有些担心，如果表现出自己的缺陷，承认自己的弱点和错误，我们会被拒绝。人们会轻视我吗？他们会试图利用我的弱点吗？当意识到人们愿意接受并爱着真实的我们时，会带来一种解脱。

约翰·霍普·布莱恩特（John Hope Bryant）在《爱的领导力》（Love Leadership）一书中宣称，"脆弱就是力量。"约翰的人生故事呼应了这一说法。约翰在洛杉矶市中南部的贫民区长大，他回忆说："在我 5 岁时，父母因为钱而离婚，钱是离婚的首要原因。"这给他注入了强烈的职业道德和创业精神，促进了他早期的商业成功，但他在青少年时期一直处在挣扎之中。他说："我不了解我的'真北'，也没有任何榜样来帮助我解决这个问题。"

我装模作样，表现得像个大人物，晚上也戴着太阳镜，觉得自己很重要。这其实是自卑的表现。后来，我将一个投资者的资金全部亏损了，无法偿还他，最终无家可归。我从一个在马里布拥有一座海滨别墅的人变成了无家可归的游民，住在我租的吉普车里。每个人都知道我失去了一切，因为我太自负了。实际上，人们是在为我的失败叫好。

当殴打罗德尼·金（Rodney King）的警察被认定无罪时，约翰所在的社区发生了暴动。他说："我记得我问过杰西·杰克逊（Jesse Jackson）牧师我能做些什么来帮助他。他告诉我，我们需要有投资人参与重建这个社区，请运用你的商业才能去做成这件事情。"

第二天，19 岁的约翰组织了一群银行家乘坐巴士游览洛杉矶中南部地区，最终促成了"希望行动"组织的成立，这是一家专注于培养人们的金融专业知识和适应能力的非营利性组织。约翰作为 CEO 与美国前总统比尔·克林顿（Bill Clinton）和《财富》500 强 CEO 合作，制定了到 2030 年创办 100 万家为非洲裔美国人提供就业的企业的远大目标。

约翰在认识到自己的缺点和建立自我觉察的过程中，培养出了从熔炉经历中恢复过来的韧性和分享自己故事的勇气。

当一个人的情感没有得到充分的表达时，刻意回避脆弱之处的自我觉察可能会导致抑郁和精神分裂症。我们在所有错误的地方寻找爱。我们的各种上瘾是由我们无法控制的情绪引起的，所以我们用药物、酒精、购物、过度工作来治疗自己。

我们有三种生活方式：自杀；应付，这是大多数人所做的；治愈。治愈是唯一的出路。这需要极大的勇气，也是最为可怕的。为了治愈自己，你必须克服对于做自己的恐惧。

约翰承认自己并不完美，但这使他更具有同情心、可信度和说服力。约翰的脆弱就是他的力量。他的真实使得其他人与他产生了强烈的共鸣。

■ ■ ■

## 培养自我关爱

我们只有在接纳自己是谁时，才能感到身心放松。然后，我们才能对自己和我们所面临的挑战产生关爱。只有通过自我关爱，我们才能对他人和人们所面临的困难产生真正的同情。这需要无条件地爱自己。

诗人大卫·怀特（David Whyte）在《自怜诗》中说，当你了解了自己的弱点和阴影面，你就可以接纳自己最不喜欢的东西。大卫说，你不能把自己与隐藏起来的过去的痛苦经历隔离开来。如果你压抑了这些经历，你就被它们控制了。只有直面自己的阴影面，你才能无条件地接纳自己和自己的弱点，就像你沉醉于自己的优势那样。

当你拥有高度的自我觉察和自我接纳，你就做好了调节自己情绪和行为的准备。你的情绪爆发是源于有人看穿了你不喜欢和无法接纳的自我。当你接纳了自我，你就不会轻易受到这件事的伤害。

然后，你就准备好了与生命中的家人、朋友、同事，甚至是完全陌生的人进行真实的互动。当你摆脱面具的束缚，你就可以专注于追求你所热爱的事。这将引导你走向自我实现的境界，从而实现自己最大的梦想。

### 练习正念

随着技术变革的步伐加快，领导者面临越来越大的压力和越来越多的干扰，包括无休止的电话、日程安排、短信和电子邮件等。我们的文化往往把忙碌等同于成功——把现代组织的高管美化为随时随地办公、掌握技术、多任务处理的操作者，他们以极快的速度处理每一件事情。

在当今这个全天候网络连接的疯狂的世界里，你需要每天练习正念，停下来专注于自己。你应该每天至少花20分钟停下来反思自己的一天和领导力的表现。正念是一种特别有价值的反思方式，它能让你变得更加宁静、智慧和专注于重要的事情。

作为一个坚持练习正念的领导者，你可以重构自己的工作方式，而不是让它控制你。正念让你的注意力集中在你的思想、情绪和感受上。你可以冷静、客观地评估自己的行为和压力，并深入自己的内心。冥想是一种最有效的内省练习，它可以让你集中注意力，让自己平静下来。近些年来，它已成为一种主流的练习方法。

如果你曾经尝试停下来几分钟，厘清自己的思绪，你就会觉察到要把自己从持续不断的头脑风暴中分离出来有多么困难。清醒的头脑习惯于不断地思考。当你试着专注于你的呼吸时，你的头脑却会思考即将到来的工作演讲、与配偶的冲突，或者如何让孩子们参加足球比赛。冥想就是接纳自己的想法并让它自然存在。

45年来，正念专家乔·卡巴金（Jon Kabat-Zinn）创建了基于正念的减压项目。他观察到：

正念关乎我们的整个生命。当我们专注于思考时，事情就会变得僵化。当我们专注于用心时，事情就会变得混乱。二者都会导致压力。而当头脑和心灵一起工作时，头脑通过同理心引导我们，心灵通过专注和注意力引导我们，我们就成为一个和谐的人。

神经科学研究表明，定期的正念练习有助于大脑重新布线，使我们更冷静、更富有同情心、更专注、更不容易出现应激反应。通用磨坊、安泰保险、贝莱德资本和高盛等领先公司都在鼓励员工培养冥想练习的习惯。在谷歌公司，陈一鸣（Chade-Meng Tan）创建了一个名为探索内在的自己的正念项目，每年教 2000 名谷歌员工练习冥想。他说："当我找到冥想练习时，我实现了自我的突破。"

这是一个顿悟时刻，我生命中的一切都变得有意义。我通过冥想，学会了让自己的头脑平静下来，保持清醒和平静。我修行的重点是善良和关爱。如果你对自己没有关爱，你就不能真正地关爱他人。

七世代（Seventh Generation）公司的约翰·瑞普罗格（John Replogle）说冥想决定了他的领导力："它是从个人修炼中成长起来的，它是幸福的关键。如果我们想让人们发挥最大的潜力，在工作中获得快乐和成功，我们需要创造一个让人们能够茁壮成长的环境。"约翰每天都会做冥想或瑜伽。还有一些被认为有效的内省练习：定心祈祷、在大自然中度过时光，或与心爱的人进行深入讨论。这里的重点是，你要有一个每天坚持做的练习。

## 寻求坦诚反馈

领导者提升自我觉察需要培养的另一项重要技能是从他人的视角看待自己的能力。乔哈里视窗（Johari Window）是一个很好的框架，你可以使用它与他人进行完全开放、透明和真实的交流（见图 4-3）。

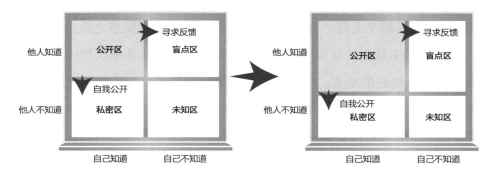

图 4-3　乔哈里视窗

对许多人来说，左上角的象限（自己知道且他人知道）太小了。扩展这个象限使我们能够通过与他人分享我们的隐藏区域，描述我们的人生故事和艰难时刻，并暴露我们的弱点，从而变得更加真实。当我们展现真实自我时，我们就能得到他人的认可而非拒绝，这使得我们能够做真实的自己。

我们在右上象限的盲点（他人知道但我们不知道）是最难解决的区域。他人会在我们身上看到我们的一些特质、习惯和倾向，但我们自己却无法看到。如果我们想看见自己的盲点，唯一的方法是从他人那里获得坦诚的反馈并把它放在心上。我们往往很难获得坦诚反馈的原因，是人们总是告诉我们我们想要听到的。因此，我们应通过一对一的对话或360°调查问卷，征求同事和下属的反馈意见。有时候，进行心理和性格测试也可以帮助我们更好地认识自己，如迈尔斯－布里格斯性格类型指标（Myers–Briggs Type Indicator, MBTI）、优势识别器（StrengthsFinder）和九型人格测试等（Enneagram）。

克罗格超市公司前 CEO 戴夫·狄龙（Dave Dillon）在大学期间的

一次重要选举中失利后，他反思了反馈的价值。他的第一反应是自我防卫——"我比那个人强。为什么他们不选我？"在经过反思之后，他意识到："重要的不是我的观点，而是他人的想法。"他从大家的反馈中了解到自己有需要改进的地方。后来，他当选了堪萨斯大学的学生会主席和兄弟会主席——这是成功领导自己的第一步。戴夫说："他人的反馈帮助你摘下眼罩，直面现实，看见真正的自己。"

在第 7 章中，我们描述了领导者拥有一个支持性团队的重要性。配偶、朋友、导师和团队——都会带给你坦诚的反馈。

■ ■ ■

## 新兴领导者：戴维斯·史密斯

42 岁的戴维斯·史密斯（Davis Smith）是快速发展的探险装备公司科多帕希（Cotopaxi）的 CEO，他说："从我记事起，我就与众不同。"戴维斯从 4 岁起就生活在多米尼加共和国，他有着与很多人不同的宗教信仰。当他的全家搬回美国时，他说他非常了解那些与众不同的人，因为他也是这样的人。

戴维斯在极端贫困的环境中长大，同时又沉浸在一种不同的文化中，这使得他变得更容易理解他人。他说："我认识到的一件事是，我不是更好、更聪明或更雄心勃勃的人；我的生活之所以与众不同，仅仅是因为我出生在那里。这些经历塑造了我的世界观。"

戴维斯有着更深刻的自我觉察。在那段时间里，他说："我的整个生活都聚焦在他人身上。"

要想倾听他人，谈论我与信仰的联系，我必须有自我觉察。那段经历对我的人生产生了巨大的作用。当我专注于服务他人时，我感到最充实。

科多帕希公司自成立以来，销售收入每年增长近100%，顶级私募股权公司纷纷抛出丰厚的投资要约。但在我们的访谈中，戴维斯对谈论公司的财务状况不感兴趣，他只想谈公司的文化。

科多帕希公司每年会为员工举办两次为期一周的夏令营体验活动。另外，戴维斯还为员工提供10%的时间来做志愿者或在工作时间里走进大自然。公司每周举办一次自然之旅，让大家在森林中旅行，分享他们的所见所闻。员工们一起做志愿者，一起吃饭，努力保持工作与生活的平衡。戴维斯也会合理安排自己的工作与生活，花大量的时间培养他的四个孩子，并在教会中担任领导者。

虽然戴维斯的时间安排很紧凑，但他把每天的祈祷和反思放在首位，他把这比作一种冥想。"我一直在反思如何不断改进，并明确自己需要帮助和指导的领域。"戴维斯公开讲述自己早期创业的失败、科多帕希公司的缺点，以及作为领导者的弱点。"人们都知道这家公司很成功，但当他们听到自己所钦佩的创始人的伤心往事和面临的挑战时，这给了他们更大的希望。"

通过这些经历和实践，戴维斯培养了更深层次的自我觉察，并让人感到真实可靠。他与团队成员建立了相互信任的合作伙伴关系，这些成员都高度认同科多帕希公司的使命。戴维斯对自己的公司以及公司通过环保的可持续的方式为社区做出贡献感到自豪，同时将公司至少1%的收入捐赠给人道主义组织。他说："我们在地球上的使命是发现我们的才能，并利用它们帮助他人。""我们的使命不是销售户外装备，而是与贫困做斗争。我们的存在是为了让世界变得更美好。我们销售最好的户外装备来资助我们的公益事业，而不是相反。"

■ ■ ■

## 比尔的观点：身心愉悦

多年来，我一直认为自己必须把事情做到完美，并且无所不知。我不愿意分享自己的弱点、恐惧和脆弱。在我职业生涯的早期，公司的CEO曾经试图欺负我，这引发了我的过度反应。我发现调节自己的情绪和控制自己的恐惧越来越困难。为了从心理上保护自己，我穿上了"盔甲"。

1975 年，在妻子佩妮的坚持下，我参加了一个为期两天的冥想课程。当时的我从早到晚都在不停地工作，很晚才吃晚餐，回到家时已经筋疲力尽。我通过练习冥想和接受坦诚的批评性反馈，有了根本性的改变。从那时起，我每天都做冥想练习，生活有了明显的改善，因为身心很舒适。

几年前，我从佛教僧侣一行禅师那里学到了重要的一课。他告诉我："最远的旅程就是头到心的 18 英寸[①]距离。"我们的心是领导力的关键品质——同情心和勇气的所在。冥想是让自己平静下来，从 24 小时不间断互联的世界中抽离出来的最好方法。我通过练习冥想，获得了对重要问题的清晰认识，并培养出一种内心的幸福感。冥想使我能够保持韧性并以此应对艰难时刻。

---

① 1 英寸 =0.0254 米。——编者注

德尔斐神谕告诉我们，"认识你自己"，但我们很少有人能够真正做到。我们发展自我觉察需要反思和反馈，需要摆脱电子产品的束缚，厘清思路，并与了解和信任你的人进行坦诚、从容的对话。

在我人生的重大转折时刻，佩妮的洞察力和我的"真北"团队一直是我获得真相的源泉。自我觉察是一切的关键，因为所有积极的变化都始于对我们是谁，我们在哪里，以及我们为什么在这里的诚实评价。

## 本章小结：培养自我觉察

**要点回顾：**

- 自我觉察是决定领导者卓有成效的最重要因素。
- 要想培养更好的自我觉察，首先需要深刻反思自己的人生旅程，包括你的熔炉经历所带来的启示。
- 领导者要定期通过寻求他人反馈和自我反省培养自我觉察。
- 自我反省可以提升你在刺激和反应之间的适应性，使你能够摆脱应激反应，做出恰当的行为选择。
- 当你能够把自我关爱与自我觉察相结合时，你就能够自我接纳，进而更接近于充分实现你的天赋和潜力（即自我实现）。

**思考问题：**

1. 你对现在的自己有多满意？
2. 你的脆弱和阴影面是什么？

3. 谁会告诉你真相（坦诚反馈）？

4. 你是如何处理不愉快的情境或来自他人的批评性反馈的？

5. 你会向谁谈及复杂或敏感的问题？

6. 你有多擅长建立持久的人际关系？

**领导力发展实用建议：**

- 每天至少向一个人征求一次非正式的反馈；可以是在会议后进行简单的 1 ~ 5 分打分评价。

- 找到一种适合自己的专注性练习，例如，每天至少冥想 20 分钟。

- 通过定期努力，向同事透露自己的一个弱点或需要改进的地方，展现真实的自己。

- 至少每年接受一次来自周围人的保密的 360° 评估。

第 5 章
# 践行价值观

*最柔软的枕头是问心无愧。*

——纳拉亚纳·穆尔蒂（Narayana Murthy）印孚瑟斯创始人兼 CEO

你的价值观是塑造你"真北"的行为标准，它源自你的信仰和信念。要坚守这些价值观并不容易，因为外部世界的诱惑和压力经常会将你拉离你的真北。弄清楚自己的价值观是你发挥领导力的关键，它会让你不会像拉吉特·古普塔那样偏离正轨。

你要面临的最具挑战性的考验是，如果你坚守自己的价值观，就会失去很多东西。要想维护自己的价值观就需要有道德勇气，要不顾不利后果，坚守道德原则采取行动。你是否会为一些道德问题挺身而出，哪怕失去你为之奋斗一生的一切？

对于默克制药公司的 CEO 肯·弗雷泽来说，答案是肯定的。

■ ■ ■

## 肯·弗雷泽：展现道德勇气

肯·弗雷泽从他的父亲那里学到了坚守自己价值观的重要性。肯说："我父亲是自学成才的典范，他每天看两份报纸，英语说得很好。为了逃避契约的奴役，祖父将父亲送到了北方，他是在南卡罗来纳州出生的奴隶。"

我的父亲是我认识的最有影响力的人。他给我上了我一生中最重要的一课："肯,作为一个开创自由和做自己的人的后代,你会怎么做?你最好做你认为正确的事,不要太在意他人对你的看法。"我从父亲那里学到了不要随大流。

肯在 15 岁时获得了西点军校的录取机会,但因年龄太小而被拒绝入学,后来,他获得奖学金进入了宾夕法尼亚州立大学学习。在那里,他决定要"成为像瑟古德·马歇尔(Thrugood Marshall)那样的伟大律师,推动社会变革"。在哈佛大学法学院学习时,他敏锐地意识到自己和同学们不是来自同一个社会阶层。他自嘲道:"只有我和劳尔德·贝兰克梵(Lloyd Blankfein)是少数'并非庄园出身'的学生。"

肯从哈佛大学法学院毕业后,加入了一家具有公共服务精神的律师事务所,在 30 岁时成为律所合伙人。这时,他再次发现自己跨越了社会障碍,他说:"我是一个来自贫困区的非洲裔美国人,在一个由来自费城上层社会的律师组成的事务所工作。"他的法律工作包括无偿的公益工作,例如,在南非实行种族隔离(前南非政府推行的政策)期间为非洲裔律师授课。他说:"我最自豪的时刻是帮助一名无辜的囚犯赢得自由的那一天,他之前在阿拉巴马州的死囚牢房里被关押了 20 年。"

在阿拉巴马州,我是一个来自陌生之地的陌生人。第一天进入法庭时,法警告诉我,"在这里,我们不穿蓝色的西装",这让人想起了联邦军队。后来,我穿了一件灰色西装。我的客户是博·科克伦(Bo

Cochran），他被判定犯有一项他从未犯下的罪行。他是我见过的最伟大的人之一，因为他没有责备任何人。在这种情况下，你要么被苦难吞噬，要么升华了自己的认知。我经历过被歧视，知道生活并不总是公平的，但感受到自己是受害者会让人产生一种虚假的力量感。不要让痛苦控制你，这与为自己的生活负责是背道而驰的。

1992年，肯加入默克公司，他利用自己的法律专长支持公司的业务，帮助公司研发出挽救生命的药物。默克公司CEO罗伊·瓦杰洛斯（Roy Vagelos）看到了肯的潜力，一年后任命他为公司公共事务主管。后来，肯成为公司的总法律顾问，在默克公司自愿撤回抗炎药万络（Vioxx）①后，万络药物的患者提起了5万起诉讼，他不得不为默克公司辩护。原告律师看到了一个机会，提出了数千起诉讼，指控默克公司从事伪科学研究。肯认为这是对默克公司价值观的考验，他提出单独应诉案件，而不是通过谈判达成一揽子解决方案。

当原告指控默克公司将利润置于安全之上，做低质量的科学研究，并且诚信有问题时，我们必须为默克公司的科学研究和我们的价值观辩护。我们在得克萨斯州的农村输掉了第一场官司，陪审团建议对一名患者的家属赔偿2.53亿美元。《纽约时报》写道："默克公司可能会发现自己快要破产了，这要归咎于他们律师的无能。"

我们从那次经历中吸取了教训，并开始赢得诉讼。在八连胜之后，

---

① 通用名为"罗非昔布"（Rofecoxib），是默克公司生产，曾经风靡一时的非甾体抗炎药，1999年5月经美国食品药品监督管理局批准上市。有报告称，大剂量服用万络者患心肌梗死和心脏猝死的危险增加了3倍。这份报告致使默克公司陷入药品安全危机。——编者注

法官要求当事各方解决剩下的案件。我们最终做到了，但不是以接近原告要求的 300 亿～ 500 亿美元的代价，而是以 48.5 亿美元的代价。最重要的是，我们捍卫了默克公司的使命和价值观、我们的科学研究和我们的员工。

当肯当选 CEO 时，他立即重申了默克公司的使命：**"发现、开发和提供创新的产品和服务，以拯救和改善全世界的生命。"** 他履行这一使命的策略是开发变革性药物，专注于未被满足的医疗需求。然而，在肯成为 CEO 后不久，他就受到了股东们的施压，要求他削减研究投入以实现其前任制定的利润目标。他顶住了这种压力，并做出保证，每年至少投入 80 亿美元用于研究和开发，然后他撤回了利润目标，引发了默克公司股票的短期下跌。

他对研发的关注获得了回报，默克公司的科学家们开发出了突破性的药物，如治疗糖尿病的 Januvia，疫苗 Gardasil 和 治疗癌症的 Keytruda。十年后，Keytruda 这款药让美国前总统吉米·卡特（Jimmy Carter）从脑癌中痊愈，这款药将成为历史上最畅销的药物之一。

2021 年年初，肯从 CEO 岗位退休，致力于通过 "OneTen" 倡议追求他的新目标，该倡议呼吁企业在 10 年内雇用 100 万名非洲裔员工。他和美国运通公司前 CEO 肯·切诺特（Ken Chenault）还领导了反对佐治亚州投票法案运动，该法案使少数裔参与投票变得更艰难。

肯在压力下坚守自己的价值观，成为其他领导者的典范。他从未忘记父亲的教导，他说："如果爸爸今天还活着，他会说：'你做了你应该做的事。'"

# 价值观、原则和道德边界

世界上没有一套符合所有人的正确的价值观。一个人可能重视善良，另一个人可能重视卓越。你最深层的价值观是什么只有你能够判定。当你选择什么样的价值观时，你就能够与拥有类似价值观的人和组织保持一致。

当你清楚地理解自己的价值观时，你的领导原则就会变得清晰，因为它们是你的价值观外化的行为准则。例如，"关爱他人"这样的价值观可能会转化为这样的领导原则——"**创造一个人们因其贡献而受到尊重、提供工作保障并激发他们发挥潜力的组织文化**"。

在你确定了自己的领导原则之后，你需要建立道德边界。如果说价值观告诉了你需要遵循的积极行动的原则，那么道德边界则是对你的行为设置了绝对的限制。在生活和工作中，你会遇到许多灰色地带，在可以接受和不可以接受的行为之间，你的行为边界在哪里？你会拒绝跨越哪些边界？请让你的真北指引你的决定。当你对自己的真北、价值观、领导原则和道德边界有了一个清晰的认识，就会拥有在复杂困境中做出艰难决定的道德勇气（见图 5-1）。

**真北：**
本质上你是谁；你的道德指南指导你判断什么是对与错，并采取相应的行动。

**价值观：**
你的行为标准；你对生活中的事情的重要程度的判断。

**领导原则：**
一组用于领导他人的标准，源自你的价值观，是转化为行动的价值观。

**道德勇气：**
不顾不利后果带来的风险，基于道德原因采取行动的勇气。

**道德边界：**
基于道德行为标准对自己行动的限制。

图 5-1　定义你的真北、价值观、领导原则、道德勇气与道德边界

自 2000 年以来，格根作为哈佛大学肯尼迪政府学院公共领导力中心的创始主任，比其他人激励和培养了更多的新兴领导者从事公共服务。他的突破性著作《战火人心》呼吁新一代领导者通过践行自己的价值观使世界变得更美好。在"找到你的真北"这一节中，大卫写道：

新兴领导者必须明确指引他们人生的价值观和信念是什么。几个世纪以来，人们一直以领导者的品格、勇气和能力来评价他们。今天，这些核心价值观仍然是指引他们渡过难关的真北。

■ ■ ■

## 明确组织价值观

你个人的道德价值观与公司的价值观一致吗？你在接受一份工作之前，必须询问自己这个问题，但你很难知道组织所宣称的价值观和实际践行的价值观是否一致。你只有在组织中工作才能了解到这一点。了解组织真正价值观的方法之一是看领导者的品格和他们做出的决策。当公司的价值观和短期赚钱发生冲突时，公司把哪个放在前面？

纳拉亚纳·穆尔蒂是一位企业家，他基于自己的道德价值观创办了自己的公司。1982 年，纳拉亚纳和年轻的同事们创办了印孚瑟斯技术有限公司，并将其打造成印度领先的信息技术外包公司。印孚瑟斯公司给了纳拉亚纳将他的价值观转化为行为的平台。他说："我们的梦想是证明我们可以在印度经营一家没有腐败的企业，并以道德的方式创造财富。"

从创办之初，纳拉亚纳就想创建一家在印度最受尊敬的公司，但在坚持自己的价值观的同时，也遇到了创业的困难。由于他拒绝行贿，印孚瑟斯公司安装电话一事被迫等待了一年。但他坚持了下来。他说："真正消耗你的精力或热情的不是财务问题，而是违反你价值观的问题。"

拥有正确的价值观和原则的领导者不太可能被欺负或被敷衍，因为他们有明确的做人和做事的边界。我们相信，最柔软的枕头是问心无愧。让我感到幸运的是，我们从来没有因为做错了什么而失眠。

最终，外部索贿的要求停止了。他说："如果你一开始就拒绝让步，他们就会转而去找别人的麻烦。"

坚守组织的价值观体系，就会提升人们的愿望、自尊、信心，以及承担困难任务的热情。领导者一定要"言出必行"，展示他们对价值观体系的承诺。我们在过去 40 年所获得的成功与我们公司的价值观体系有着直接的关系。

当穆尔蒂基于自己的价值观创办公司时，IBM 的 CEO 彭明盛（Sam Palmisano）将公司的文化从"目标管理"转变为"基于价值观的领导"。通过统一的价值观，他将 IBM 的多元化组织团结起来。彭明盛在接替郭士纳（Lou Gerstner）之后，不仅重申了创始人托马斯·沃森（Thomas Watson）建立的价值观，还发起了一个为期三天的全公司研讨。在这个研讨过程中，IBM 全体员工一起决定了 IBM 的价值观应该是什么。在宣布 IBM 2003 年的"以价值观为导向"计划时，彭明盛写道：

如今，许多人对于企业、政府和其他机构可以通过持久的、共同的信念来管理组织失去了信心。如果有更多的人，而不仅仅是领导者，公开宣布他们的信仰，并采取有意义的行动将他们的价值观付诸实践，人们就不会失去信任和信心。这些价值观必须是真诚的、共同的价值观，而不是自上而下强加的价值观。

对彭明盛来说，价值观是建立一个成功组织的文化的关键。在 IBM 公司的价值观混乱期间，他说："英雄式的超人模式已经过时了。永远不要把个人魅力和领导力混为一谈。今天成功的领导者关注全球的发展，他们致力于建立可持续的组织文化。"

### ▪ ▪ ▪
## 设定道德边界

你的道德边界为你在压力下或面对关键决策时将会如何行动设定了明确的限制。如果你在青少年时期就建立了明确的边界，你的道德指南就会在你达到极限时启动，告诉你该知止而后退。即使个人的牺牲是巨大的，你也不会越界。

安然公司的领导者肯·莱（Ken Lay）和杰夫·斯基林正是缺乏了这一点。他们从不当交易到提供虚假信息，最终，他们做出了一系列过度激进的会计决策以夸大短期利润。股价上涨使得他们的决策得到了短期回报，但后来由于安然公司的内爆，他们付出了巨大的代价。肯·莱死了，杰夫·斯基林锒铛入狱。

麦当劳、英特尔、惠普、百思买和波音的前 CEO 们有什么共同点？史蒂夫·伊斯特布鲁克（Steve Easterbrook）、布莱恩·科兹安尼克（Brian

Krzanich）、马克·赫德（Mark Hurd）、布莱恩·邓恩（Brian Dunn）和哈里·斯通塞弗（Harry Stonecipher）等都违背了他们公司的价值观，与公司员工有不正当的男女关系。作为 CEO，他们都肩负执行公司行为准则的重任，公司准则明确禁止此类行为，而他们却带头违反了公司的行为准则。

为什么这些才华横溢的领导者会明知故犯地违背公司的价值观？这里有两种解释：要么是他们认为自己可以逃过一劫，没有人知道，要么他们认为自己凌驾于规则之上，因为公司很难离开他们。实际上，这两个理由都不成立。CEO 们知道他们的所有行为最终都会暴露，所以，他们的行为必须是无可指责的。他们的董事会也别无选择，必须对所有 CEO 一视同仁，采用相同的标准。他们只有这样做，才能保持公司的信誉。

领导者可以通过假设信息公开在《华尔街日报》这个测试来确定自己的行为是否超出了道德边界。你在采取任何行动之前，可以问自己："如果整个事件，包括我们的讨论记录都被放在《华尔街日报》的头版，我会有什么样的感受？"

如果你的答案是不愿意看见这样的报道，那么你现在就应该重新考虑你的行动了。如果你的答案是肯定的，你就应该心安理得地继续做下去，即使日后他人批评你的行为。当你以诚信为本经营公司时，你就可以放心大胆地让媒体或其他任何人检查你的言行。

■ ■ ■

# 在压力下测试你的价值观

当事情进展顺利时，你很容易践行自己的价值观。要真正理解你的价值观，你需要在压力下检验你能否坚守这些价值观。你对哪些行为感到后悔？即使要付出巨大的个人代价，你是否愿意坚持诚实？或者，你是否会撒谎或夸大事实？

当你为了践行价值观，不得不付出重大代价时，你会认识到什么是你生命中最重要的。你可以通过反思，评估你的道德价值观是否与你的行动相一致。当你下定了决心，就可以致力于克服那些可能导致你偏离的弱点。你将会有很多机会把你的价值观与你的"真北"重新结合起来，知行合一，实践你的价值观。

像肯·弗雷泽一样，今天的领导者面临越来越多的价值观挑战。他们应该站出来捍卫自己的价值观，还是躲在公共关系部门后面保持沉默？今天的 CEO 们和领导者都是公众人物，媒体会分析他们说出来或没说出来的每一句话。下面让我们看看一些领导者是如何应对这些挑战的。

曾任花旗银行的首席财务官萨莉·克劳切克（Sallie Krawcheck）被称为华尔街最有权势的女性。更重要的是，她是一个将客户利益置于赚钱之上的领导者。尽管这让她失去了工作。她说："财富管理业务是一项崇高的使命，因为你有机会帮助很多家庭过上他们想要的生活。"

不过，萨莉对华尔街的短视文化表示批判。她说，短期的财务业绩压力已经破坏了金融业践行其使命的初心。"金融服务行业本可以做出巨大的贡献，却陷入了追逐短期利益的游戏，而不是坚守为客户服务的使命。"

在 2008 年全球金融危机期间，萨莉在花旗银行面临巨大压力。她主张退回某些产品的客户资金，直言不讳地断言花旗银行因推销被误导为低风险的高风险投资而损害了客户的信任。当花旗银行 CEO 潘伟迪（Vikram Pandit）表示强烈反对时，萨莉勇敢地告诉花旗银行的董事会："我们必须为我们的客户做正确的事情。"

这将损害本季度收益，但从长远看，我们将拥有一个更有价值的公司。如果我们不这样做，客户就会很愤怒，他们会离开我们，而且他们应该这样做。我们必须有长远的眼光，为我们的客户做正确的事情。

萨莉以她的道德价值观指引自己。董事会支持她，但潘伟迪几天后解雇了她。她说，她知道坚守这种道德立场会让她被解雇，但她并不后悔。她说："我能从不同的角度看问题是我成功的原因。"

如今，萨莉经营着 Ellevest 公司（为女性用户打造的金融工具和服务平台）。这是一个投资平台和金融扫盲项目，"由女性为女性打造的投资平台"，旨在帮助缩小性别工资差距，支持女性创业。萨莉拥有坚定的道德勇气，不顾失去自己的工作，忠于自己的价值观。她付出了高昂的代价，但她没有后悔。

达美航空 CEO 埃德·巴斯蒂安（Ed Bastian）也因为坚持自己的价值观而付出了代价。埃德受到佛罗里达州帕克兰枪击事件的困扰，决定取消达美航空对美国全国步枪协会（NRA）会员参加 2018 年年会的机票折扣。愤怒的佐治亚州立法者投票通过取消达美航空公司一直以来都享有的 4000 万美元的燃油税减免惩罚总部位于亚特兰大的达美航空。

在这段时间里，埃德受到了来自枪支权利活动家呼吁公众抵制达美航空，以及保守派文章指责他区别对待保守派并认为他们的观点是"可悲的"的巨大压力。尽管遭到了攻击，但是埃德为他的行为进行了辩解，他说："达美航空的价值观是不可以用来交易的。"埃德的价值观占了上风，后来佐治亚州的立法机构也回心转意，投票决定追溯性地恢复达美航空的减税。

## ▪ ▪ ▪
# 新兴领导者：乔纳森·李·凯利

乔纳森·李·凯利在北卡罗来纳州的格林斯博罗长大，生活在一个工人阶级的非洲裔家庭中。他的家人、教会成员和老师都在他成为领导者的过程中发挥了重要作用。

乔纳森毕业于维克森林大学，后来在哈佛大学商学院攻读 MBA 学位，我是他的导师。他有着强烈的个人价值观、自信心和让人感到愉悦的能力。当乔纳森创办了他的食品服务企业 Asymmetric Holdings 时，他将童年和早期工作经历中的价值观融入公司的三项领导原则。

## 1. 努力工作，做到最好

乔纳森的父母帮助他塑造了强烈的职业道德精神。他说："我的父母对我的期望是，尽我所能。如果我能获得的最好成绩是 A，那么他们就期望我获得 A。如果我尽了全力，获得任何成绩都是可以接受的。"

他的父亲在当地一家建筑公司工作，并进入了公司管理层，后来创办了自己的公司。乔纳森回忆起他童年的周末安排："我们早上 6 点起床，和父亲一起去建筑工地，或者去搬运成堆的木材、砖块或煤渣。他一直强调要尽职尽责。他的箴言是'懒惰的头脑孕育魔鬼'。"

## 2. 关爱他人，尊重每一个人

乔纳森正在创造一种公司文化，它致力于在工作中以尊重和尊严的方式对待每一个人。他说：

当我想到公司的员工时，我想到了我的妈妈。她即使在怀孕时，也是早上5点就在哈迪斯餐厅做饼干了。我将我们的成功，我们成长和成功的能力视为在创造机会。

乔纳森的公司一直以来都坚持多元化和包容性，经常有女性、少数族裔和性少数群体员工，从一线工作转到门店领导岗位和更高的职位，薪酬水平大大高于竞争对手公司。他说建立多样性组织的秘诀是，要让员工有一个良好的工作环境。他说："我希望员工能够为自己和他们关心的人创造更好的生活"。这就是詹姆斯·卡什（James Cash）博士教给我的作为最伟大职业的管理者的承诺。我拥有为我工作的、正在茁壮成长的员工队伍，并为他们提供了在其他组织中他们永远不会有的机会。

## 3. 展现主人翁精神和责任感

在乔纳森刚开始创业时，有一次在门店跟团队一起忙到闭店，不回家吃晚饭。他说："我在这家商店，不得不亲自疏通堵塞的马桶，如果我要求他人这样做，我也必须这样做。"

通过建立以价值观为中心的主人翁精神文化，乔纳森的团队不断达成目标。他希望他们可以实现更大的成功。他说："实现新南方的承诺对美国的全球竞争力至关重要，我想参与其中。"

■ ■ ■

## 比尔的观点：我的价值观考验

我在生活中一直努力遵循严格的道德准则，但在几个关键时刻，我对价值观的坚守在压力下受到了考验。

当时作为利顿公司微波炉部门总经理的我，花了一段时间才意识到，该公司通过为收购业务创造超额准备金，然后将其记为实现季度目标所需的利润，从而实现业绩目标。当我无意中听到利顿公司的 CEO 对另一位总经理说："我知道你必须做一些事情来实现业务目标。但如果你再把它写在书面上，你就被解雇了。"这时，我知道我必须离开这家公司了。

我加入霍尼韦尔是因为埃德·斯宾塞（Ed Spencer）的领导力，他是一位伟大的全球领导者，他对价值观和诚信的坚定承诺从未动摇。作为霍尼韦尔欧洲公司总裁，我亲身体验到了如何应对商业伦理对价值观的考验。

我决定加入美敦力公司，在很大程度上是由于美敦力公司的使命给我带来的启发，以及我对其价值观的认同。因此，当我震惊地发现我们国际部的领导者并不重视这些价值观，并且内部审计报告显示，公司在海外的道德准则一再被违背时，我决定进行重大的管理变革，包括让国际部的负责人退休，让阿特·柯林斯（Art Collins）取代他。

阿特整顿了公司内部的不道德行为，并将欧洲、亚洲和拉丁美洲以及其他几个国家的公司负责人换成了致力于坚守价值观的领导者。阿特成为我的继任者后，他从未偏离过这些高的道德标准。在公司 20 世纪 90 年代的快速增长阶段，美敦力公司的价值观是向新员工介绍公司文化的无价之宝。

当我们努力追随我们的"真北"时，重要的是要认识到，我们是多么容易偏离方向，走上一条不归路。业绩的压力、成功的奖励以及我们对失败根深蒂固的恐惧，都会使我们偏离我们的道德价值观。通过坚守我们的"真北"，我们可以作为具有道德准则的领导者来实现我们的价值观。

---

## 本章小结：践行价值观

**要点回顾**

- 你的价值观是你重要的行为标准。它们来自你的信仰和信念。

- 没有一套普适的正确价值观；只有你才能决定你最深层的价值观是什么。

- 坚守你的价值观需要道德勇气——为道德原则而行动的勇气，尽管可能存在产生不利后果的风险。

- 领导原则是转化为行动的价值观，是一套你在领导他人时使用的行为标准。

- 道德边界是你的道德行为标准对你的行为施加的限制。

- 明确你的价值观、领导原则和道德边界是成为一个真实的领导者和遵循真北的必要条件。

**思考问题:**

1. 请回想一下你的价值观彼此冲突的情况。你是如何解决这个冲突的?
   你对结果有多满意?

2. 请回想一个在压力下考验你的价值观的情景。你在多大程度上偏离
   了自己的价值观? 你要求他人提供了什么资源? 如果你需要再经历
   一遍,你会怎么做?

**领导力发展实用建议:**

- 请整理出对你的生活和领导力很重要的价值观,按照它们的重要性进
  行排序。

- 请使用假设信息被公开在《华尔街日报》这个测试来思考你的行为是
  否合乎道德准则,你可以这样问自己:"如果这句话被刊登在《华尔
  街日报》的头版,我会有什么样的感受?"

- 通过观察公司领导者的品格和决策来评估你的价值观是否与公司的价
  值观一致。他们是否愿意将公司的价值观置于追求短期利润之上?

第 6 章

# 找到你的"黄金点"

无论你想要做什么，或者梦想着你能做什么，现在就开始行动！
勇敢会带来天赋、力量和魔力。

——德国诗人约翰·沃尔夫冈·冯·歌德（Johann Wolfgang von Goethe）

你的职业"黄金点"（sweet spot）[①] 是你的动机和优势的交叉点。当你在你的职业黄金点工作时，你会感到激情满怀、精力充沛，并相信自己能做成伟大的事情。当你对工作充满激情时，你就会有成就感。这就形成了一个强大的飞轮，使你能够获得满足和成功。

■ ■ ■

## 沃伦·巴菲特的职业黄金点

在把时间和精力更聚焦于职业黄金点这方面，没有哪位领导者比沃伦·巴菲特（Warren Buffett）做得更好了。自 1965 年以来，他通过管理伯克希尔 – 哈撒韦（Berkshire Hathaway）公司，已经为股东创造了数千亿美元的价值。沃伦选择把时间投入在他热爱的事情上，而把其他的事情授权给别人去做——这是他成功的秘密。

沃伦出生于内布拉斯加的奥马哈，他在 11 岁时进行了第一次股票投

---

① sweet spot：体育用语中球棒、球拍或球杆头部的最有效部分；最理想的位置或条件，在这里延伸为一个人"既热爱又擅长"的职业。——译者注

资。在十几岁时，他阅读了本杰明·格雷厄姆（Benjamin Graham）关于价值投资的开创性著作《聪明的投资者》（*The Intelligent Investor*），并成为格雷厄姆的公司业务基本面的股票估值理论的信徒。他毕业于美国内布拉斯加大学，在哥伦比亚大学学习经济学，师从格雷厄姆。

虽然沃伦热爱投资，但他的第一份股票经纪人工作让他备受折磨，因为经纪人的报酬是基于人际网络和销售，这不是他的强项。他不想成为一个促进客户积极交易而获得佣金的经纪人，而是渴望分析金融证券。

如果你认为沃伦·巴菲特在他的职业黄金点上的运作模式不适合你，请思考一下这个场景：沃伦离开经纪公司开办了自己的投资公司，这在人们保持谨慎的战后年代是不同寻常之举。他在 26 岁时仍然寂寂无闻，他的能力也没有得到验证。在那个时候，没有人能够预料到他会成为一个商业巨头。他非常害怕做公众演讲，所以他参加了戴尔·卡耐基（Dale Carnegie）的演讲课程。由于人们认为他的投资公司是一个庞氏骗局，他被当地的乡村俱乐部拒之门外。

德国诗人约翰·沃尔夫冈·冯·歌德写道："无论你想要做什么，或者梦想着你能做什么，现在就开始行动！勇敢会带来天赋、力量和魔力。"沃伦通过创办自己的公司，终于可以花时间做他热爱的事情：对金融证券进行基本分析。他在年轻时决定将自己定位在自己的动机和优势的交叉点上，结果证明这是他所做的最好的投资，因为他是在自己的黄金点上经营事业。

沃伦的投资哲学从关注廉价股票发展到识别具有可持续竞争力的公司。随着名气越来越大，他赢得了许多投资机会，因为他"说到做到"，以及他创造了巨大的价值。虽然他远离科技股投资，但最近，他对苹果公司的投资为他赚得了 1200 亿美元的收益。

尽管获得了这样巨大的成功，沃伦仍然保持简朴和谦逊。我的 MBA 学生维塔利·佩雷韦泽夫（Vitaliy Pereverzev）讲述了他与沃伦的交往。当他和他的投资俱乐部的 80 名成员去奥马哈旅行时，他们在沃伦最喜欢的餐厅吃完午餐后，维塔利意识到他把相机落在了伯克希尔 – 哈撒韦公司的办公室。

　　沃伦没有派工作人员去拿，而是开着自己的林肯城市汽车带他去拿。沃伦在车上给他提供了一些建议："维塔利，你必须做你喜欢的事情。我不想活得像个国王。我只是热爱投资。"

■ ■ ■

## 内在动机和外在动机

　　为了实现高绩效，领导者需要保持高水平的动机。就像沃伦·巴菲特所做的那样。动机有两种：外在动机和内在动机（见表 6-1）。

　　外在动机，如获得好成绩、在体育比赛中获胜或者获得高薪职位，都是由外部世界来衡量的。大多数领导者从小就有很强的成就感，因为他们在学校里成绩优异，在体育比赛中表现出色。毕业后，许多年轻的领导者希望在一家知名的组织中找到一份工作。最终，他们的外在动机表现为积累财富、权力和声望。

　　虽然大多数领导者不愿意承认，但他们的动机是获得外在的成功。他们享受升职加薪带来的荣誉感和地位感。然而，每一次成功都会导致更多的对金钱、名声或权力的渴望。这就是为什么拥有巨大财富和权力的人总是将自己与那些拥有更多的人进行比较。行动完全由外在动机驱动是一个危险的陷阱，它会使你偏离真北。

表 6-1 外在动机和内在动机

| 外在动机 | 内在动机 |
|---|---|
| 货币薪酬 | 个人成长 |
| 拥有权力 | 帮助他人发展 |
| 获得职位 | 从事一个好工作而获得的满足感 |
| 公众认可 | 从奋斗中寻求意义 |
| 社会地位 | 忠于自己的信仰 |
| 超过他人 | 平凡人成就非凡 |

内在动机来自你内心深处的愿望，并与你的人生故事和熔炉经历密切相关。例如，个人成长、建立家庭、帮助他人，从事社会事业，创造伟大的产品或服务，以及为世界带来改变等。

现代社会对看得见的物质成就给予了空前的关注，外在成功的衡量标准导致许多领导者更多地追求社会的赞誉，而不是追求他们内在的动机。这种追求外在成功的压力从大学毕业生攀比工资时就开始了，并在他们攀比购买的新房时愈演愈烈。华特·迪士尼工作室的主席艾伦·霍恩（Alan Horn）描述了他是如何有意识地避开这些陷阱的。

在你职业生涯的早期，收入的增加可以改善你的生活质量，你能够购买更好的汽车或更大的房子。而在超过某个临界点之后，收入的增加不会提升你的生活质量。相反，购买更多的东西只是增加了生活的复杂性，而不是带来享受。

黛布拉·邓恩（Debra Dunn）在惠普工作了几十年，她对新兴领导者的建议是要谨慎行事，不要被社会、同伴或父母的期望所困：

积累物质财富的路径很清楚，也很容易衡量。如果你不去追求物质财富，人们就会疑惑你是怎么了。避免陷入物质主义的唯一方法是弄清楚你的幸福感和成就感来自哪里。

"黄金点"一词描述了当你的动机和你的优势协同时你被激发的能力（见图 6-1）。已故的克莱蒙特大学教授米哈里·契克森米哈赖（Mihaly Csikszentmihalyi）是积极心理学的先驱。他为我们提供了这个关于动机的简单建议："要找到你的黄金点，首先你要找出你擅长做什么，你喜欢做什么。"在这两个方面，契克森米哈赖用简单的语言总结了我们的受访者从数百年的经验中学到的东西。

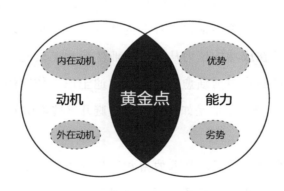

图 6-1　找到你的职业"黄金点"

当你找到那些能极大地激励你并发挥你最大能力的机会时，你将成为最高效的领导者。二者缺一不可。如果你想找到这些机会，就必须了解自己内心最深处的动机，并诚实地面对自己的能力。如果你追求自己不擅长的东西，或者追求不能激励你的领导角色，你就不会成为一名成功的领导者。当你找到一个能将你的动机和你的能力结合起来的角色时，你就找到了一个黄金点，它会让你的领导力发挥到极致。

## 沃伦·巴菲特成功的关键

每个人都有一定程度的外在动机，这是很自然的。从表面看，沃伦享有广泛的公众认可和尊重。此外，他还利用自己对媒体的洞察提高了自己的知名度，并获得了独特的商业交易渠道。然而，这些激励并不能控制他。比起名声，他更在乎自己的品格和名誉，他对积累财富不感兴趣。目前，他仍然住在 1956 年以 3.15 万美元买下的奥马哈的房子里，经常在奥马哈的戈拉特餐厅吃汉堡。

沃伦的内在动机包括热爱学习和教导。他通过频繁的媒体访谈、长篇的年度致信以及在伯克希尔年度大会上做长达数小时的讨论分享自己的知识。为了业务上的精益求精，他会回顾过去所做的决定，从中吸取经验教训，并将这些经验应用到未来的投资中。他公开承认自己的错误，比其他领导者更乐于接受批评。

不同于其他 CEO 会将 60% 的时间都花在面对面的会议上，沃伦给自己留出了大量的空闲时间。他谈到了"复利性知识"，他会花很多时间阅读财务报告，给关系密切的同事打电话，讨论投资理念。他创建了自己的金融模型，所以，他了解所有投资的基本假设。

为了更好地管理时间，他的小办公室的窗帘经常拉上以消除干扰，没有电脑（因此没有电子邮件），只有成堆的财务报告和报纸供他阅读。他的桌子上有三个盒子：收件箱、发件箱和"待处理"。沃伦在变得富有之前，就设计了自己的人生道路，花了更多的时间在自己擅长的领域。

他也避开了自己的弱点。他很快就离开了自己的第一份股票经纪人的工作，因为这需要销售和人际技能，而他并不擅长这些技能。由于经常受到母亲的言语攻击，他对与他人争吵没有兴趣。如果他感受到了交易中潜在的冲突，他就会避开。同时，他也避免亲自参与管理工作。他欢迎公司高管打电话来征求意见，但他把决策权完全交给对方。他曾公开开玩笑说，他的管理风格是让位（无为而治）。

当把这一切都汇聚在一起时，沃伦的黄金点公式已经产生了惊人的成果。在过去40年，伯克希尔–哈撒韦公司的回报率是标准普尔500指数的两倍以上。巴菲特创造的股东价值是金融巨头高盛和摩根士丹利的两倍。

颇具讽刺意味的是，沃伦的成功源于他追求精通业务而不是追求成功。时至今日，他仍然保持谦逊和脚踏实地。他的生活乐趣来自他将自己的个人动机和专业能力与他的公司的业务重点相结合。请看看周围，有多少人在92岁时仍然每天跳着踢踏舞去工作呢？

## 对比鲜明的职业黄金点

迈克·布隆伯格（Mike Bloomberg）与沃伦一样，也是一位非常成功的商人。然而除此之外，则全然不同。沃伦的日程安排保持开放，迈克则沉迷于双重预约。沃伦更喜欢待在奥马哈，迈克则喜欢在全球各地奔波。当沃伦回避管理工作时，迈克则是出了名的亲力亲为。当沃伦埋头从事财务分析工作时，迈克则是出尽了风头。

他们的对比说明了一个重要的真理：你不能通过模仿他人而获得持续的成功。你必须进行艰苦的自我探索，以释放你的个人潜力。你找到黄金点可能需要很多年，就像我一样。

我在哈佛大学商学院攻读MBA学位时就认识迈克了，当时他既聪明又傲慢。当我不得不拼命学习的时候，聪明的迈克可以轻松浏览作业材料，出去参加聚会，还能在课堂上提出精彩的洞见。他曾回忆起有一次他在课堂上被突然提问，当时他都懒得看一眼要讨论的案例。

因为准备不足，我向教授建议，他应该先征求几个学生的意见，然后我来做总结并得出结论。我说完之后，教授让全班同学下课。第二天，当教授叫到我时，我提出了一个激进的解决方案，但他和班上其他同学都表示反对。几年后，这家公司完全按照我的建议做了，而且非常成功。

迈克毕业后去了所罗门兄弟公司工作。15 年后，他在华尔街最热门的公司担任股票交易主管，成为一颗冉冉升起的明星。当所罗门与菲布罗合并时，他被领进主席约翰·古特弗罗因德（John Gutfreund）的办公室，然后突然被解雇。迈克既震惊又受伤。"我那年 39 岁，丢掉了唯一的一份全职工作和我热爱的高压生活。我会感到很伤心吗？当然，但像往常一样，我只表现出男子汉气概，没有表现出伤心。"

迈克被解雇让他有机会证明自己，也让他有机会自由地创办自己的公司。他从 1000 万美元的解雇赔偿金中拿出 400 万美元创建了彭博终端。他找到了自己的黄金点——创建自己的公司。从外表上看，迈克喜欢被认可，喜欢成为行动的中心。他享受成功的标志，包括私人飞机和多处房产，但他不仅仅是为了赚钱。

迈克担任纽约市市长 12 年，年薪 1 美元。在哈佛大学商学院的时候，我本以为迈克是最不可能竞选公职的人，但他却成为迄今为止最好的纽约市市长，在 2001 年 9 月 11 日恐怖袭击事件之后，他使纽约恢复了伟大。

他非常直率、务实，完全不惧怕对抗，他应对过棘手的问题和强大的团体，包括自由派的教师工会和保守派的美国全国步枪协会。当高盛公司出于安全考虑取消了在 9 · 11 遗址对面的街道上新建公司总部的计划时，迈克知道他需要一个锚定租户，他要求政府部门满足高盛公司的需求。今天的纽约下西区正是因为他的坚持而得到了蓬勃发展。

迈克解释道：

你要想获得成功，就需要一个可行的、实际的、满足客户需求的愿景。然后，放手去做吧。不要担心细节；不要怀疑你的创造力；最重要的是，不要制定太多长期战略。

迈克告诉我，他的身家约 700 亿美元，"我打算把所有的钱都捐出去。最好的理财计划就是做慈善。"他说到做到，他是美国最重要的三位慈善家之一，因为彭博慈善基金会捐赠了数十亿美元用于修缮城市，缩小种族贫富差距，防止枪支暴力，支持女性经济发展。迈克知道自己的优势和激励他的因素，并找到了自己的黄金点，对世界产生了独特的影响。

■ ■ ■

## 校准你的动机

新兴领导者往往太过急于求成。我的朋友凯文·夏尔（Kevin Sharer）是一位才华横溢的领导者，但他在机会来临之时还没有做好准备，因此在职业生涯中期迷失了方向。然而，他从痛苦的经历中汲取了教训，重新校准自己的方向，在安进公司（Amgen）找到了自己的职业黄金点，担任了 12 年的 CEO，成就斐然。

凯文是一名潜艇军官和麦肯锡出身的校友，他的早期经历为他在通用电气公司的激烈竞争中做好了准备。他作为通用电气公司一颗冉冉升起的新星，非常渴望快速晋升到公司高层。凯文40岁时，负责通用电气公司的卫星业务，并成为通用电气公司的高管，后来被提升为负责喷气发动机业务的总裁。这对任何人来说都是令人兴奋的事情，对像凯文这样雄心勃勃的人来说尤其如此。当猎头公司来找他担任MCI通信公司新的营销主管时，他抓住了这个机会，实现了职业生涯的飞跃。

MCI的副董事长向他保证："CEO职位的竞争是非常开放的。"凯文上钩了。然而，这一次，事情并没有如他所愿。凯文刚加入公司，就得知公司的首席运营官将会是CEO职位的有力竞争者，公司不支持其他人参与竞争，尤其是他参与竞争。

凯文不失时机地制定了改变MCI的战略，并为自己的晋升做好了准备。不到六周的时间，他就得出结论，公司营销组织结构不合理。凯文说："当时我正处于自负的顶峰。我走进董事长办公室，提议重组MCI的销售组织。"他的提议对那些整个职业生涯都在MCI的高管构成了威胁。凯文由于缺乏电信方面的经验，生平第一次面临失败。

凯文说："MCI对我来说是一个考验，我明白了傲慢是要付出代价的。"他还发现自己的领导风格并不适合MCI的超竞争文化。"他们的竞争方式与我的价值观并不一致，"他解释道。


公司的内部竞争是不开放的。我失去了工作的动力，变得越来越没有效率。如果你的价值观与你的同事不一致，你就不应该留在那里工作。


凯文迫切想要逃离MCI，他打电话给通用电气公司的CEO杰克·韦尔奇，想要回到通用电气。杰克对凯文在被自己提拔了之后又跳槽的做法感到不满。杰克说："嘿，凯文，忘掉你曾经在这里工作过吧。"凯文回忆说。

我意识到我不能就这么退出。对我来说，这是痛苦的两年。我不擅长公司争斗，我被他们的计谋打败了。起初，我陷入自我否定，然后我变成了失败主义者和一个愤世嫉俗的人。毫无疑问，这是我人生中最艰难的时刻。

凯文的故事代表了许多领导者所面临的困境。他们的自大引诱他们进入不能发挥自己的优势和不能激励他们的环境。随着自我觉察和洞察力的提高，他们重新调整自己的真北，回到自己的真北轨道上，在他们的职业黄金点找到了发展的机会。凯文在MCI经历的考验是非常宝贵的，它迫使他意识到自己的傲慢自大，并认识到生活不只是追逐下一次的晋升。之前，凯文沉浸在成为一颗冉冉上升的新星的光环之中，但MCI的经历将他带回了现实。

两年后，凯文被提名担任安进公司的总裁，并在前任CEO戈登·宾德（Gordon Binder）的指导下获得了这个职位。他在MCI学到的一个痛苦的教训是要做一个万事通。凯文认识到他对生物技术业务一无所知。他说："如果不是在MCI的那段痛苦经历，我在安进公司会很容易失败。"

我最后一次接触医疗保健知识是在九年级的生物课上，所以，我请我们的一位科学家给我讲生物课。我通过耐心的学习成了一个内部人士，为之后的公司变革做好了准备。我从头开始学习业务，经常与销售代表通过电话交流，并表现出虚心好学的态度。

凯文耐心地给 CEO 戈登·宾德做了 8 年的助手。这一次，他没有被猎头引诱，他告诉猎头们，在安进这样一个快速发展的公司担任二号人物，"比任何工作都要好"。当安进公司宣布凯文将成为公司 CEO 时，他分别会见了公司高层的 150 名管理人员，听取他们的意见。"这些面谈是我成为 CEO 后做的最重要的事情。他们给我的建议是创造一个充满高度共识的、围绕新的愿景并且与战略协调一致的公司，为安进公司未来十年的发展奠定基础。"

在职业生涯的早期，凯文知道他的优势是聪明、决断和内驱力。他通过在通用电器公司和 MCI 的痛苦经历，认识到自己追求极致的行为会让他人感到不快，而且过度追求成功可能也是有害的。在安进公司，他在担任 CEO 之前认真学习了业务，听取了同事的智慧分享和经验，并耐心地追求担任 CEO 这个目标。因此，他在领导安进公司的十年中获得了惊人的成功。他将公司从一个只有两种药物的公司转变为一个高度创新的组织，并持续开发出许多突破性药物。

凯文在回顾自己的经历时说："我们是自己所有经历的马赛克拼图。"

现在回想起来，MCI 的痛苦经历并不全是坏事。它激发了我真正的同理心，我学到了要做自己热爱的事情，否则，我就很难全力以赴。

■ ■ ■

## 避免聚焦外在动机

你很难忽视外部世界对你的成就的认可。雄心勃勃的领导者习惯于在年轻时获得持续不断的成就，以至于他们不去追求自己的内在动机。

然而对于许多真实领导者来说，只有经受严酷的考验才能让他们自由地去做自己热爱的事情，而不是寻求外界的赞誉。

我们访谈过的许多领导者在职业生涯早期就拒绝了高薪工作，转而追求自己热爱的工作。最后，他们在满意度和收入方面都获得了丰厚的回报并名列前茅，因为他们成功地做了自己热爱的事情。时代公司前CEO 安·摩尔（Ann Moore）从商学院毕业后，收到了十几份工作邀请，但她选择了其中薪酬最低的《时代》杂志。她说："我当时要还学生贷款，但我还是接受了这份工作，因为我热爱杂志这一行。当时，我们同学中没有人理解为什么我做出了这个选择，但在我们毕业后第 25 周年聚会时，他们完全理解了。"

当戴夫·考克斯（Dave Cox）还是考尔斯传媒公司的 CEO 时，一名MBA 学生告诉他："我从别的地方获得满足感，我工作只是为了赚钱。"戴夫对他的言论感到惊讶，疑惑地扬起眉毛问道：

你为什么要把时间花在你不喜欢的工作上？这是你一生中最好的时光。当你把时间投入在你热爱的事情上，你将创造出最大的价值。

我们总是在追求成功之后的同行尊重、升职和经济上的回报，这是很自然的事情。但当领导者们过度迷恋这些外在的象征，以至于永不知足时，危险就来了。此时，他们将面临失去内在动力、放弃能给他们带来更深层满足感的东西的最大风险。

如果你的人生目标是积累财富、名声或凌驾于他人之上的权力，那么你可能会发现这些回报并不能让你满意，追逐它们会让你远离你的真北。名声是稍纵即逝的——它可以维持多年，然后倏忽之间从你的指间溜走。追求凌驾于他人之上的权力是人性的终极破坏者。

许多年轻的领导者犯了这样的错误：他们为了偿还贷款或过上奢侈的生活而从事高薪工作，即使他们对这项工作并没有真正的兴趣。他们错误地认为自己可以在 10 年后继续去做自己热爱的工作。但到那时，他们是如此依赖于保持奢侈的生活，以至于他们被困在不喜欢的工作中，但又觉得无力从事自己热爱的工作。这会阻碍他们去追求真正能给他们带来满足感的东西。

许多领导者在经历了惨痛的教训之后，才认识到外界的认可就像善变的情人。当事情不尽如人意时，外在的满足感很快就会消失。肤浅的朋友和熟人也是如此，他们更关心自己的成功，而不是在情况糟糕时支持你。

■ ■ ■

## 找到你的职业黄金点

许多新兴领导者仍处于职业生涯早期，尚未找到自己的职业黄金点。你可能在第一份工作中表现出色，但你需要深入思考这份工作是否真的能激励你。你是否觉得自己与公司的使命紧密相连？这个行业让你感到自豪吗？你有一个支持你发展的上司吗？你的工作能否发挥你的优势？你要在公司里寻找与你的综合能力更匹配的机会。

当你在黄金点工作时——在一个你能为之增加独特价值的和令你干劲十足的角色中（见图 6-2），你会更快地发展你的技能，因为你的工作让你痴迷。优秀的人会发现你的热情富有吸引力，并愿意加入你的团队。你的成功会给你带来更大的成就感。

明尼苏达州公共服务部部长乔迪·哈普斯特德（Jodi Harpstead）知道她最大的优势和动力是创造突破性的文化，从而获得非凡的成果。

|  | 缺乏动力 | 动力十足 |
|---|---|---|
| 优势 | 擅长但不热爱的工作，找到对它有激情的人来做 | 热爱且擅长，独一无二的工作，你能为之增加独特的价值，它也会提升你的能量 |
| 劣势 | 不热爱也不擅长，无聊、浪费时间的工作，授权给合适的人去做 | 热爱但不擅长的工作——让它们成为业余爱好 |

图 6-2　在你的"黄金点"位置工作

她在担任美敦力公司的市场和销售总裁时就是这么做的。后来，她接受了一份收入不高的工作，成为路德会社会服务部的 CEO。在那里，她用同样的领导技能创建了一个非常成功的非营利性组织。目前，她正在用同样的方法扭转明尼苏达州公共服务部的困境，通过创造一种突破性的文化为明尼苏达州的贫困人口提供服务。她在三个领域的领导生涯表明，当你利用自己的优势成为一个积极主动的领导者时，你可以成就任何事情。

■ ■ ■

## 成功与意义

当我们努力在事业上出人头地时，许多人（包括我自己在内）都如此努力地追求成功，以至于我们忘了问问自己：我们的领导力重要吗？

我们是否给他人的生活带来了积极的改变？

在《品格之路》（*The Road to Character*）一书中，大卫·布鲁克斯向我们提出了这样一个问题：我们是否只是在丰富自己的简历，抑或在以我们将被铭记的方式进行领导——我们被颂扬的美德、我们是什么样的人，以及我们如何关心他人。我们简历上的成就很容易衡量，它给我们带来表面上的自尊，而被他人颂扬的美德则更难衡量。在我们生命的尽头，我们的财富、媒体报道或我们曾经拥有的权力，与对他人的生活产生的重大影响相比，都显得苍白无力。前者稍纵即逝，后者则是永恒的。

■ ■ ■

## 新兴领导者：特雷西·布利特·库尔

一个有趣的悖论是，那些专注于内在动机的领导者最终会获得最大的外在成功。特雷西·布利特·库尔的故事就说明了这个悖论在实践中是如何发挥作用的。她从小在堪萨斯州自己家的农场中长期工作。朋友们形容她善良、体贴、诚实。在我的哈佛 MBA 课堂上，她对商业挑战中的人文因素有着深刻的洞见。

特雷西还在上学时，就给几十位知名投资者写信，请求与他们会面。有一天，她收到了沃伦·巴菲特的回复，巴菲特邀请她和她的投资俱乐部在奥马哈与他会面。此后，她继续与巴菲特通信，并自愿在多个项目上帮助他。

随着巴菲特逐渐了解特雷西，他认识到特雷西的才华和诚实，并邀请她加入伯克希尔。她毫不犹豫地答应了，但是并没有问自己会获得什么头衔或报酬——这在金融行业是非同寻常的。特雷西曾担任巴菲特的财务助理 5 年，研究了价值数十亿美元的投资项目，担任卡夫亨氏董事会成员，和四家伯克希尔投资组合公司的主席，并为伯克希尔投资的公司的 CEO 们组织了数十场活动。

特雷西在 20 多岁时就担任这个职务，压力之大可以想象。质疑特雷西能力的媒体文章详细地剖析了她早期的失误。银行家、咨询顾问和 CEO 们都奉承她，目的是想要接近巴菲特。在这段时间里，特雷西继续保持专注和脚踏实地，避开媒体的关注，并从她的经历中学习。与此同时，她参加了大量的领导力测评来提升对自己优势和劣势的觉察。

特雷西在 30 岁成为伯克希尔子公司 Pampered Chef 的 CEO。巴菲特告诉她要像对待家族企业一样，以经营 50 年的思维来做公司决策。对于一个从前只做过投资分析的人来说，这个转变是一个巨大的挑战，因为她必须扭转公司业绩下滑的趋势。她获得了成功——公司收入从 3 亿美元增长到 7 亿美元，盈利能力也大幅提高，员工的敬业度也显著提升。

2020 年，特雷西离开伯克希尔公司，创立了投资合伙企业 Kanbrick，专门从事收购和建设企业。为什么要放弃为世界上最好的投资家工作呢？她说："我们想要帮助一些公司进入下一个阶段，但它们对伯克希尔来说规模太小了。"她还意识到，她的优势更多地在于人和战略，而不是股票分析。创建自己的公司可以让她充分发挥自己的优势和动机。

尽管许多投资基金以季度为单位考量，并在投资之日就计划退出，但特雷西致力于开发一个更长期的投资工具，使她的公司能够以类似伯克希尔公司理念的时间跨度运营。特雷西每年都会召集 CEO 免费参加研讨会，她和她的合作伙伴分享他们关于建立持续成长和健康的组织的知识和想法。这种做法证实了特雷西的说法："我们是碰巧投资的企业的建设者。"

特雷西认为自己的黄金点是关注学习和个人成长，而不是追求金钱或名声。作为一名精明的团队建设者和战略家，她知道自己的优势，她会与强大的运营型领导者合作。

■ ■ ■

## 比尔的观点：我在 46 岁找到了职业黄金点

我花了 20 年的时间才找到自己的黄金点。在职业生涯中期，我们可能会发现自己处于无法逃离的困境。正如但丁在《神曲》中所写："在我人生的中年，我在黑暗的森林中醒来，完全迷失了前进的正道。"

20 世纪 80 年代中期，我在迈向霍尼韦尔公司高层的晋级路上获得了几次提拔，并通过扭转霍尼韦尔陷入困境的业绩赢得了"救火队长"的美誉。我知道如何让公司扭亏为盈，但那不是我喜欢做的事。

有一天我开车回家，从后视镜里看到了一个痛苦的人——我自己。从表面上看，我很自信，也很成功，但我并不开心。我意识到我对霍尼韦尔的业务没有热情，我的工作也不能发挥我的优势。我拥有成功的所有标志，但我的生活缺乏我所渴望的意义。更糟糕的是，我正在失去我的"真北"——在这里，我更关心如何成为 CEO，而不是对世界产生积极的影响。我面对的现实是，霍尼韦尔对我的改变比我对它的改变更大，我不喜欢自己的改变。

多年来，我三次拒绝加入美敦力公司的机会，因为当时的美敦力公司还是一家羽翼未丰的医疗设备公司。现在我终于明白，当时我是如此执着于经营一家大公司，这让我有失去灵魂的危险。在这个过程中，我意识到我低估了美敦力，也低估了我自己。

加入美敦力之后，我发现自己加入了一个以"减轻病痛、恢复健康、延长寿命"为使命的组织，这非常鼓舞人心，我觉得自己的价值观与美敦力的价值观完全一致。我的 CEO 职位给了我充分发挥自己的优势来创建一个伟大组织的机会。

我在 46 岁的时候，终于找到了自己的职业黄金点。

## 本章小结：找到你的职业黄金点

**要点回顾：**

- 外在动机是由外部世界衡量的，例如获得好成绩或赚钱。

- 内在动机来自你内心深处的渴望，而不是外界的奉承。内在动机的例子包括个人成长，帮助他人，从事社会事业，创造伟大的产品或服务，以及使世界有所不同。

- 当你把自己的动机和一个能发挥你优势的角色结合起来时，你就是在你的黄金点上工作。

**思考问题：**

1. 你的外在动机是什么？它们中哪一个居于主导地位？

2. 如果金钱和成功无关紧要，你会选择什么职业？

3. 你的内在动机是什么？你如何确保你在优先考虑它们？

4. 请回想并列出一个或多个你的外在动机与内在动机相冲突的例子。你是如何处理的？

5. 你最擅长什么？你在工作和生活中是如何使用这些能力的？

**领导力发展实用建议：**

加速探索自我的优势和内在动机：

- 进行性格测试，如九型人格测试、优势识别器和 MBTI 性格测试，这些测试可以帮助你更深入地了解你的性格。霍根测评、DISC 个性测验和 Caliper 职业测试等可以区分你的性格特征对不同职位的匹配度，如你是适合销售岗位还是运营岗位。

- 通过一些活动来评估你的职业黄金点。从两个方面进行评价：第一，你在活动中有多擅长；第二，你有多喜欢这些活动。

- 请利用这个清单来创建一组独特的活动，以充分发挥你的优势，让你充满活力。每周都评估你的日程安排，确定你在这些独特的活动上花费了多少时间。

第 7 章

# 活出完整的人生

如果你随波逐流，世界会塑造你。如果你想过上你期望的生活，
那么你必须做出明智的选择。

——约翰·多纳霍，耐克公司 CEO

新兴领导者最常提出的问题是："我能同时拥有伟大的事业和美满的家庭吗？"日益增加的工作压力和时间需求，以及事业与家庭关系的复杂性使得我们的生活整体上比以往任何时候都更具有挑战性。年轻的领导者看到他们的父辈中有许多人为了事业牺牲了家庭，或者经历过婚姻破裂和关系疏离的痛苦。他们想要不同于父辈的生活。

如果你发现自己沉迷于工作，你可以问问自己，谁是更好的领导者：是那些每周工作 80 小时、为工作而活，一切都以事业为重的高管；还是那些每周努力工作 50 ~ 60 小时，兼顾工作和家庭需要的领导者？你想为哪位领导者工作？

有些矛盾的是，那些能够平衡工作与生活的领导者比那些为工作而活的人更高效。单一维度的、沉迷于工作的领导者很难与他人建立联系、建立共识和脚踏实地。相比之下，培养综合的生活方式的领导者致力于在生活的各个方面投入时间：家庭、工作、社区、朋友和个人时间（见图 7-1 ）。

随着沟通频率的日益增加，商业的节奏也加快了。你永远不会有足够的时间去做所有的事情，因为你周围的世界对你的时间要求得越来多。没有人能在生活的各个方面都达到完美的平衡。你必须做出权衡。你如何分配自己的时间将决定你的生活有多么充实。

图 7-1　整合你的生活

■　■　■

## 约翰·多纳霍：过一种完整的生活

耐克的 CEO 约翰·多纳霍是一位非常繁忙的领导者，他有着双职工的婚姻和四个孩子，但他总是能处理好生活的各个方面。

1983 年的一个夜晚，约翰和他的未婚妻艾琳（Eileen）一起在波士顿享受着远离喧嚣的宁静。约翰在贝恩咨询公司有很好的声誉。他在谈到自己的职业前景时两眼放光。在晚餐过程中，艾琳对约翰的事业可能对生活造成的影响表示担忧。她担心他长时间的工作，频繁的出差和巨大的工作压力可能会妨碍他们建立亲密关系。她尖锐地问他："这真的是你想要的生活吗？"约翰坚决地说："不！"他在账单背面写道："我不想过管理顾问的生活。"

后来，约翰一路晋升到贝恩全球董事总经理的职位，他努力过着一种完整的生活。"我的最终目标是在商界产生影响，同时成为一位合格的父亲、丈夫、朋友和普通人。我的最高目标和终极挑战是成为一个完整的人。"

过一种令人满意的生活是一种值得尝试的追求。我相信完整的生活使我成为一个更高效的领导者。这种斗争是持续的，因为随着年龄的增长，权衡和选择将变得越来越难。我的个人生活和职业生活不是零和交易。拥有丰富的个人生活是很重要的，它也会促进工作效率的提升。

如果你随波逐流，世界会塑造你。如果你想过上你期望的生活，那么你必须做出明智的选择。有时候选择真的很难，你会犯很多错误。

约翰在哈佛大学商学院攻读 MBA 学位的第一年，艾琳在他期末考试前夕生下了他们的第一个孩子。当他问自己孩子的出生和期末成绩哪个更重要时，他选择了前者。他之前在各种学习环境下都获得了好成绩，但这一次他不得不放弃获得高分的愿望。他说："奇怪的是，我为自己考得不好找了借口，并接受了我拿不到全 A 的事实。"随着期末考试的临近，约翰花了更多的时间和艾琳在一起，并感到异常地放松。

但令他惊讶的是，他在那个学期获得了最高分。"这只是因为我有一点洞察力。我当然不是最聪明的学生，我注意到人们在压力过大时效率会变得低下。"那次经历使他相信丰富的个人生活是获得职业成功的盟友。

几年后，约翰面临另一个艰难的选择。艾琳从法学院毕业后，得到了一份联邦法官书记员的工作，这份工作要求她在早上 7:30 前上班，所以约翰每天都要送两个孩子上学。但他的工作需要经常出差，他告诉老板汤姆·蒂尔尼（Tom Tierney），他只好辞职了。汤姆笑着说："我们可以解决这个问题。"他把约翰重新分配给了当地的一个客户，这样他就可以先把孩子送到学校，再到客户那里。约翰解释说：

我的客户很认可我，因为他更加欣赏我的承诺和贡献。以前我没有勇气这么想。人们总是喜欢装出一副坚强的样子，给人一种一切尽在掌握的感觉。

约翰的经历证明了领导者可以在高强度专业服务公司获得工作和生活的平衡。约翰越是兼顾他的生活，越是接纳自己的人性，他就越能发挥领导者的作用。"那一年，我与客户合作得非常愉快。客户非常理解我，我也变得更放松了，"他回忆道。通过向团队和客户展示他的弱点，他发现他的团队表现得更好，他和客户的关系也得到了加强。

约翰在贝恩公司旧金山办事处担任了 6 年的负责人之后，被快节奏的生活弄得筋疲力尽，他想花更多的时间和两个大儿子在一起，所以，他把工作交给了同事，并休假 3 个月。他解释说："这让我们全家的关系更加亲密。"

他们一家人先去了欧洲，然后约翰带着妻子和四个孩子分别进行了为期一周的旅行。然后，他重新充满活力地回到贝恩公司。一年后，他接替蒂尔尼担任贝恩公司全球董事总经理，当时经济急剧下滑，他的一个孩子的健康状况也不好，这些对他来说是一种前所未有的考验。"这是我面临过的最困难的事情。"

我的家人、朋友、教练和同事给了我极大的帮助。现实生活迫使我把真实和脆弱的感受带到工作中，因为生活使你谦卑。

他通过分享自己的个人情况，增进了与合作伙伴的关系，使得大家在经济低迷时期团结起来。"我对我们的同事有信心，"他认为自己之所以高效，正是因为他能够在充满压力的环境中兼顾个人生活和职业生活。

因为我有一个幸福的家庭，所以我没有被这种低迷的经济形势吓到。结果，我成了一个更高效的领导者。我给贝恩合伙人留下的遗绩将是我带领大家一起度过经济低迷时期的方式。

约翰离开贝恩公司之后，接替梅格·惠特曼（Meg Whitman）担任了 eBay 公司的 CEO，他将这家公司转型为高科技领域充满活力的竞争者。2015 年，他在完成 PayPal 公司的成功分拆后从 eBay 退休。

约翰又一次休假了。这一年他 55 岁，开始了为期 10 天的冥想练习，然后开始了"智慧之旅"，与 50 位可以为他的人生下一个章节提供洞见的人会面。他说："我的一位导师告诉我，'不要浪费了你的天赋。'"

上天赐予我某些天赋，我的工作就是利用这些天赋为他人服务。这让我内心充满活力，让我感到幸福，因为我已经明白世界上所有的成功、财富和名声都不能使我感到幸福。

多纳霍一家成功地度过了人生的挑战阶段并实现了工作与生活的平衡，他们一起努力过上了真实的生活。艾琳在美国前总统奥巴马的领导下担任驻日内瓦联合国人权理事会大使，约翰在创立 ServiceNow 公司三年后，目前担任耐克公司的第四任 CEO。

尽管约翰的工作要求很高，但他每天还是优先进行冥想和锻炼，并充分利用他的支持团队。他说："我接受了很多帮助，我 30 年来一直有一位心理治疗师，我有精神顾问和商业导师，我经常打电话给他们寻求指引。我无法想象在没有帮助的情况下如何进行卓越的领导。"

约翰和艾琳的合作关系是一个很好的例子，说明了如何有意构建一个完整的生活，以及它能带来多大的回报。尽管他们当晚在波士顿的对话已经过去了 40 年，但艾琳并没有忘记那张签名的账单。她说："我把它放在钱包里，并在这些年中多次拿出来细看。"

■ ■ ■

## 设置基本规则

我们中的大多数人都希望同时拥有成功的职业生涯，良好的人际关系和美满的家庭生活。当你习惯于为公司牺牲自己和家人时，问题就凸显出来了。几年后，你可能会发现自己陷入了一个无法回避的职业陷阱。因为你的生活成本太高了，你不能辞职。我的建议是你要为自己的工作和生活建立明确的基本规则，并坚持这些规则，而不是为了获得职业成功而不择手段。

当我在利顿工作时，我的老板在好莱坞的比弗利山庄拥有一栋昂贵的别墅，他还是当地乡村俱乐部的一员，但他经常打电话给我，说他多么讨厌自己的工作。有一天，我问他："如果你这么不喜欢这份工作，你为什么不辞职呢？"他立刻回答说："那我将无法负担我的开支。"几年后，他因长期靠吸烟解压而死于癌症。

你要实现工作与生活的平衡，就必须在工作和家庭生活之间划清边界。如果你这样做了，你会惊喜地发现生活将引领你走向完美的协调。毕竟，另一种选择是赚很多钱却没有时间与家人分享，或者你因为忽视了配偶和孩子而与他们渐渐疏远。

兼顾工作与生活的领导者会发现生活更充实，并建立更健康的组织。他们散发着真实的气息，因为他们在家庭和工作中都是同一个人。他们能很好地授权给他人，因为他们不能再亲力亲为、把所有的事情都扛在自己身上。他们会做出更深思熟虑的决策，因为他们有自己的观点和值得信赖的支持团队。因为他们得到了充分的休息，精力充沛，所以他们会带来正能量。从长远看，他们会在工作和生活上获得更好的成就。

## 你的支持团队

领导者无法独自获得成功，而是需要团队的支持。各项研究表明，领导者有很强的孤独感，但他们对此却常常无能为力。每个人都有不安全感，只是有些人比其他人更容易敞开心扉。即使那些表面上特别自信的高管也需要支持和赞赏。真实领导者与那些在他们犹豫时为他们提供建议，在他们困难时给予支持，并与他们一起庆祝成功的人建立起了密切的关系。

从本质上讲，那些经历个人生活压力或职业动荡的领导者面临两种选择：戴上面具，试图自己解决问题，或者向最亲近的人袒露自己内心深处的想法和感受，获得他人的帮助。许多领导者甚至在与配偶、顾问、领导团队和朋友在一起时也会戴上面具。如果没有好朋友在危难中为你提供建议，你就会很容易迷失方向。在危机时刻，你需要支持团队的帮助。

领导者需要多方面的支持，包括：

- 你的配偶或合作伙伴
- 你的导师或教练
- 你的支持小组
- 你的朋友和社区

你的支持团队会给予你肯定、建议、观点、纠正错误的建议，以及无私的爱。在你最困难的时候，你可以从自己信任的人那里得到安慰，你可以坦诚沟通、暴露自己的脆弱。在你的低潮期，你会收获那些珍视你而不是看重你的身份的朋友。

你的领导力之旅可能会经历很多意想不到的转折。生活中充满了挑战，包括道德困境、职业中途变化、职业倦怠、人际关系挑战、婚姻和家庭问题、失败和孤独等。

这就是你需要支持团队的时候，尤其是当外部力量迫使你要做出改变的时候，他们会帮助你留在正轨上。你要在生活中出现危机之前建立这些人际关系。你们的共同经历和彼此的弱点可以为你们在不确定的时期带来信任和信心。你必须在人际关系中给予付出，才能收获同样的回报，这就是投桃报李的互惠互利。你现在发展这些关系是防止未来危机的发生和支持你坚守真北的最重要的方法之一。

## 你的配偶或合作伙伴

配偶或合作伙伴是你的支持团队中最有价值的成员——他们非常了解你，你可以和他们坦诚分享你的恐惧、不确定和脆弱。当你这样做的时候，你会发现他们能在你最需要的时候给出深刻的洞见、切实可行的建议和充满爱心的支持。

太多的人和他们的合作伙伴进入了自动驾驶模式。成功的投资者彼得·格雷厄姆在经历了一段失败的婚姻之后告诉我们，他意识到需要与他的太太之间建立一种相互配合的节奏。他们通过每周约会一次和每季度度假一次来增进关系。即使只是一起在咖啡店待半天，也是好的。寻找更深层次的心灵对话空间对于建立牢固的伙伴关系至关重要。

## 导师和教练

大多数的真实领导者都有自己的导师，帮助他们发展领导技能，成为更好的领导者，并有信心进行真实的领导。最好的指导互动会引发相互学习、探索相似的价值观和共同的爱好。指导是一条双向的道路，双方都能从对方身上学到很多东西，并维系这种良好的关系。

作为一个年轻的企业家，霍华德·舒尔茨意识到他需要一个可以与他分享恐惧和脆弱的导师。当星巴克只有 11 家门店时，霍华德听到沃伦·本尼斯关于领导力的演讲，他想，"他是我可以学习的导师。"

当你害怕在别人面前表现出脆弱和不安全感时，你会找谁倾诉？你需要从有经验的人那里得到建议。我经常打电话向沃伦寻求帮助。他告诉我，脆弱是一种力量。展示你的价值观、情感和敏感能赋予他人力量，因为没有人不受怀疑的影响。

在我 2003 年开始写《真实领导力》和 2007 年写第一版《真北》时，沃伦成了我的导师。他从来没有修改过我的著作，但他在关键问题上给予的指导是无价的。

当扎克回顾自己的亲密导师时，他说："许多新兴的领导者都想要一位神奇的导师，他们能提供建议，帮助解决问题。"但这种模式很难持续，因为它是单向输出模式。那些能指导你的人都很忙，他们没有太多空余的时间。他们可能每年和你吃一次午餐，但你无法通过这种方式建立深厚的关系。你要想很好地了解一个人，就需要花较长的时间和他在一起，让他也深入地了解你。扎克谈到了我与他之间的关系是如何发展的：

当我在 2009 年第一次见到比尔时，他想学习如何使用社交媒体与我们这一代新兴领导者建立联系。后来，我们的讨论范围扩大了，我分享了自己的研究成果，并对他的写作提出了建议。当我们在一起工作时，比尔与我分享了关于我的优势和业务上的建议与观点，他通过提出深刻的问题来挑战我。

十年多后，我们已经在一起度过了数百小时，这在很多方面塑造了我。如果不是因为他的挑战，我可能会在 MBA 毕业后去一家咨询公司，而不会有勇气创办三船公司。我的生活则会完全不同。

我从 2001 年离开美敦力以来，花了很多时间指导新兴领导者，因为我觉得他们是通过真实领导对世界产生积极影响的巨大希望。在教授 MBA 课程时，我每天花 3 小时在办公室与这些未来的领导者交谈。这使我能够站在他们的立场上思考，理解什么对他们来说是最重要的，理解他们的工作与生活，看到他们是如何努力生活的。这些谈话启发了我，并为本书提供了深刻的洞见。

在过去，公司聘请一位高管教练被视为一项补救措施。今天，它是你成为最好的领导者的一个发展步骤。许多 CEO 和高管最近都聘请了教练来帮助他们成为更高效的领导者。CEO 教练中的佼佼者是马歇尔·戈德史密斯（Marshall Goldsmith），他曾指导过百思买公司的休伯特·乔里（Hubert Joly）、福特汽车的艾伦·穆拉利（Alan Mulally）、梅奥诊所的约翰·诺斯沃西（John Noseworthy）等许多人。一个优秀的教练可以帮助你发现你的盲点，并找到解决你的盲点的方法而不影响你的优势。

## 真北小组

如果你拥有一个定期召开深度对话的支持小组，就能够持续走在"真北"的轨道上。1975 年，我的朋友道格·贝克（Doug Baker）和我组建了一个由六位男士组成的小组，在每周三上午 7:15 至 8:30 讨论我们生活中的重要问题。道格和我后来把这一经历写成一本书——《真北小组》。

我们每周都有一位成员发起基于一组有思想的问题或读物的讨论，聚焦于我们所面临的挑战。在某种意义上，我们是彼此的个人顾问团。在我从霍尼韦尔到美敦力的工作转换过程中，这个小组给我提出了非常宝贵的建议。45年后，我们的小组还在不断壮大。

佩妮和我有一个夫妻小组，每月聚会，我们会一起到世界各地徒步旅行和访问。1996年，当佩妮被诊断出患有乳腺癌时，这个小组的朋友在她的手术和康复过程中给予了非常重要的支持。

后来，这两个小组帮助我们的成员应对了很多艰难的困境，并在他们面临最具挑战性的时刻提供了支持。有时，这些群体成员的角色是导师、倾听者、净友和镜子。在其他时候，真北小组的成员发挥挑战者或激励者的作用。

## 朋友和社区

拥有亲密的朋友是过上充实生活的关键。结交新朋友是一件好事情，但最重要的是你要与在学校和早期工作经历中的长期朋友保持联系。特别是当你们生活在世界各地的时候。

此外，作为社区的一员，从事社区服务可以让你的生活和领导力更有根基，并为你在困难时期提供支持。在明尼阿波利斯，我们意识到我们的社区在新冠病毒感染疫情期间和乔治·弗洛伊德被谋杀的后果中发挥了多么重要的作用。随着领导力的提升，你需要与各类人保持联系，他们可以让你接触到新的想法、挑战和观点。

## 与支持团队一起应对挑战

派杰（Piper Jaffray）投资银行与机构证券公司 CEO 塔德·派珀（Tad Piper）在面对个人生活和工作压力的双重危机中认识到，他的支持团队在他应对艰难挑战时是多么的重要。塔德 36 岁被任命为家族金融服务公司的 CEO。由于工作繁忙，他觉得自己几乎没有时间与亲密的朋友相处。他说："如果你 20 年前告诉我，我会加入三个讨论感情和宗教信仰的小组，我会说，'谢谢，我不参加任何小组。'"

我们中的许多人都在找借口，比如我太忙了，这件事的回报不明确，我明年再做，以此来回避建立这些群体所产生的关系。后来，塔德在接受了药物依赖治疗后，他意识到自己需要更多的支持。他说："在治疗过程中，我的家人告诉了我，我使用化学药物对他们有什么影响。这太可怕了！"之后，他加入了匿名戒酒协会（AA）。他说："我们嗜酒者的匿名戒酒协会是无价的。"

我们都是努力工作的人，努力保持清醒，努力过美好的生活，保持开放、诚实和互助。在我们讨论这 12 个戒酒步骤时，我们以一种有序的方式谈论我们对化学药物的依赖。我感到很幸运，周围的人都在思考这些问题并采取行动，而不仅仅是谈论它们。

塔德在戒酒小组、夫妻小组和圣经学习小组的帮助下，终于康复了。他认为这三个团体改变了他的人际关系和生活。他说："大多数人都没有找到我们拼命追求的平衡。我能得到那些正在努力解决类似问题并实际采取行动的人的支持，是非常有价值的。"

当塔德在他的生意中面临巨大的财务和法律危机时，这些深厚的人际关系帮助他走出了困境。他先是与妻子泪流满面地长谈，倾诉自己的情绪，然后与最亲密的朋友分享压力。他说："我们的友谊不是建立在我是否能够解决这个问题的基础上。"他向这些密友承认局势已超出他的控制，这让他松了一口气。塔德在朋友们的支持下，直面恐惧，最终接受了自己的处境。

塔德说，他对药物依赖的经历教会了他如何寻求帮助，如何展示脆弱，这让他与他的团队建立了紧密的关系。他把一场可能导致公司倒闭的危机变成了职业上的胜利。

■ ■ ■

## 双职工家庭

如今，夫妻们面临的最大挑战之一是要兼顾两份工作，尤其是在养育孩子期间。两个人都能实现自己的职业抱负吗，还是让一个人的职业优先？孩子们会健康成长还是会感到被忽视？在 2019 年新冠疫情期间，许多领导者发现他们居家工作的生活更容易管理。这种情况会在新冠疫情结束之后持续下去吗？

下面的故事将会表明，如果你和你的伴侣都很灵活，保持经常沟通，并坚定不移地在工作和家庭生活之间建立边界，你就可以兼顾双职工家庭中的家庭生活与事业。

安妮·马尔卡希（Anne Mulcahy）和她的丈夫乔·马尔卡希（Joe Mulcahy）都是施乐公司的资深高管，他们在平衡自己的事业与家庭时做出了重大权衡。安妮说："我在事业上很努力，但我的家庭是我生命中最重要的。我爱'施乐'，但我更爱我的家庭。"她和乔决定让其中一人每晚在家陪孩子。他们还决定不搬家，即使他们上班的距离比较远。安妮说："作为施乐公司的CEO，我从未搬过家是很不寻常的，但这是可行的。在施乐，我们希望人们把家庭放在第一位，我们可以做到工作和生活的平衡。"

犹他美容（Ulta Beauty）公司的CEO玛丽·狄龙（Mary Dillon）和她的丈夫特里（Terry）都从小成长在大家庭里，并且都想拥有自己的大家庭，我想要知道他们是如何实现两个人都有自己的事业的。玛丽解释了他们是如何做到这一点的："我很早就很清楚我的职业是有意义的。我有一份自己热爱的事业，并且正在上升。特里是个生物化学家，虽然他喜欢这个领域，但他不像我那样全身心地投入事业。"

我们的第一个孩子出生后，我和另一位女性高管创立了桂格燕麦公司的第一个工作分享计划。我们都每周工作三天，有两天在家，同时负责业务盈亏和管理团队。我生完第二个孩子后，获得了一个晋升，这需要我全职工作。我们在那时做出了让特里退休的决定，这个决定产生了非常好的成果，之后我们又有了两个孩子。

菲尔·麦克雷（Phil McCrea）和安妮卡·麦克雷（Annika McCrea）在抚养三个孩子的同时，在婚姻中不断地做出权衡。菲尔做出了一个艰难的决定，在他们组建家庭时，他创办了一家公司，安妮卡则在一家公司从事咨询业务。菲尔住在旧金山，几乎每周都要从西海岸飞到东海岸去见他的制药客户，安妮卡说服公司把她调到新泽西，他们做出了举家搬迁到新泽西的艰难决定。在过去的十年里，二人都一直担任CEO一职，安妮卡在 Bonvent Holdings 公司，菲尔在 ClearPoint 公司。2015 年，他们又举家搬到了瑞典，让他们的孩子可以学习安妮卡家乡的瑞典文化。他们的故事说明了双职工家庭的挑战，但也说明了可以通过相互的灵活性让两人都实现自己的职业理想。

当年轻的专业人士在事业上取得更大的成功时，他们的薪水会增加，但他们的时间安排也越来越紧凑。许多人选择将他们增加的收入用在购买更豪华的汽车或享受更好的假期上。但更好的支出方式可能是把钱花在家庭支持系统上，如保姆、家庭维护人员、房屋清洁工、厨师或草坪护理服务，这些可以让你优先考虑生活中重要的人。

医疗科技企业家本·伦丁（Ben Lundin）发现自己非常专注于自己的工作。然而在家里，每天晚上花一小时收拾玩具和打扫卫生的苦差事很是单调乏味。他制定了一个每周的安排，在他和妻子茱莉亚约会的时候，保姆会留下来打扫卫生。对他来说，花时间和妻子在一起比用这笔钱做其他任何事情都有更高的回报。

■ ■ ■

## 在思想、身体和精神上创造幸福

你在生活中有幸福感吗？当你在思想、身体和精神上感到和谐、宁静和有成就感时，幸福就存在了。

新冠疫情导致人们对自己在工作和生活上的幸福感提出了尖锐的质疑。对许多人来说，这场新冠疫情提出了一个问题："我为什么要工作？它值得吗？"这个问题还引发了"大辞职"，数百万人因为在工作中找不到意义感而辞职。

许多人发现，在家工作是如此愉悦和富有成效，以至于他们拒绝定期回到办公室工作。相比之下，另一些人想要回到办公室，因为他们渴望面对面的人际交往和社区活动。无论如何，雇主们都报告说他们的员工工作压力大，职业倦怠，在心理健康方面有很大的需求。

新冠疫情缓解之后，它带来的心理影响仍将伴随着我们。人们希望在生活中找到和谐和满足。他们不再愿意为工作而牺牲生活。解决这个问题的办法是你要在生活的各个方面培养自己：心理上、身体上和精神上。

## 培养敏捷思维

你可以把你的心智发展想象成一个"T"字形：在你职业生涯的早期阶段，你学习了很多的知识，并掌握某个专业领域的知识。随着你在领导岗位上的晋升，你需要了解公司内外的各个方面来拓宽自己的视野。你需要培养微软 CEO 萨提亚·纳德拉所说的世界观，一种清晰的对世界发展方向的远见，以及关于你的组织如何适应新的趋势的洞见。要做到这一点，就需要大量阅读，包括了解当下的时事和世界历史。

随着你担任更重要的领导角色，你将面临越来越大的压力，这可能会让你迷失方向，影响你的决策。这时，你需要暂停一下——留出私人时间来进行反思。正如第 4 章中所述，一些人是通过练习冥想或瑜伽集中注意力，缓解焦虑。另外一些人则在祈祷中找到慰藉。还有的人在漫长的工作日结束后通过锻炼释放紧张情绪，也有一些人是通过和朋友聊天、听音乐、阅读，或者去看电影来放松。

你做什么并不重要，重要的是它能够帮助你缓解压力，并清楚地思考生活、工作和个人问题。当你特别繁忙的时候，请不要放弃这些习惯，因为它可以帮助你减压、提高工作效能。

## 照顾好自己的身体

为了最有效地应对你将面临的各种挑战，你需要像运动员那样重视自己的身体——经常锻炼，每天调整自己的节奏，培养健康饮食和饮酒的习惯。在过去，许多领导者都是饱餐一顿，喝上几杯，再放松一下。结果，他们的体重增加了，思维敏捷度降低了。

最新的研究表明，充足的睡眠和少量的酒精对身体健康和提升幸福感有好处。领导们再也不能长期维持每晚只睡 5 ~ 6 小时，你需要 7 ~ 8 小时的睡眠来给你的身体充电，让你的思维重新调整。

你一定要把锻炼身体变成你每天必不可少的一部分。如果你不珍惜时间，时间就会偷偷溜走。摩根大通（J.P.Morgan）的杰米·戴蒙（Jamie Dimon）从癌症中活了下来，他尽管工作繁忙，但是依然每周锻炼四次。为了优先考虑饮食、睡眠和家庭时间，他不参加正式宴会和体育赛事。你们的领导生涯是漫长的，只有照顾好自己的身体，你们才有韧性和耐力成功地度过自己的职业生涯。

## 培养你的精神

领导力发展的最个人化的领域是理解我们在世界上的使命。这需要你向自己提出一些深刻的问题，例如："我为什么而活着？""我生命的意义和目的是什么？"对大多数人来说，自己很难完全解决这些深刻的问题。这就是为什么在我们的生命中需要有信得过的人，让你可以完全敞开心扉与他们分享你最深层的困境，提出各种问题，讨论不同的观点。正如我多年来所认识到的，在工作之外拥有一群亲密的朋友，以及一个"真北"小组，是非常宝贵的。

许多领导者都会进行积极的宗教或精神修炼，以应对这些问题。有些人是通过反省寻求答案，另外一些人则是通过与亲密的知己讨论探讨这些问题。如果你忽视了这些重要问题，就有可能被外部的期望所困，而不是追求对你来说是最真实的东西。

要过一种真实的生活就需要对生活中的一切保持开放的态度，并活在当下。并且重要的是，你要在人生的早期阶段就寻求这种丰富性，你那时正处于成长阶段，并乐于尝试。你会对早期经历所开启的探索人生的新途径感到惊讶，它引导你认识有趣的人，塑造你对职业生活和个人生活的思考。在你生命即将结束时，你就能够告诉你的孙子们，你有勇气投入生活，体验它的悲欢离合，每一天都活在当下。

■ ■ ■

## 灵活的工作场所

在新冠疫情结束之后，它对人们的工作理由和工作地点产生了持久的影响。人们比以往任何时候都更关心自己的幸福，这也是他们应该关心的。2020年3月，大多数企业希望在家隔离两周之后，生活能够恢复正常。但两年后，即使疫情的阴霾逐渐消退，人们仍能感受到它对心理上的影响。

在此期间，很多人逐渐接受了避免长时间通勤和花更多的时间与家人在一起的好处，习惯了新的工作和生活方式，另一些人则承受着连续的在线会议所带来的压力，这些会议主要是事务性的，几乎没有机会建立人际关系。虽然办公室职员上班可以有更大的灵活性，但制造业、研究、医疗保健和服务行业的员工必须在现场工作，这就造成了文化差异。

虽然人们的行为规范已经改变，但人性并没有改变。人们仍然不喜欢完全通过远程方式发展深层的人际关系。许多人怀念他们在工作场所中的同事关系，怀念非正式互动、合作、创造和指导的机会，以及健康的工作场所带来的归属感。

展望未来，弥合这些分歧的关键在于工作场所的灵活性。之前的标准上班时间是 8:30—17:00，这样的上班时间已经很难维系了。企业需要创造混合式的工作场所，一些人在办公室办公，而另一些人在远程，但仍能让每个人都有归属感。或者，大家在某些特定的时间都齐聚办公室，其余的时间则是灵活的。

每个组织的情况都是不同的，员工的工作方式需要根据其业务和人员的性质来灵活安排。作为领导者，你将面临的挑战是如何使组织高效，同时确保所有员工获得幸福感。

■ ■ ■

## 新兴领导者：玛莎·戈德堡·阿伦森

玛莎·戈德堡·阿伦森（Martha Goldberg Aronson）在美敦力公司开始了她的职业生涯，并迅速获得了高潜领导者的声誉。她加入了公司的并购小组，在两年后被选为美敦力学者到哈佛大学商学院攻读 MBA 学位。在重新回到美敦力公司担任产品经理后，她被提升为快速增长的泌尿和妇科事业部总经理。

一天，她正在家带着 3 岁和 5 周的两个儿子玩，电话铃响了。美敦力的人力资源主管问她："你对国际委派有什么看法？"玛莎回忆道："我支支吾吾地告诉她，今天不是谈这件事情的最好时机。"玛莎对移居海外工作是否适合她的事业或个人生活表示怀疑。接受国际委派意味着在抚养两个年幼孩子的过程中，她将无法获得父母和兄弟姐妹的支持，这并不是她职业规划的一部分。她担心这会对丈夫的事业造成影响，同时她也不愿意离开自己在公司里努力建立起来的充满活力的团队。

当她和丈夫丹（Dan）讨论去欧洲的工作机会时，丹的第一反应是，"我们去吧"，尽管这意味着他的职业生涯的中断。玛莎意识到这是一个在海外生活和工作的独特机会，可以让年幼的孩子接触另一种文化，于是，她接受了这份工作。玛莎在欧洲环境中茁壮成长，因为她每天都在接触各种各样的新文化。当机会出现时，她会冒险抓住，她欣然接受在一个复杂的地理环境中担任领导的机会，但还不知道职业生涯的下一步。

在欧洲工作三年后，玛莎怀上了她的第三个孩子，她觉得自己需要离明尼苏达州的家人更近一些。她的丈夫也渴望重新开始自己的事业。她打电话给美敦力 CEO 阿特·柯林斯，后者立即给她提供了投资者关系主管的职位。仅仅一年后，她就被提升为公司的人力资源主管。

玛莎希望能回到业务一线工作，于是去了总部位于芝加哥的全球医疗技术领导者希尔罗（Hill Rom）公司担任全国销售主管，但这个职位需要她经常出差。玛莎对离开家感到不满，她重新考虑了自己的选择，并接受了总部位于明尼苏达州的艺康公司的执行副总裁兼全球医疗业务的总裁职位。

玛莎不断跨越角色接受重大挑战的动力来自她渴望帮助他人的价值观，她也努力地把这个价值观灌输给她的孩子们。她回忆说："有一天，我告诉儿子，'我要出差，但只出去一个晚上。'"儿子告诉她，如果这意味着她可以帮助更多的人，那么她可以多待几天。

最近，玛莎离开艺康，再次转变职业，专注于董事会服务。如今，她是贝塔仿生学公司的董事会主席，格思里剧院的前任主席，心血管系统公司和 CONMED 公司的董事会成员。

所有领导者都面临工作与生活的平衡的难题，但玛莎的故事提供了一些重要的经验。事实证明，她在欧洲的职业生涯对她的事业和家庭都是一段影响深远的经历。然而，为事业做出太多牺牲可能是你失去生活平衡的信号。你必须留意你和家人的承受范围，然后为你的工作设定边界，否则你可能会发现工作占据了你全部的生活——而你在工作和生活两个领域都没有获得成功。

■ ■ ■

## 比尔的观点：推倒"人造墙"

我从十几岁的时候起，就致力于未来要领导一个伟大的组织，拥有一个美好的家庭。当我和佩妮约会时，我们讨论过如何既能兼顾各自的事业，又能有充足的时间陪伴家人。在我们的孩子出生之前，我们很容易找到一个平衡点。

但我们的儿子杰夫和乔恩的出生改变了一切。我的工作要求我不得不经常出差，而佩妮正在做心理咨询师。我的经常缺席给佩妮带来了抚养孩子和完成工作的双重压力。我竭尽全力参与抚养孩子，但是我不能说自己是成功的。不管我怎么努力，佩妮最终还是负担得更多。

你能想象自己：在工作中努力成为一个强大的、成熟的领导者而不受压力的影响；在社区中是一个崭露头角的领导者；在家是一个悠闲的人；努力培养丰富的个人精神生活——这就是我 30 岁出头的样子。为了应对这些不同的角色，我为它们设置了边界，并根据每个环境中对我的期望来行事。那些熟悉我的人都知道我当时活得并不真实。

然后，佩妮和我参加了一次改变人生的心灵训练营。通过对外分享我们所经历的爱，我们深深地被触动，但我也清楚地看到我是如何划分我的生活的。我没有勇气在这些不同的环境中与他人分享我的真实面目，尤其是与我的上司。

那个周末之后，我决定推倒这些"人造墙"，分解我的生活——在家里、在工作中、在社区里、在教堂里，我都是同一个人。佩妮是我的监督者，在我过于繁忙的时候提醒我。尽管如此，我还是花了几年的时间才完全放心地让人们看到真实的我。

20 世纪 80 年代末，在霍尼韦尔工作的巨大压力一直影响着我的家庭生活。我经常出差，工作不开心，于是我开始在公司之外的活动中寻找成就感，例如担任青少年足球教练。与此同时，我拒绝承认压力对我和家人带来的影响。佩妮当面质问我的行为以及我给她带来的压力，这是一件好事。现在回想起来，我是在工作和家庭中都经历了痛苦之后，才勇敢地面对事业方向的变化，并专注于生活中真正重要的事情。

## 本章小结：过一种完整的生活

**要点回顾：**

- 没有人能够在生活的所有方面达到完美的平衡。你如何在事业、家庭、朋友、社区和个人生活之间做出权衡，反映了你的价值观，也决定了你对生活的满意程度。

- 要从整合生活的各主要部分的角度来考虑如何过上一种完整的生活。

- 实现完整生活的领导者建立起了明确的基本规则，以平衡生活中的不同部分，缓解压力，并清楚地思考个人生活和职业发展的平衡。

**思考问题：**

1. 你怎么做才能确保你在专业上能够立足？

2. 你的家庭生活、个人生活、友谊和社区生活在哪些方面助力或损害了你的职业发展？

3. 在你过去的生活中，你会如何给自己打分？你将来会做出怎样不同的选择？

4. 你如何衡量你人生的成功？你的个人平衡计分卡是什么？在你的一生中，你想要实现什么样的长期成就？

5. 请列出你生活中最重要的人际关系。为什么这些人对你很重要？你是如何寻求他们的支持的？

6. 你有自己的支持小组吗？如果有，它对你和你的领导力带来了什么价值和意义？

**领导力发展实用建议：**

- 请反思你分配给生活各个方面的时间，并思考你是否把足够的时间分配给了你认为最重要的事情。

- 通过建立固定的日程安排优先为自己腾出时间做冥想、瑜伽、锻炼或和朋友待在一起。

- 通过做慈善或做志愿者来参与社区活动，从而获得新的看世界的视角。

- 通过各种小组和顾问指导建立一个个人支持团队；通过互帮互助确保这是一种互利共赢的关系。

- 创建一个个人计分卡来衡量你生活中的成功；定期回顾计分卡并给自己打分。

# 3

第三部分
## 领导他人

在第一部分，我们带领你探索了真实领导者的人生旅程和发展道路，这是向内挖掘。在第二部分，我们用指南针阐释"真北"的概念，并把培养自我觉察、践行价值观、找到黄金点以及活出完整的人生结合在一起。这些实践既能让你脚踏实地，也能让你做好必要的准备，踏上从"我"到"我们"，或者说从"以自我为中心"到"以他人为中心"的领导力旅程。

第三部分的重点转到向外发展。作为一位成熟的领导者，你要怎么满足社会的需要呢？衡量你是不是一位高效领导者的真正标准，就是你能否运用"真北"的能力，带领大家应对那些真正影响世界并具有挑战性的难题。

你只有把注意力从自己身上转向他人身上时，才能完成从"我"到"我们"的转变，详细的内容请参阅第8章。从根本上讲，这就是发挥服务型领导力。

接下来，你需要认清自己在领导他人过程中的个人使命，我们将其称为"北极星"。当你的"北极星"与组织的使命一致时，你就会对工作充满激情。详细内容请参阅第9章。

了解以上内容后，你就能摒弃传统的自上而下的管理技巧，继而采用教练方法（COACH）来领导团队。为了让你轻松记住这个概念，我们提出了COACH框架，其中C代表关爱（Caring），O代表组织（Organizing），A代表协同（Aligning），C代表挑战（Challenging），H代表帮助（Helping）。详细内容请参阅第10章。

第 8 章

# 从"我"到"我们"

找到自我的最佳方式是在服务他人中放下自我。

——圣雄·甘地（Mahatma Gandhi）

现在，让我们来面对领导力旅程中最大的挑战：从"我"到"我们"的转变。在很多人的早期职业生涯中，主要权衡的是自己的个人贡献。因此，新兴领导者面对的最困难的转型，就是能认识到领导力不是只关心自己，而是全心全意地服务于他人。所以，"我们"型领导者就是服务型领导者。

1966 年，我邀请罗伯特·格林利夫（Robert Greenleaf）在我组织的哈佛大学研讨会上发表演讲，那是我第一次接触服务型领导力这个概念。格林利夫在他 1970 年发表的"服务型领导"（The Servant as Leader）一文中是这么写的：

服务型领导者首先是公仆。他们把如何服务他人放在第一位，然后才考虑如何领导他人。服务型领导者与那些以领导者自居的人截然不同，或许因为这两种领导者对于权力的欲望以及对物质财富的需求存在天壤之别。

服务型领导者主要关注人们和社区的成长与幸福。他们愿意与他人分享权力，优先满足他人的需求，并竭尽全力帮助他人发展和创造最佳业绩。

■ ■ ■

# 纳尔逊·曼德拉：寻求和解

纳尔逊·曼德拉（Nelson Mandela）因为那些莫须有的政治罪名，在狱中度过了漫长的 27 年。在这 27 年里，他遭受了各式各样的非人待遇与苦痛，包括苦役、种族主义者的嘲讽以及极端病痛的折磨等。正因为他不懈的努力，才把南非从内战中解救了出来，同时激励了世界各地的领导者。

1990 年 2 月 11 日，曼德拉终于走出了南非罗本岛的监狱。自 1963 年以来，他第一次享受到了自由，再次成为自由的人。他是这么描述的：

当我走向监狱大门时，我举起了我的右拳，人群中一片欢呼。我已经 27 年没做这个动作了。这让我浑身充满力量和喜悦。

当晚，曼德拉在开普敦盛大游行中发表了演讲，他字斟句酌的话语阐明了他对南非未来的展望：

站在你们面前的并不是一位先知，而是你们谦卑的公仆，人民的公仆。若没有你们不懈的奋斗和英勇的牺牲，我今天就不可能站在这里。因此，我要把自己的余生交给你们。

寥寥数语，曼德拉就阐明了他的使命，他要成为所有南非人的服务型领导者。尽管在狱中度过数年，他也并没有心怀怨念。他不仅致力于为南非人争取民主，更是致力于让所有人都能获得民主。曼德拉在他的

《漫漫自由路》（*Long Walk to Freedom*）一书中写道：

　　我知道，大家认为我对白人心怀怨恨。其实，我对白人没有丝毫怨恨。我希望南非人民看到，我对白人也心怀感激。而我内心仇恨的，是让我们针锋相对的制度。

　　我们并不是想摧毁我们的国家，而是想解放我们的国家。如果把白人驱逐出境，那么我们就会毁掉我们的国家。白人也是我们南非的同胞。我们必须拼尽全力说服我们的白人同胞，让他们与我们一起建造一个更好的家园，一个全新的、没有种族歧视的南非家园。

　　一开始，纳尔逊·曼德拉并不是服务型领导者，他是通过多年反思后才逐渐走上这条道路的。南非白人在 1948 年掌权，之后建立了种族隔离制度。曼德拉成为非洲国民大会（ANC）青年联盟（Youth League）的创办成员之一，与沃尔特·西苏鲁（Walter Sisulu）、奥利弗·坦博（Oliver Tambo）、塔博·姆贝基（Thabo Mbeki）等年轻领导者一起并肩奋战。后来，青年联盟接管了非洲国民大会。

　　20 世纪 50 年代，曼德拉多次因煽动叛乱而被捕。后来，他加入南非共产党，创立了武装组织，并尝试破坏以种族隔离制度为基础的南非白人政府。他多次组织反种族隔离政策的示威游行，也曾因此引发暴力冲突。

　　1956 年，南非白人政府以"制造暴力"的叛国罪逮捕了曼德拉。他经受了 4 年的叛国罪审判，最终被无罪释放。这并没有让南非白人政府感到满意，他们又在 1962 年以"政治罪"逮捕了他。随后，曼德拉在"瑞弗尼亚"（Rivonia）审判中发表了他最重要的讲话，以捍卫非洲国民大会的行动，并为 30 年后的南非民主奠定了基础。在长达 3 小时的演讲中，他总结道：

我穷尽我的一生为非洲人民而抗争。我反抗白人的统治，也反抗黑人的统治。我捍卫我的理想。我的理想就是建立民主自由的社会。在那里，所有人民都能够享受到和谐与平等。这是我为之奋斗的理想。我希望，有朝一日我能够见证理想的实现。但，我也愿意为之付出我的生命。

然而，一切都无济于事。1964 年 6 月 12 日，纳尔逊·曼德拉被判终身监禁。在漫长的监狱岁月里，曼德拉从年轻的反叛者成长为一名领导者，并为自己确立了更宏伟的使命：服务于自己的民族，把他们从内战中解救出来，让所有民众重新团结在一起。他重塑了他的领导力，从"领导南非黑人的我"，转型为"服务于所有南非人的公仆"。他的领导方向是让黑人和白人和解，共创一个全新的南非，让所有人都能够获得社会正义与机会。

如果说哪个人有权利仇恨那些抓捕自己的人和他们的不公正行为，那个人一定是纳尔逊·曼德拉。那么，他怎么能够做到向那些曾经"照顾"自己的看守人员致以敬意呢？他怎么能够做到原谅曾经宣判自己入狱的法官呢？他又是如何能够与一个屡次下令殴打自己，并且发布暗杀令的少数党政府领导者进行谈判的呢？当选总统后，他又是如何抛开仇恨，向曾经压迫过自己的人提出和解的呢？

要想知道这些问题的答案，你得走进纳尔逊·曼德拉的灵魂深处，换位思考，从他的视角看世界。2004 年，当我与他面对面时，他那安详的神态感动了我。他依然富有激情但沉着冷静，全身心地投入调和种族不公正的使命。作为服务型的领导者，纳尔逊·曼德拉抛开了所有歧视、不公正以及仇恨。他的转变激励着我们，让我们看清如何在更广阔的天地服务和领导他人。

■ ■ ■

## 从"英雄之旅"到"领导之旅"

当我们踏入职场后，绝大多数人都会把自己想象成英雄式的人物，并信誓旦旦地说要改变世界，让世界因自己而更加美好。对于任何一位领导者来说，在一开始有这种想法是非常自然的。毕竟，我们人生早期所取得的成功，都是依靠我们的个人努力而获得的。例如，学生时期的考试分数、体育运动中的比赛成绩以及第一份工作任务中的业绩表现。学校在录取学生时，雇主在决定是否雇用员工时，工作单位在评估员工业绩时，一般都会用这些早年的量化成绩来评估我们。但随着时间的推移，我们必须脱离纸上谈兵的阶段，让自己成长起来。

PPG公司高管杰米·埃里克（Jaime Irick）这样阐述从"我"到"我们"的转变。

你必须认识到，这不仅仅关乎你自己，尽管你能在标准化的考试中取得好成绩，尽管你能成为优秀的分析师或咨询人员，但这都与你的"领导"角色无关。一旦成为一名领导者，你所面临的最大挑战就是要学会激励身边的人、培养他们，并帮助他们学会改变自己。你必须克服这一挑战，同时明白，领导者的任务就是为自己的团队成员提供服务。你越早认识到这一点，就越能更快地成长为合格的领导者。

当我们被提拔到管理岗位时，我们相信这是因为上司对我们的个人能力表示认可，所以才让其他同事追随我们。这时，如果你认为领导就是让其他人追随自己，并在我们攀登组织阶梯时对我们唯命是从，那么你很可能就会让你需要的队友远离你。

过去，有些人通过排挤他人获得成功；今天，我们的同事已经无法容忍这种行径。《纽约时报》头版曾刊登过"不再为'混蛋'打工"（No more Working for jerks）这样的文章。斯坦福大学的鲍勃·萨顿（Bob Sutton）教授写过《拒绝混蛋法则》（*The No Asshole Rule*）一书。此外，国际金融服务公司贝尔德（Baird）还曾把"拒绝混蛋法则"编进培训教材里，如有人违反此法则就会被解雇。

遗憾的是，很多公司依然允许这种恶习存在，他们以为没有这种人公司就无法运转。这真的是很荒诞！这些以自我为中心的经理人从不授权，也不给团队里的其他人表现机会，造成人员大幅流失，随之而来的，就会是组织的巨大损失。我从许多学员那里了解到，他们会申请调离"糟糕的经理"，但并不会辞职。我自己也曾遭遇两个"混蛋"老板，他们确实加速了我的离职速度。

很多人认为，领导就是要培养大批的拥护者，让他们追随自己、协助自己，从而把自己送上权力的巅峰。但是，如果你想成为真实领导者，就必须摒弃这种错误的观念。只有做到这一点，你才能意识到，领导力来自服务他人和授权他人，并且帮助他人实现梦想。对任何人来说，从"我"到"我们"的转变才是领导者自我蜕变过程中最为重要且关键的一步。

只有当领导者不再一味地持续关注自我需求，他们才能开始服务他人，帮助其他人成长并成为领导者。他们觉得自己没有必要与那些才华横溢的同事或者下属竞争，他们更容易敞开心扉，聆听他人意见，所以也就能够更好地做出决策。他们一旦克服了"控制一切"的欲望后，就会发现人们开始喜欢与自己一起共事。他们还会发现，当那些下属在同心协力完成共同使命时，如果获得授权，就会迸发出无限的潜力（见表8-1）。一个被授权的团队与一个被指挥的团队相比，前者更加容易释放出更多、更大的能量。因为他们是为了实现使命而拼命工作，而不是为了迎合老板而工作。这时，领导之路就会越走越宽。

表 8-1 "我"型领导者和"我们"型领导者的差异

| "我"型领导者 | "我们"型领导者 |
| --- | --- |
| 获得权力和职位 | 为他人服务 |
| 自身利益驱动决策 | 使命驱动决策 |
| "我可以自己做好" | "团队可以优势互补" |
| 领跑："我在前面，跟着我" | 授权："一起完成任务" |
| 要求他人遵守规则 | 通过价值观实现志同道合 |
| 傲慢自大 | 谦逊 |
| 指挥他人 | 教导或辅导他人 |
| 专注于短期结果 | 专注于服务客户和员工 |
| 斗志昂扬，信念坚定 | 鼓舞人心，令人振奋 |
| 培养忠诚的追随者 | 授权他人去领导 |
| 功劳归自己 | 功劳归团队 |

从"我"到"我们"的这段旅程并不是坦途。你不仅需要对自己的领导力进行反思，还必须改变自己的行为，去关注他人，而不是自己。充实的人生就是为那些比我们自己更重要的人或事提供服务。例如，有意义的事业，对你或对你的家庭而言非常重要的组织，那些需要帮助的朋友。从我个人的经验来看，这才是让你获取生命价值的最佳路径。

## 从他人的角度看自己

对领导者来说，最难的事情是学会从他人的角度看自己。当听到批评意见时，我们的第一反应往往是防御性的，通常会质疑批评意见的正确性，甚至会对批评者本人提出质疑。如果我们能够客观地思考这些批评意见，建设性的反馈就可以触发我们对领导力的全面重新评估，并推动我们踏上从"我"到"我们"的领导力旅程。

易康公司（Ecolab）的道格·贝克在他平步青云的时候就明白了这个道理。34 岁的贝克获得了公司的加速提职，他把自己看成一颗快速升起的新星。他说，"那时，我很自大，希望能快速实现自己的使命。"也就是在这个时候，他拿到了同事们对他进行的 360° 测评结果。"我根本没有想到自己会遭到这么多的批评。"

作为评估测试的一个环节，我与来自不同公司的十几位陌生人一起待了 5 天，分享了我的测评结果。我自以为了解整个过程，原以为他们会反问："你的团队怎么能这么评价你？"事实上，这个新的小组也给了我同样的反馈。

就像有人在我状态最糟糕时在我面前放了一面镜子，我看到了非常可怕的一幕。同时，我也学到了极其重要的一课。之后，我进行了深度反思，思考自己要成为什么样的领导者。我与易康团队的每个人都交流了我的想法。每次开始谈话时，我会说："我们聊聊吧，我需要你的帮助。"

这个当头棒喝来得正是时候，正是在道格·贝克行走在过于自信的"我"型领导者边缘之时。那时，他以为领导力只关乎他自己成功与否。正是这件事，让他脚踏实地地回归正轨。这让他认识到，作为一名领导者，他的主要任务是用共同的使命团结组织中的每个人。几年后，也就是在贝克 45 岁时，他被提名为易康公司的 CEO。在 CEO 的位置上，他带领公司成为全球领先的公司，并保持了长达 16 年之久。同时，作为社区的领导者，他也取得了非凡的成就。

"我们"型领导者应该考虑组织架构是自上而下还是自下而上，我们不应该把 CEO 放在最高位置，而是应该把一线员工放在最高位置上。这样，领导层的每个人应该发挥的作用是支持一线员工服务客户，而不是控制员工服务客户。

最后，"我们"型领导者应该判断在什么地方赋能并增加价值。三船公司的首席人力资源官阿尔蒂·苏拉（Aarti Sura）曾经这么告诫扎克："这个领域不需要你挺身而出，不完全按照你的方式做也是没问题的。"如果领导者后退一步，就会为队友创造前进的机会。

---

## 学会授权

美国红十字会（American Red Cross）的 CEO 盖尔·麦加文（Gail McGovern）回想到，她从来没有忘记过刚刚被提拔到经理位置上的那段时间，她曾痛苦挣扎如何当好一名领导者。她讲述道："在不到一个月的时间里，我就从最优秀的程序员变成了宾州贝尔公司最糟糕的部门主管。"

我简直不敢相信自己居然这么糟糕。我不知道如何授权。一旦有人向我请教一些工作上的问题，我就会立刻亲自动手。由于所有的关键步骤都要经过我，所以我的团队什么也做不了。我的上司发现了这个问题，就给我上了一堂非常特别的课：他把所有的新项目都派给了我。我们根本完成不了所有的项目。我的团队每天下午 4:30 就会下班，而我则要夜以继日加班加点地做事情。

最后，我实在无法忍受了。我冲进上司的办公室，像一个 5 岁的孩子那样跺脚，"这不公平！我一个人要做 10 个人的工作。"他冷静地说道："你看，你有十个人啊。让他们去工作吧。"真是一语惊醒梦中人。我立刻答道："我明白了。"

麦加文学到了最重要的一课。衡量领导者的价值到底有多大，不是用她自己完成的工作量来衡量，而是要看她的团队和他们影响的人的产出来衡量。

## 分享权力

史蒂夫·乔布斯在他职业生涯中经历过权力斗争。作为苹果公司的创始人，乔布斯自己从百事可乐公司聘请约翰·斯卡利（John Scully）出任苹果公司的 CEO，与他"并肩"作战。他不仅与斯卡利发生过冲突，还因为工程团队与他钟爱的 Mac 团队产生了竞争关系，就故意削弱工程团队。因此，董事会把乔布斯从他自己创办的公司中驱逐了出去，理由就是乔布斯桀骜不驯，在公司内部制造混乱，蓄意挑起争端。

2005 年，乔布斯在给斯坦福大学毕业典礼致辞时，反思了自己的这段经历，他发表了如下演说：

被苹果公司开除，是我这辈子发生的最好的一件事。肩膀上成功的包袱被重新出发的轻盈代替，我不再执迷于任何事情。这让我获得了自由，进入了人生中最富创造力的时期。5 年后，我创办了一家名叫"NeXT"的电脑公司，又开了一家叫作皮克斯（Pixar）的影视公司，还与现在的妻子谈起了恋爱。

苹果公司买下 NeXT 公司后，乔布斯重新回到苹果公司。乔布斯从他"流放"的生活中领悟到，自己其实不需要事必躬亲，他最大的职责应该是去激励那些创新型人才，激发他们创造出优秀产品。在皮克斯时，他与世界上最有创意的两位领导者——艾德·卡姆尔（Ed Catmull）和约翰·拉塞特（John Lasseter）共事，体会到了培养强大团队的好处。2011年，乔布斯因癌症永远地离开了我们，他让苹果公司成为世界上最具竞争力的公司。他的继任者蒂姆·库克则带领着苹果成为世界上最有价值的公司。

人生就是要服务于那些更伟大的人或更伟大的事，而不仅仅只是为了我们自己。这样，你才能明白自己生命的重要性。如果你想成为一位服务型领导者，就要踏上从"我"到"我们"的旅程。

■ ■ ■

## 新兴领导者：安佳丽·萨德

安佳丽·萨德（Anjali Sud）出生在一个传统的印度移民家庭，在密歇根州弗林特长大。家庭赋予她追逐美国梦的理想，"我的父母让我了解到，如果想影响世界，其中一个方法就是通过企业发挥自己的作用，因为商业活动能对社会产生真正的影响。"安佳丽的父亲是一名医生，也是一位企业家，正是他给安佳丽灌输了激励他人的责任感和情怀。"尽管他是治病救人的医生，但是他认为最有成就感的事就是给人们创造工作机会，让他们在经济上获得生计来源。"

30 岁时，安佳丽入职美国互联网公司 IAC 的高清视频网站 Vimeo，成为市场营销主管。三年后，她出任公司 CEO 一职。经过四年的努力，公司成功上市，市场估值 50 亿美元。这是一个惊人的增长速度！

在安佳丽成为 CEO 之前，作为一家为用户提供视频播客的面向消费者的媒体公司，该公司正在追求一种不同的战略。安佳丽发现公司正在与最佳商业机会失之交臂，然后她找到临时 CEO，建议把业务从以服务消费者为使命的商业模式转向为企业提供（视频制作）软件服务的模式。她说："虽然这没有那么具有吸引力，也不是媒体运作模式，但这是尚未开发的市场。我个人十分确信，这一领域蕴藏着巨大的商机。"然后，公司给她配备了一个小团队，让她论证她的建议。很快，这一新战略就吸引了大家的注意力：其收入开始加速增长，客户满意度也直线上升。

一个周五，临时 CEO 把安佳丽叫到办公室。问她，如果公司关闭以消费者为基础的业务，并把公司的所有资源都投入在她身上，她会怎么做。"对于这个问题，我还没有准备好。但是我确实有一个答案。"她回答。在接下来的周一，IAC 董事会提名安佳丽出任 Vimeo 的 CEO。

安佳丽认为，她之所以能成功晋升为 CEO，主要归功于她能够建立强大的人际关系。正是这些良好的人际关系，在组织中树立起了她的信誉，培育了团队势能。


我最大的优势就是善于建立良好的人际关系。我一直深信，如果你给予同事应有的支持与信任，他们同样也会帮助你实现变革。


安佳丽上任一周内就制定了新的愿景、使命和价值观，以及 Vimeo 的新战略。"我知道，我必须激励团队成员，让他们对完全不同的任务充满激情。我们的愿景改为'创作者优先'（Creators First），而不再像以前那样聚焦于观众的感受。我们关心的是创作者本身以及他们成功与否。

当然，我们拓宽了'创作者'的定义范围，创作者不再局限于电影制作人或专业的视频制作人。只要在这个领域进行视频制作的人，我们都称为'创作者'。"

安佳丽坦诚地公开公司所面临的问题，与整个行业的专家通力合作，更重要的是她的使命始终是帮助团队获得成功。因此，她赢得了团队对新战略的认同，也获得了团队的鼎力相助。"他们看到，我尊重他们的工作，而不是试图攫取他们的功劳。我总是做正确的事，所以我们能成功地携手并进。这一点非常有帮助。"

像安佳丽这样的领导者，从"我"到"我们"的转变并不容易。她承认，她仍然在如何授权这个问题上面临挑战。

对我来说，最困难的转变就是如何从"执行者"转变为"赋能者"。你应该明白，我是领导者，不是专家。我现在的工作是共启愿景，给别人授予权力，并使他们能够发挥最大潜能，让他们成为专家。

后来，安佳丽把她从"我"到"我们"转变的经历视为自己的荣誉勋章。

现在，每当我做完一个决定，都会想："等一下，没有人帮我再确认一下呀，我不敢相信每个人都在行动。"起初，我不敢确定这是否意味着我的工作做得好。现在我认识到，如果真的是这样，那么我绝对胜任这份工作。

■ ■ ■

# 比尔的观点：从"我"到"我们"的漫长旅程

在我职业生涯的早期，我自认为具有宏大的愿景和创新的思维，也愿意向别人兜售我的这些想法，总是试图打消他们的顾虑与担忧。同时，我并不会真心聆听他们的反馈意见。那时的我敢作敢为，愿意冒险，总是无法理解别人为什么不愿意跟我一起干。很多时候，我都必须非常明确地指出我想干什么，强压着他们，他们才能同意我的想法，而且他们是非常牵强地表示同意。有句谚语说："人们只支持自己参与创造的事情"，而我那时并不明白这句谚语的真实含义。

我敬重的人给我提了很多建议。后来，我逐步意识到我有必要更好地聆听别人的想法，理解他们的担忧，把他们当作团队成员，一起进行决策。起初，我并不相信他们能得出我认为正确的结论。在这个过程中，我自己逐步成长起来，也渐渐对自己的领导力有了自信，变成了真正的倾听者，并学会了信任队友。我逐步明白，只要我给他们空间让他们构建自己的想法，我们就会产生更好的想法，并对最终计划做出更大的承诺。

对我来说，从"我"到"我们"是一段漫长的旅程。

## 本章小结：从"我"到"我们"

**要点回顾：**

- "我们"型领导是服务型领导，关注团队以及所属社区的福祉与进步。

- 当领导者从"我"型领导者转向"我们"型领导者后，他们的思想境界就会升华，从个人需求和个人魅力这个层次，升华到有公仆意识并全心全意服务于他人的境界。

- 从"我"到"我们"的转变旅程之所以困难重重，是因为领导者习惯根据个人贡献来衡量他们的领导能力，如曾经的业绩以及晋升速度等。"我们"型领导者则是以团队的成功进行衡量的。

**问题思考：**

- 你是否已经完成从"我"到"我们"的转变了？如果完成了，是什么促使你完成这样的转变？

- 如果你还没有完成这一转变，你需要什么条件才能让自己发生这样的转变？

**领导力发展实用建议：**

- 请你的团队给你做一个 360° 的领导力测评，要涉及授权、激励和培养下属等方面的具体问题。

- 根据测评反馈，制定个人领导力发展规划；与你的团队分享你的规划，并要求他们监督你的执行情况。

- 与每位团队成员进行谈话，探讨他们的优势、劣势和动力来源。思考如何帮助他们发挥优势并改善劣势，如何让他们找到动力来源，从而让他们充分发挥自己的潜能。

第 9 章

# 追随你的北极星

当你感受到自己朝着正确的方向迈进时，工作就有了全新的意义。否则，它只是一份工作。对于从事有意义工作的人来说，人生太短暂了。

——苹果公司 CEO 蒂姆·库克

北极星就是领导者的使命。你可能需要摸索很多年之后，才能找到自己的北极星，才能找到与个人使命相契合的组织使命。

首先，你要探索自己的真北。真北能回答"你是谁"这个问题，并像我们在第二部分探讨的那样，真北能让你成长。这个过程包括投身于变幻莫测的世界，理解你未来所面临的挑战，为你将在哪里奉献你的人生和你的领导力做出深思熟虑的选择。

其次，北极星就像天空中的一盏明灯，告诉你使命所在的位置，而你内心的指南针会给你指出通向这盏明灯的道路。同时，你的北极星会让你释放自己的热情和动力，也会吸引他人追随你，让你成为他们的领导者。一旦你找到个人使命与组织使命的契合点，你就找到了领导的原动力，你就能把大家团结在一起并为了共同的使命而努力。

■ ■ ■

## 休伯特·乔里：找到自己的北极星

休伯特·乔里出生于法国，从小就天资聪颖并取得过很多的优异成绩。在麦肯锡公司工作期间，他也为自己赢得了"最聪明的人"的称号，30岁就成为麦肯锡的合伙人。可以说是他取得了辉煌的成就。后来，他到美国电子数据系统公司（EDS）负责法国分支机构的工作，然后又跳槽到威望迪公司（Vivendi），负责电子游戏业务。

离开威望迪公司后，他就成为嘉信力旅运公司（Carlson-Wagonlit Travel，CWT）的CEO。那时，乔里认为自己的领导力卓有成效。直到人力资源负责人把组织结构图拿给他看时，他发现图中每个框框都有他的名字。他说："我认为自己知道所有的答案，因此把别人都当作障碍来看，而不是把他们视为有价值的伙伴。我总是挑剔他们不完美的地方，总是试图为他们解决问题。"

尽管乔里获得了成功，但是他发现似乎还是缺少一些东西。他是这样解释的："人到中年，在我45岁左右的时候，我感觉自己到达第一座山峰的峰顶。"

山顶总是让人感到高处不胜寒。而过去一直追逐的那些所谓的成功变得如此空洞无力，我也感受到了当下的空虚与迷茫。那时，我的婚姻也处于步履维艰的状态。我需要退后一步，花些时间审视自己的灵魂深处，为人生找到一个更好的方向。

乔里开始了为期两年的精神之旅，他请了一位修道士作为他精神上的导师。在这两年中，他逐步意识到工作是为他人服务的崇高使命，也是爱的表达。他引用诗人卡里·纪伯伦（Kahlil Gibran）写过的一句诗："工作（劳动）就是实实在在的爱。"并补充道，"工作须由崇高的使命指引，而崇高的使命是以人为中心的。"

在这个过程中，乔里发现了自己的北极星，"对身边的人产生积极的影响，进而运用自己拥有的平台对世界产生积极的影响。"乔里的北极星就像常青树一样，只要个人使命与组织的使命相契合，北极星就一定会永葆青春。

一年后，乔里移居美国，出任嘉信力母公司卡尔森集团（Carlson Companies）的CEO。2012年，在卡尔森成功掌舵5年后，他接受了百思买（Best Buy）CEO职位的挑战，去扭转百思买当时的困境。那时，百思买董事会刚刚解雇了当时的CEO，并且正在与公司创始人进行斗争，创始人想利用私募股权基金收购公司。

在百思买公司任职的第一周，乔里没有去公司总部上班，而是在明尼苏达州圣克劳德市的百思买门店里工作了一周，他这么描述自己的工作体验：

穿上卡其裤和百思买标志性的蓝色衬衫，胸牌上标着"培训中的CEO"，我就这样度过了我的第一天。那天，我一直在倾听、询问、参访各部门、旁观销售员与客户如何交流等。我在那一天了解的真实情况，并不是通过仔细阅读电子数据表或者在总部与其他高级管理人员坐在会议室里研讨就能弄清楚的。

乔里正是通过这段经历了解到百思买的问题所在，并且制订了公司转型计划。他没有采用典型的转型模式，如削减店铺数量、解雇数万员工、压榨供应商等方法。取而代之的是，他鼓励百思买的全体员工投入"新蓝"（Renew Blue）转型战略，尽力提高公司的收入和利润，与供应商建立伙伴关系，包括三星、苹果、微软和亚马逊这些供应商。到了

2016 年，当转型计划完成时，他与团队一起制定了公司的成长新战略和使命："让科技丰富客户的生活。"

他解释道："商业的核心就是要追求崇高的使命，需要以人为本，创造一个让人能释放潜能的工作环境。"他用四个圆的交集定义了崇高使命：

1. 世界需要什么
2. 你擅长什么
3. 你如何对世界产生积极影响
4. 你怎么赚钱

乔里提醒大家要注意，千万不要把盈利作为组织的使命。他说，"盈利仅仅是结果，而不是使命。"他还告诫大家，领导者在描述使命时应该避免用过于抽象或浮夸的表述，应该从客户的真实需求出发，展示出实现竞争优势的能力。

乔里指出，"公司不是没有灵魂的实体，而是由每个个体组成的人类组织，大家一起努力所追求的使命是为所有参与者创造价值。"

如果要释放出一个人的杰出潜能，就必须让他感觉就像在自己家里一样，充分认识到自己的价值，拥有足够的空间和自由展示自己，让最好的那个他在工作中发挥价值。如果公司的崇高使命与员工个人寻求的意义相契合，就能让他们释放出绝大部分潜力，创造出超出想象的表现和业绩。

乔里带领着百思买公司华丽转身，进入高速增长阶段。之后，他就开启了下一阶段的领导力旅程。他到哈佛大学商学院开始担任兼职教授，跟 MBA 学生和高管们一起研讨自己有关"领导力""崇高使命"和"创造人的奇迹"的思想和理论（详见图 9-1 乔里的职业生涯变迁）。

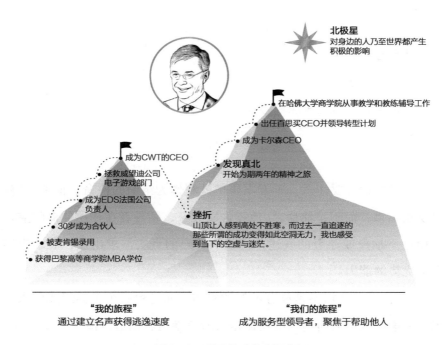

北极星
对身边的人乃至世界都产生积极的影响

在哈佛大学商学院从事教学和教练辅导工作

出任百思买CEO并领导转型计划

成为卡尔森CEO

发现真北
开始为期两年的精神之旅

成为CWT的CEO

拯救威望迪公司电子游戏部门

成为EDS法国公司负责人

30岁成为合伙人

被麦肯锡录用

获得巴黎高等商学院MBA学位

挫折
山顶让人感到高处不胜寒。而过去一直追逐的那些所谓的成功变得如此空洞无力，我也感受到当下的空虚与迷茫。

"我的旅程"
通过建立名声获得逃逸速度

"我们的旅程"
成为服务型领导者，聚焦于帮助他人

图 9-1　乔里的职业生涯变迁

■ ■ ■

## 追随你的北极星

你的北极星由你自己的生活经历和挫折塑造而成。通过理解生活中的重要事件并重新构建其意义，你就能确定领导力提升旅程中的个人使命。定义个人的使命并不像看起来那么容易。不是让你给出一个抽象的定义，而是要你从真实世界获取经验并且不断反省，从而准确锚定需要付出努力和汗水的方向。

对一些领导者来说，他们经历一次重要事件之后就会得到启示，并让思想照亮实现使命的路；而对另外一些人来说，比如像乔里那样的领导者，他们在经过几次领导经历之后才能找到自己的使命。我们与新兴领导者谈到北极星这样的话题时，很多人都会表示不便谈及自己所在的组织——"我只不过是个银行职员"或"我负责的是一家营销公司"。一旦换个问法，例如，询问他们希望在自己的墓碑上写些什么的时候，他们的个人使命就会变得明晰起来：

- "搭建美好社区和良好的社会关系。"
- "运用自己的领导力，帮助少数群体创造公平的竞争环境。"
- "培养员工和团队解决那些有意思并且有意义的问题和困难。"

这些说法都比"让世界变得更好"这样的说辞更加具体，同时也并不狭隘，没有把不同类型的组织和不同的职务排除在外。

对大多数人来说，他们在 20 多岁和 30 多岁的时候主要是培养技能、确立身份。正如牧师理查德·罗尔（Richard Rohr）说的那样："我们必须先为自己创造一个容器，然后才能超越它。"当然，有些人年纪轻轻就能找到自己的北极星，但是对绝大多数人来说，30 多岁、40 多岁时才找到自己的北极星更为普遍。

你一旦确立了个人使命，就会全身心投入。如果你要创业，就要让公司使命与个人的北极星保持一致。如果你在一家使命明确的公司工作，就一定要找到个人北极星与公司使命之间能够匹配的地带。

年轻的领导者总是渴望着出人头地，通常更加关注晋升的机会和更高的头衔。雅芳公司（Avon）的执行副总裁钟彬娴（Andrea Jung）在39岁时错过了出任 CEO 的机会，当时时代公司（Time, Inc.）的 CEO 兼雅芳公司董事安·莫尔告诉她："一定要追随内心的指南针，而不是时间表。"为自己奋斗的使命制定时间表，有可能会让你迷路；而追随内心的指南针，就会带你走向自己的北极星。

经过深思熟虑之后，钟彬娴决定留在雅芳。两年后，她被任命为公司 CEO，并在这个职位上领导了雅芳十多年。在钟彬娴成为雅芳公司CEO 的时候，她的北极星方向非常清晰：提高女性地位。她说："我事业的使命就是让女性获得自主地位和权力，让她们学会做生意，能够经济独立，获得受教育的权力。归根到底，这才是最重要的事情。"

---

## 治病救人

罗伊·瓦杰洛斯成为默克公司 CEO 后就找到了自己的北极星。他拾起创始人乔治·默克（George Merck）的遗志，兢兢业业 20 年，一直致力于研发治病救人的药物。此前罗伊从事过 19 年的药物研究工作，曾先后两次被两所著名的医学院——芝加哥大学医学院和宾夕法尼亚大学医学院邀请担任院长。"我非常害怕成为院长，因为那样你既不可能教书，也没时间做研究，你只是在不停地处理文件，督促身边的人工作，"他解释说。然后，他得到了成为默克公司研究部门负责人的机会。

我可以用自己在生物化学领域的知识来发明新的药物，我认为这样比做一名医生更能对人类的健康产生影响，我甚至可以改变人类研发药物的技术。我从不认为自己是一位领导者，但我总是问自己，我是否能够对这个世界做出一些贡献。

罗伊的北极星是"在最广泛的意义和领域中对人类健康产生影响"。他在领导团队用药物异凡曼霉素（Mectizan）消除盘尾丝虫病[①]的过程中，充分展示出了他的北极星的内涵。当市场预测显示非洲人根本买不起这个药物时，罗伊勇于承担，决定完成整个研究过程，并将药物免费发放给非洲人，直到盘尾丝虫病被彻底根除为止。他解释说："这个药可以帮助 1800 万人战胜盘尾丝虫病。这个决定能够让默克在未来十年都可以招聘到任何自己需要的人。"

自 20 世纪 80 年代起，一直到 90 年代早期，默克推出的救命新药比任何一家制药公司都多，这在很大程度上应归功于罗伊的激情和使命感。正是这种激情和使命感激发默克的研究人员不断研发新药。毋庸置疑，默克的股东价值在 10 年里翻了 10 倍。如今罗伊已经 90 多岁了，但是他依旧很健康。在过去这 25 年里，作为生物技术公司美国再生元公司（Regeneron）主席，他运用单克隆抗体指导创新了众多具有革命性的药物，同时使股东价值增长了 4300%。

很难找到比罗伊·瓦杰洛斯所追寻的使命更加崇高的了。他的领导力对于所有人来说都是一种激励和鼓舞。他总结道："如果在'为了谋生而工作'和'造福全世界'之中做出选择，绝大多数人都会选择后者。"

---

① 又称河盲症，是旋盘尾线虫寄生于人体皮肤、皮下组织和眼部所致苔藓样皮炎、皮下结节和视力障碍为特征的寄生虫症。广泛流行于非洲和热带美洲。——编者注

# 以使命为中心来协同整个组织

作为新兴领导者，最重要的任务就是让大家团结起来，一起去追寻那个能够鼓舞大家的共同使命。公司的使命应该源于组织的根本，也就是创始人的创业初心和意图。在所有企业里，没有哪家公司比美国强生更能展示其对使命与信条的决心与投入了。

1943年，罗伯特·伍德·约翰逊将军（General Robert Wood Johnson）写下了强生公司的信条。罗伯特来自强生公司的创始家庭，并于1932年至1963年担任董事长。信条阐明了公司对利益相关者的责任，首先是客户（"患者、医生和护士，以及父母们使用我们产品和服务的所有人"），然后是员工、社区和股东。

从那时起，这一信条就成了强生公司每一位CEO的指路明灯，最著名的就是吉姆·伯克（Jim Burke）。吉姆分别于1982年和1986年两次承受巨大压力，恐怖分子在泰诺胶囊中掺入氰化物，导致数人死亡。遵循信条的指引，吉姆决定从零售货架、仓库和工厂中撤下所有的泰诺产品，直到确定氯化物的来源。他的决定给强生公司造成了巨大损失，但同时也鼓舞了强生的领导层，并极大地提升了公司在客户中的声誉。

今天，强生公司的信条在公司总部仍占有举足轻重的位置。执行董事长亚历克斯·高斯基（Alex Gorsky）在做艰难抉择时经常会提及公司信条，例如，在推出预防新冠肺炎病毒的疫苗时。此外，自1982年以来，强生的股东价值提升超过2300%。

当然，当你带领的是一个像强生那样可以救人性命的公司的时候，你就更容易确立这样的使命感。那么，每家公司都能有这样的使命吗？

克罗格公司（Kroger）的主营业务也许不能拯救人们的生命，但是它的前任CEO戴夫·狄龙（Dave Dillon）就在公司打造出了这种强烈的使命感，在一家以服务为导向的百货公司为大众提供服务是一项崇高的、令人骄傲的职业。

所有人都想在自己的生命中找到真正的意义。我们的使命是帮助人们实现这一意义。如果能够对他们表示友好，我们就有机会让他们对这个世界产生良好的感觉，就会让他们的生活变得更加美好。

点滴善意就能带来感动，就能改变他们那天的心情。如果能够向身边的人传递一些善意，我们自己的感觉也会更好一些。这样，当我们的职业生涯走向尾声时，我们就可以回首往事，告诉自己："我所从事的工作具有特殊意义。"

领导们经常会忽视一线员工在实现公司使命过程中发挥的实际作用。但是，一线员工身在服务业，他们与客户接触得最多，因此他们才是客户满意度最大的决定因素。在新冠疫情初期，一线员工是那群冒着生命危险为客户提供基本服务的人，而我们则躲在在线视频会议的屏幕后保护着自己。

## 追寻人生蜕变的使命

基斯·克鲁斯夫（Kees Kruythoff）是我认识的最大胆，同时也最有激情的领导者之一，他的使命一旦达成，就会对社会产生积极的影响。2020年，他从联合利华退休后，创建了"礼的乐活"（LiveKindly Collective）这家公司，计划通过植物基食品<sup>①</sup>改变全球食物体系。"我们对动物产品的依赖正在毁灭地球。"他说,"但事情不应该是这样的,我们可以向消费者提供植物基产品。这些食品由可持续原料制作而成,但是尝起来却像传统肉类食品一样。"

在担任联合利华北美地区 CEO 时,克鲁斯夫就是公司使命的积极倡导者,倡导可持续发展这一使命。克鲁斯夫说:"联合利华可持续生活计划是关于如何让商业成为正向力量,对社会产生积极的影响。"联合利华 CEO 保罗·波尔曼邀请我成为克鲁斯夫的高管教练时,我很愿意帮助他挖掘他那极大的热情、动力、激情以及激励他人的能力。与此同时,与他一起放慢节奏,磨平粗糙的棱角。

2019 年,联合利华董事会宣布保罗的继任者是乔·安路(Alan Jope)。虽然克鲁斯夫非常尊敬这位同事,但是依旧深感失望。他休假 6 个月来思考自己未来的道路。也就是在那段时间,他发现了能够继续追寻可持续发展这个北极星的方法。他是这么说的:"我最大的热情、专业知识,以及这个世界最需要的东西,汇聚在一起了。这些可以带动世界从以动物为基础的食物体系转向以植物为基础的体系。这是全世界最大的渴求,也是世界最需要的东西。"

克鲁斯夫继续说道:"我们有幸拥有 X 世代、千禧世代和 Z 世代,他们会带领人们进行植物基食品的革命。"


十几岁的女儿问我:"爸爸,我们为什么要吃动物呢?"这一代人要求信息透明,信任真实领导者,并且坚信商业是向善的力量。每一家企业都必须问自己的业务为什么会存在,能否服务于社会。

现在,商业领导者们逐步意识到公司使命、意义以及增长速度是密

---

① 植物基食品就是以植物蛋白替代动物蛋白为主要手段,结合多项食品和生物技术研发而成的产品。——译者注

不可分的。金融市场也第一次发现，投资者会为那些以环境、社会和公司治理为核心的公司支付溢价。

克鲁斯夫认为，他下一阶段的旅程一定要把商业作为向善的力量，通过那些致力于寻求对社会产生积极影响的人们建立网络关系，让商业成为快乐的源泉。克鲁斯夫说："当我 50 岁时，我会渴望再干 50 年，把自己的经验和专业知识贡献给社会。我对个人成长、保持好奇心、重塑自我并做出慎重选择充满信心。"

■ ■ ■

## 实现使命

当你知道了自己的北极星，并且感到能够让它与组织使命相契合的时候，你又如何把个人使命变成行动力呢？没有行动的使命毫无意义。因此，作为领导者，你的任务就是把使命转换成有形的现实。

### 重任在肩，责无旁贷

约翰·瑞普罗格在 35 岁时突然感受到了重任在肩。

瑞普罗格一直向往能够服务于全世界。在达特茅斯学院读书时，他就是一个理想主义的大学生，同学们选他做学生会主席。后来在工作中，他运用个人的领悟力、团建力和说服力不断攀爬晋升的阶梯。他先是在波士顿咨询公司（Boston Consulting Group）担任咨询顾问，然后转职到帝亚吉欧（Diageo）酒业公司，并在 35 岁时成为健力士啤酒（Guinness Beer）公司的总裁。

虽然健力士公司倡导的本质是积极的，不用语言就可以进行情感交流。但是，当瑞普罗格看到哥哥在酗酒中挣扎的状况时，他见证了酒精给人带来的负面影响。"一个周六，孩子们坐在我的车上。当我看向后视镜时，我忽然感受到了肩膀上的重任，那个时刻就是责无旁贷的时刻。我发现我的工作和生活使命是不匹配的。我的使命是鼓舞人们更加爱护地球和人类。尽管我非常热爱健力士，但我并没有为孩子们规划未来，也没有关爱身边的人和我们的星球。"

我问了自己一个根本性的问题：现在我有了安全感和舒适感，也可以养活自己的孩子们，但是我为自己的自我实现做了什么？为让世界变得更好做了什么？我的个人使命并没有在我的工作中体现出来！最后，我对自己说："我所想的和我所做的不一致，我的两个世界互不支持。"

对瑞普罗格来说，这个时刻就是蜕变的时刻。他解释道："以前，我处在基本技能学习和个人能力提升的阶段。"

我更加关注职业发展，而不是追寻个人使命。我问我自己："我在工作中对谁产生了影响？我对身边的哪些人产生过影响呢？我到底想到哪里去呢？"

于是，瑞普罗格从健力士公司辞职，加入了联合利华，担任美容产品板块的负责人，朝着他所信仰的使命前进了一步。三年后，他加入伯特小蜜蜂公司（Burt's Bees），首次担任 CEO 一职。伯特小蜜蜂给瑞普罗格提供了一个可以让他把使命作为业务差异化因素的平台。讲一个戏剧性的故事，瑞普罗格的团队在两周的时间里秘密收集了大家丢弃在办公室的垃圾，并把这些垃圾堆放在公司野餐活动的入口处。就在那一刻，每个人都明白了公司为什么要努力通过供应链减少包装带来的浪费。伯特小蜜蜂被高乐士（Clorox）收购后，瑞普罗格就到七世代公司担任 CEO，七世代公司的产品都是由植物成分制成，对环境友好。

在职业转型期间，瑞普罗格曾为自己设置了"故意暂停期"。那段时间，他接触了很多的良师益友，担任了志愿者的工作，还与人生教练进行深度交流，确保自己道路选择的正确性。他解释说："如果你想找到自己的北极星，就要从你的个人使命出发，然后弄懂你的工作使命，最后是找到二者之间的交会点，这样才能协同一致，发挥作用。"

## 用心打造"温暖"的银行

蒂姆·韦尔什（Tim Welsh）在 50 岁时获得了自我实现。韦尔什出生在孤儿院，后来被一个天主教家庭收养，他意识到自己"被收养是唯一重要的事情"。

那一刻，我明白了上天正在用他最深沉的方式爱护着我。从那以后，这种认识改变了我的人生。我认为，我也是最幸运的人，因为我曾经有一位深爱着我的母亲，虽然她抛弃了我，但我又得到了两位至亲。如果你曾被如此厚爱，你的使命一定是清晰的，那就是：你也会对每一个人付出你的爱。

韦尔什给人的印象就是关爱他人、体贴他人并忠于自己的使命和价值观。如果你第一次见到他，你可能会认为他是牧师或教师，但他是美国第五大银行合众银行（U.S. Bank）的副董事长。

从商学院毕业后，韦尔什进入了麦肯锡公司。在麦肯锡，他受到麦肯锡创始人 85 岁的马文·鲍尔（Marvin Bower）的启发和影响，明确了帮助他人的个人使命。韦尔什说："我们的最终目的应该是为他人服务。当我们错把为自己而活当成个人使命时，我们就会追求经济上的回报，这时不好的事情就会发生。我失败的时候就是我忘记这一点的时候。"

例如，我在麦肯锡公司曾经两次申请职务晋升，这两次我都没有关注个人使命，结果也都失败了，因为那时我只关注自己和晋升。后来，我在麦肯锡负责全球学习项目，一直持续了 10 年。因为我关注他人，所以我成功了，也获得了职业生涯中最大的满足感。

韦尔什在 50 岁出头时做了一个大胆的决定，加入了美国合众银行，因为他被该银行的使命吸引——我们全心全意地帮助人们激发潜能。他说："我之所以加入合众银行，是因为银行的使命与我的个人使命是一致的。"

我的个人使命就是尽可能地帮助更多的人。合众银行拥有几百万客户，我认为我能够对几百万人的生活产生重大影响。我们的价值观要求我们以人为本，重视多样化，用创新保持领先势头。我只选择在与个人使命和价值观相契合的地方工作，只有这样，我才能成为自己。

2020 年初期，当新冠疫情暴发时，韦尔什提出了一个具有创造性的解决方案。当发现银行的客户与员工一样困在家里受到伤害时，他启动了外展服务计划，也就是让所有员工给客户打电话，不谈银行业务，就是简简单单地询问他们的现状如何。他们是这么问候的："你好，我是美国合众银行的韦尔什。这段时间很煎熬，给你打电话就是想看看你是否还好。如果需要任何帮助或者经济需求，我随时为你提供帮助。"

从 2020 年的 4 月到 6 月的三个月时间里，银行职员给客户打了 140 万个救助电话。韦尔什说："人们感到很惊讶。你最近一次接到银行这样的电话是什么时候？" 2021 年，当面对面的沟通交流再次变得可行时，蒂姆让员工主动联系客户，安排了 200 万次的会面，而在 2019 年，这样的会面次数只有 5 万次。

他是这样说的："所有这些都根植于我们的使命，也就是为我们的客户提供帮助。"

我们的客户满意度达到有史以来的最高水平。星期五电话会议上，银行的职员们会分享真情实感的故事，以及他们做好人好事所带来的满足感。作为一名银行职员，我们有义务帮助人们过上他们想过的生活，帮助他们的企业蓬勃发展。此外，公司基金会每年都会给我们服务的社区捐赠 1.5 亿美元。如果社会不能繁荣昌盛，那么我们的银行就不会蓬勃发展。

韦尔什是现代银行家的典范，比起赚钱，他更重视服务客户。他带来的这种良性循环让美国合众银行表现极其出色。

## 从赚钱转变为改善生活

奥马尔·伊什拉克（Omar Ishrak）与本章介绍的其他领导者不同，他不是在某个启发时刻找到的北极星，而是在不断自我反省的人生中找到了自己的真北。伊什拉克从祖国孟加拉国出发，远道而来，成为美敦力（Medtronic）公司非常成功的 CEO。在他的人生以及职业生涯中，伊什拉克一直忠于自己的人生信条、信仰和价值观，他承诺要用自己的天赋让世界变得更美好。

我问伊什拉克，为什么这么多南亚移民走上了微软、谷歌、万事达、美力敦以及奥多比（Adobe）等美国大公司的高层领导岗位。他是这样回答的：印巴人重视技术教育，他们思维严谨并且谦逊，渴望帮助别人，同时满足于自己所拥有的一切。他解释说："对移民来说，美国这里有一种想要赢的文化，并且提供了赢的机会。不管你是什么肤色或者讲什么语言，如果你到了美国并且努力工作，你就会得到回报。"

伊什拉克的家人是在巴基斯坦和孟加拉国生活的，他从他们那里学到了这些特质。快到 18 岁时，伊什拉克搬到伦敦并且通过了英国的"高考"。然后，他进入伦敦国王学院学习并最终获得了电子工程博士学位。"这是我做过的最好的决定之一，"他说："那段生活让我懂得了如何论证与推理，让我掌握了理论、计算和实证方法之间的关联，让我学会了如何从本质上用不同的方式进行思考。"

伊什拉克的毕业论文是关于超声波的课题，这也成为他一生所热爱的事业，促使他把注意力集中在改善人们生活并恢复健康的事业上。因为关于超声波的专业知识，他来到了加利福尼亚，先后在飞利浦公司、泰索尼公司和美国通用电气公司工作。伊什拉克从认为"我只能做工程师"转变为想要"经营一家公司"。他领导通用电气的成像及医疗设备业务板块 16 年。他说："通用电气在与自己的使命进行斗争。公司里根本没有连贯一致的公司使命，财务业绩永远被排在第一位。"

2011 年，当有机会成为美敦力公司的 CEO 并开始恢复该公司萎靡不振的增长时，伊什拉克认为自己的使命与美敦力的使命是相契合的，即帮助他人"减轻病痛、恢复健康、延长寿命"。美敦力公司宣布任命他的那一天，杰克·韦尔奇给我打了一个电话，他说："比尔，你挖到了优秀人才。他是通用电气所有人中最优秀的创新人才。"

在美敦力掌舵的这十年中，伊什拉克一直热衷于倡导公司使命，并用它来激发员工，制定公司的创新战略，搭建公司的成长性文化。伊什拉克认为，他在美敦力的使命不只是赚钱，还要扩大因美敦力的产品而恢复健康的人数。一开始，他专注于美敦力在新兴市场的发展，如中国、印度和拉丁美洲。然后，他又专注于美敦力的研究与创新业务，通过突破性的解决方案解决那些未被满足的医疗需求中的困难。他解释说：

今天，让我感到最自豪的事情就是平均每一秒就有两名患者通过美敦力的产品和服务完全康复。而在我刚刚加入美敦力时，这个时间还是每五秒到七秒。我们运用无导线起搏器、糖尿病闭环控制治疗、血栓切除术、减少中风、去除血块以及降血压等技术，为具有挑战性的疑难杂症提供了全新的解决方案。

离开美敦力后，伊什拉克一直用自己对技术的深刻理解和学问帮助他人。在担任英特尔（Intel）公司董事长时，他曾带领公司渡过难关。他还在安进公司、嘉吉公司（Cargill）、克利夫兰医学中心（Cleveland Clinic）等机构的董事会任职，还把自己的时间用于帮助家乡孟加拉共和国的人们。他还为非营利性组织提供帮助。例如，帮助儿童心连心（Children's HeartLink）组织为全世界患有遗传性心脏病的儿童提供救援。

伊什拉克忠实且不遗余力地追随着自己的北极星。他总结说："我想做的事就是用人文和技术的力量影响人们的生活，这是让我最满意的事情。"

## 新兴领导者：拉伊·巴科特

拉伊·巴科特（Rye Barcott）在 21 年间到访基贝拉（非洲最大的贫民窟）21 次。基贝拉是一个赤贫人口居住的地区，位于肯尼亚内罗毕的郊区，面积相当于中央公园那么大，有超过 30 万人生活在那里。巴科特还在 CFK 担任董事会主席。CFK 是巴科特在北卡罗来纳大学读本科时与一位肯尼亚护士和一位肯尼亚青年领袖共同创建的，现在已成为在非洲地区开展青年工作的主要非政府组织。《时代》杂志和盖茨基金会曾把它誉为"全球卫生英雄"。

巴科特 13 岁时，父母曾带领他到非洲进行家庭旅行。他说："在内罗毕，尽管环境非常恶劣，我的喉咙都能被灰尘和烟雾灼伤，但是那里的孩子们都很开放，也非常友好。那些和我一样大的孩子们，也跟我一样聪明，同样拥有远大的理想和抱负。但是生活在那个脏乱差的环境中，他们几乎没有机会过上更好的生活。"

考上大学后，巴科特学习了斯瓦西里语，并回到肯尼亚了解基贝拉的种族暴力。他租住在一个棚屋里，染上了疟疾。"我蜷缩着，就像胎儿一样，胃里翻腾着，头也剧痛无比。那时我想知道，身体里的东西是不是会杀了我。"

当地一位叫塔比莎（Tabitha）的妇人免费照顾他，一直到他恢复健康。作为回报，他给了塔比莎 26 美元。塔比莎就用这笔钱作为种子资金开始做起了买卖蔬菜的生意。一年后，巴科特回到基贝拉，塔比莎已经把那间棚屋变成了一间小诊所。他回想道："塔比莎用行动告诉了我服务的秘密。它会促使你少考虑自己，因为帮助别人就等于帮助自己。"今天，塔比莎的诊疗机构每年能够治疗 4 万余名患者，并逐渐开展重大公共卫生研究工作。

回到北卡罗来纳州夏洛特市后，巴科特与合伙人丹·麦克雷迪（Dan McCready）一起创办了双倍时间公司（Double Time），主营太阳能行业的业务。"我们是在经营自己的'真北'。我们问自己，成功到底是什么？我们的生活中还有其他使命吗？我们想留给孩子一个什么样的世界呢？"巴科特回想道：

> 创业是非常耗费精力的。我那时只有三个月的储蓄和两个孩子。我们相信，财务上的成功能够让我们获得自由，未来能够回归公共服务行业。我们很享受一起工作的时刻，也深信能够推动太阳能行业的进步。

接着，为了降低国会中两极分化和功能失调等问题，巴科特组织了跨党派活动，起名为"与荣誉同在"（With Honor）。他吸纳退伍老兵参与活动，让他们承诺拿出消除跨党派严重分歧的勇气，用诚实和正直，彬彬有礼地为大家服务。"与荣誉同在"这个活动与巴科特的"真北"几乎完全契合。"退伍军人可以跨越党派的鸿沟，因为我们一起在战争中服役，拥有共同的经历，"他说，"我们不能总是这么两极分化。希望孩子们从我们这里继承的是一个更美好的世界。"

领导者如何把自己的北极星与工作协同在一起？具体典型案例参见图 9-2。

| 领导者与<br>自己的北极星 | 工作过的组织 | 组织使命 | 与个人北极星<br>的契合度 |
|---|---|---|---|
| **约翰·瑞普罗格**<br>为人们以及我们<br>这个星球带来积<br>极的变化。 | 健力士啤酒 | 以创新精神为动力，酿造品质卓绝<br>的特色啤酒。 | ▰▰▱▱▱ |
| | 联合利华 | 让可持续生活触手可及。 | ▰▰▱▱▱ |
| | 伯特小蜜蜂 | 让人们重新感受大自然的智慧、力<br>量和魅力。 | ▰▰▰▰▱ |
| | 七世代公司 | 让未来七世代的人生活在一个健康<br>的、可持续的、公平的世界。 | ▰▰▰▰▰ |
| | One Better<br>Ventures | 与杰出企业家合作，释放潜能，创<br>建鼓舞人心的社区，做得更好，服<br>务更多人。 | ▰▰▰▰▰ |
| **拉伊·巴科特**<br>成为不同群体之<br>间的桥梁。 | CFK | 在肯尼亚内罗毕基贝拉的棚户区，<br>培养当地领导者，促进积极变革，<br>消除贫困。 | ▰▰▰▰▱ |
| | 杜克能源 | 采用可持续发展的方式，通过提供<br>天然气和电力服务，让人们生活变<br>得更美好：买得起、可信赖、更干净。 | ▰▰▰▱▱ |
| | 双倍时间公司 | 创造令人信服的回报，同时在北卡<br>罗来纳州加强社区建设，建设更智<br>能化的经济，并推动能源独立。 | ▰▰▰▱▱ |
| | 与荣誉同在 | 促进和推动那些原则导向的退伍军<br>人发挥领导力，从而减少两极分化。 | ▰▰▰▰▰ |
| **奥马尔·伊什拉克**<br>用人文和技术的力<br>量影响人们的生活。 | 飞利浦公司 | 让有意义的创新改善人们的健康和<br>幸福。 | ▰▰▰▰▱ |
| | 通用电气 | 帮助临床医生为患者尽可能提供最<br>佳的护理服务。 | ▰▰▰▱▱ |
| | 美敦力 | 减轻病痛、恢复健康、延长寿命。 | ▰▰▰▰▰ |

图 9-2　领导者的北极星与工作协同

# 比尔的观点：让工作和北极星相协同

从我还是个孩子时起，我就渴望对世界产生积极的影响，从而使我的生活变得有意义。早在高中和大学时期，我就尝试着组建了一些组织，致力于让这个世界对每个人来说都能变得更美好一些。但经历了很多事情之后我才发现，我的北极星一直都是培养真实领导者。

最终，我在美敦力公司找到了我想要的一切（或者说它找到了我）：价值、激情和帮助慢性病患者的机会。美敦力的使命是让人们完全恢复健康。从创始人厄尔·巴肯（Earl Bakken）描述美敦力的使命的那一刻起，这一使命就开始激励我沿着这个方向前进。

在我的职业生涯中，我幸运地发现美敦力的组织使命与我个人的北极星是相契合的。然而，随着美敦力的快速发展，公司的技术、业务部门以及地理区域越来越复杂，我们在培养足够多的真实领导者方面遭遇了巨大的挑战，我们需要的领导者要以使命为导向、以价值观为核心并且能够直面挑战。

在美敦力担任 CEO 的这 13 年，是我人生中最美好的一段职业经历。我信奉美敦力的使命，同时我也在追随自己的北极星。我培养了很多真实领导者，他们继而为 2.6 万名员工赋能并激励他们前行。退休 20 年后，当我看到美敦力在奥马尔和杰夫·玛莎（Geoff Martha）等杰出领导者的带领下蓬勃发展时，我感到心满意足。

2004 年，我开始在哈佛大学商学院教书。我依旧朝着北极星前行，帮助那些领导者们成长起来。我没有为特定的某一家公司工作，而是与来自各行各业的众多真实领导者一起合作。

通过写书、演讲、在媒体上露面、与 CEO 合作，并给职业生涯不同阶段中的领导者做高管教练等工作，我所专注的领域得到了拓宽。我的使命却从未改变，改变的只是地点而已。到了我这个年纪，我已经不再会为自己获得成功而努力了，只有看到别人的成就才能使我感到极大的满足。

## 本章小结：追随你的北极星

**要点回顾：**

- 真北指针给你指出北极星的方向，你的领导力使命。
- 你的北极星引导你在组织中有使命地发挥领导力，让你能与自己所在的组织使命保持一致。
- 然后，你需要把自己的个人使命与组织的使命结合起来，并将该使命转化为现实。

**思考问题：**

1. 回想你早年的生活经历，用它来发掘内心深处的激情来源。通过重构生活中点点滴滴的故事，你能否更清晰地辨别自己的激情？
2. 你的激情是如何引导你找到你的北极星和你的领导力使命的？
3. 作为领导者，你的长期使命是什么？短期目标又是什么？此外，你的领导力使命在哪些方面与你的余生相关？

**领导力发展实用建议：**

● 请写下你的"真北"，并看看它是如何指向你的北极星的。

● 请检验你当前工作单位的组织使命，看看它是如何与你的北极星相契
  合的。

● 请列出一份可行的具体行动清单，把组织使命转变成现实。

第 10 章

# 成为教练型领导者

领导者最重要的就是付出真心的关爱。

卓越的领导者关爱下属,人们能够感受到哪些关爱是真诚的。

——迪恩·史密斯(Dean Smith),乔丹恩师、北卡罗来纳大学传奇篮球教练领导者一旦完成了从"我"到"我们"的转变，就能与自己的团队建立真实的关系，因为领导者会把队员的最大利益放在首位。人们之所以追随领导者，是因为领导者不仅能了解他们，还能为他们的成功带来助力。当这样的领导者给自己的团队指明方向并明确使命时，新的能量就会被点燃——"我们会让世界变得更美好！"这些原则是打开领导力之门的钥匙，最后一项素质就是"教练"——只有教练型领导者才能释放团队成员的全部潜能。

我们早就应该重新思考如何做教练型领导者，领导者不应该是管理者，而应该成为下属的教练。虽然近些年很多领导者已经聘请了外部教练，但是领导者本人应该充当管理者、监督者，还是教练呢？难道你的领导不应该是你的教练吗？

教练型领导者的概念与几十年来形成的管理型领导者的文献形成鲜明的对比。我的同事约翰·科特（John Kotter）在《变革的力量》（*A Force for Change*）一书中阐述了领导者与管理者之间的区别。但即使在今天，商业领导力还没完全在学术上被认为是一门独立的学科。很多商学院更倾向于教给学生传统的管理技巧，包括运用权力对下属施加影响、指挥下属、授权以及用量化指标进行绩效考核等。

相比之下，教练技术是一个让团队成员充分参与的过程，激发团队成员发挥最佳品质和潜能。即使在大型的组织里，最好的教练都会深度参与，并关心每一位团队成员。教练和团队对成功的定义是相同的，并用相同的平衡计分卡进行评估。大家都渴望胜利，但同时也尊重教练和团队成员发挥着不同的作用。

就像伟大的运动员需要最好的教练一样，最优秀的人也都希望能为自己的伯乐而工作，教练型领导者能够不遗余力地帮助他们，让他们发挥出自己最佳的水平。教练型领导者几乎不需要职位所带来的权力，他们更加需要的是信任、同理心、辅导与反馈。那些与优秀教练一起工作的人认为这一过程并不轻松，因为这些教练提出的要求都非常高，对队友也是高标准严要求。因此，他们能够带领自己的团队达到超出想象的高度。

■ ■ ■

## 领导者通过"教练"助力团队成长

很多体育教练都有着传奇的色彩，也有很多教练把自己的故事写成商业图书，如文斯·隆巴迪（Vince Lombardi）和约翰·伍登（John Wooden）。在这些教练中，从体育到商业跨界最成功的莫过于比尔·坎贝尔（Bill Campbell）。作为哥伦比亚大学橄榄球队前教练，他的成绩应该是喜忧参半；但是作为硅谷各大公司创始人的高管教练，坎贝尔的大名无人不知。他做过苹果公司史蒂夫·乔布斯的教练，还做过 Intuit 公司斯科特·库克（Scott Cook）、亚马逊杰夫·贝佐斯（Jeff Bezos）和谷歌拉里·佩奇（Larry Page）等人的教练。此外，坎贝尔的学员还有谷歌 CEO 埃里克·施密特（Eric Schmidt）。施密特在谷歌高速发展时担任 CEO，后来写了一本关于坎贝尔的书——《成就》（*Trillion Dollar Coach*）。这本书用标题评估了坎贝尔给领导者们提供教练服务所创造的价值。

坎贝拉是如何获得这样的成就的呢？他彻底颠覆了等级观念："**头衔让你成为管理者，而追随者才能让你成为领导者。**"坎贝尔非常尊重并关爱追随他的人。他曾宣称："员工是公司成功与否的基石。对每一位领导者来说，最根本的工作就是为员工提供高效工作的环境，支持、尊重、信任并培养他们，让他们茁壮成长。"

对于如何描述清楚什么样的教练才是伟大的教练，我们创造了"COACH"这个首字母缩写的特定描述。作为一名领导者，你需要"**关爱**"员工，把他们"**组织**"起来，"**协同**"他们一起迎接"**挑战**"，并且"**帮助**"他们取得成功（详见图 10-1）。

C代表关爱（Caring）
了解每个人的优势、劣势和动机。

O代表组织（Organizing）
让每个人在自己的职业黄金点上进行团队协作。

A代表协同（Aligning）
把大家团结在一个共同的目标周围，激励他们去奋斗。

C代表挑战（Challenging）
激发每个人的最佳工作状态，制定大胆的目标。

H代表帮助（Helping）
与团队成员一起解决问题并庆祝取得的成功。

图 10-1　教练型领导者（COACH 模型）

■■■

# 玛丽·博拉：教练技术改变组织文化

通用汽车（General Motors）CEO 玛丽·芭拉（Mary Barra）是新兴教练型领导者中的花衣吹笛人[①]。玛丽的领导风格与通用汽车 50 年来传统的管理风格截然不同，在 CEO 那个位置上的掌门人原来主要以自上而下的财务管理为主，如里克·瓦格纳（Rick Wagoner），也正是由于他太过于关注短期目标，把公司拉入了破产的境地。相比之下，玛丽更关爱公司的 15.5 万名员工，她带领他们共同开启了公司"三零"愿景——"零排放、零事故、零拥堵"，同时督促他们生产出高质量、安全性强的通用汽车。

2014 年，玛丽出任美国通用汽车公司 CEO。她的人生经历让她为公司转型期这一具有挑战性的岗位做好了准备。玛丽在 18 岁时以带薪实习生身份进入凯特琳大学（Kettering University，原通用汽车学院）学习，在通用汽车工作了 41 年，担任过工厂检查员、设计工程师、工厂经理以及人力资源主管等。她说："我的朋友们都在快餐店打工，而我到通用汽车装配厂实习并掌握了各种工程技能。这些经历都非常宝贵，让我对汽车行业有了初步的认识。"

在上任 CEO 不久之后，她就遭遇了第一个重大危机事件：因为雪佛兰科宝车系（"Cobalt"）车型的点火开关故障，通用汽车导致 124 人死亡，275 人受伤。为了调查清楚这一事件，她聘请了美国前联邦检察官安东·沃卢卡斯（Anton Valukas）。调查报告显示，通用汽车法律部门收到的例行报告是事故报告，而不是质量上或者设计团队中待解决的潜在风

---

[①] 故事来源于《哈默林的花衣吹笛人》，寓意着吹笛人能够帮助人们抵御风险，免受痛苦。——译者注

险报告。

调查报告还指出，导致这一事件最根本的原因是公司的"不称职"，称通用汽车已经陷入官僚体系的泥潭，缺乏问责机制和透明度。"在我的职业生涯中，让人最难受的事情之一就是翻看沃卢卡斯给出的这份调查报告。"玛丽说，"最可怕的是，这份报告验证了大家对我们提出的所有批评。对我来说，这是一个沉重的打击。就像调查报告指出的那样，'公司没有人做任何相关的决策。'"

玛丽上任 CEO 还不到三个月，就被传唤到国会就汽车点火开关问题出席听证会。她承认，通用汽车的问题比点火开关障碍本身要严重得多，并直言不讳地说，通用汽车需要全面改变公司文化。"沃卢卡斯调查报告非常彻底和全面，一针见血，也让人深感不安。"她在听证会上这样回答。

调查报告是这么描述通用汽车的：未能以负责任的态度和方式来处理复杂的安全问题。沃卢卡斯先生所发现的问题，其严重性不容忽视。两周前，我向公司全球的所有员工通报了这份报告，并直截了当地告诉他们，报告里指出的所有问题行为都是无法原谅的。

玛丽就以这个点火开关危机事件为契机创造出通用汽车自己的"燃烧平台"[①]，目的是改变通用汽车"决策缓慢"的官僚文化，让它从一个只向内管理并否认自身问题的官僚组织，转变成一个以客户为中心、信息透明并且愿意迎接挑战的组织。她致力于建立行业内新的质量和安全标

---

① 燃烧平台理论原指石油工人看到钻井平台燃烧后，都会纷纷跳进海里，现引申为用形势变化促进人们行动起来。——译者注

准。第一年，公司召回 3000 万辆汽车，建立"为安全而发声"机制并奖励那些为信息透明做出贡献的员工。"我永远都不会忘记这件事，"她说。

我想让大家永远记住这段痛苦的经历。我们必须创造一种氛围，让大家能够在组织中毫无顾忌地畅所欲言，表达不同的观点。这需要建立一个多样性的团队。

为了改变通用汽车死气沉沉的公司文化，玛丽对整个领导团队进行大换血，提拔马克·鲁斯（Mark Reuss）为公司总裁，并把公司执行委员会中的成员换成通用汽车的老员工和外部聘请的专业人士，以便给公司带来全新的视角。她给团队成员提出了高标准的行为准则，并授权他们对达成这些行为标准负全责。她还不时地到工厂实地考察，与一线员工见面，确保公司文化转变的进程，并尽可能地提供支持与帮助。"文化本身是看不见摸不到的。如果我们想改变文化，就需要通过改变行为才能达成这一目的，因为行为决定了文化。"她说。

不是我想被大家说成是刻薄的人，而是原来公司内部太宽容了。要想成为一家真正强大的公司，团队必须具有多样性的思维并展开积极的合作，达成建设性成果。我已经不能容忍当时做事的方式和效率。

在规划通用汽车的公司使命和战略时，玛丽一直都很勇敢和自信。2017 年，她宣布了公司新的愿景和使命：**"我们的使命是在每一个服务环节中都为客户提供世界一流的体验，而体验本身建立在信任和透明的基础之上。"** 2021 年她做出承诺：到了 2035 年，通用汽车将只生产电动汽车。

　　玛丽是典型的新兴教练型领导者。她"关爱"（C）自己的领导团队以及所有员工，与他们保持密切联系，并且努力了解他们的想法和动机。她是从通用汽车工厂一线成长起来的，能够与团队建立密切且相互信任的关系。这样的风格与通用汽车 50 年来形成的自上而下的官僚文化形成了鲜明的对比，她能够把公司领导层人员"组织"（O）起来并形成密切协作的整合型团队，找到他们的职业黄金点并充分授权，让他们能够从整个公司的利益出发，并以此带领自己的团队。

　　在制定通用汽车公司新的使命和愿景以及领导行为准则时，玛丽在庞大的组织中做了大量的"协同"（A）工作，让大家为了共同使命团结一致。此外，她不断地给员工设置"挑战"（C），让他们以高质量、安全性和电动汽车研发为核心使命而努力实现通用汽车的愿景。与此同时，她还"帮助"（H）团队成员应对挑战并解决问题，期待每个人都能发挥出最大的能量。

　　2021 年，玛丽成为美国企业圆桌会议（Business Roundtable）的第一任女性主席。这样的职位体现出 CEO 同行对她的新型领导力方法的认可。借助这个平台，玛丽倡导多个利益相关者共同参与的商业模式，聚焦客户和员工，把他们放在首位。

■ ■ ■

## 关爱：建立理解和信任

　　如果你要与他人建立信任关系，最重要的是培养具有同理心和坦诚的关爱来发展亲密和持久关系的能力。如果你不能深入地了解他人，关心他人，那么你就无法帮助他们释放出全部的潜能。

关爱关系的特点是亲密的和非正式的。关爱关系要求人们敞开心扉，相互影响，并愿意在对方面前承认自己的错误。通常，这种非正式的交流就是最好的讨论，也会碰撞出最有创意的想法。那些最具有价值的探讨或构思并不是在会议桌上通过连续的正式会议产生的。一起散步、喝咖啡或者一起参加社交晚宴等其他有趣的活动等，这些在办公室以外一起度过的时光，会让你感到舒适并容易与他人建立信任关系，也会让你们更加坦诚地进行交流。通过这样的交流，你们就会了解彼此真实的自我并成为碰撞思想火花的伙伴。

当领导者付出真心的关爱时，他们就能够回答以下 5 个问题。

1. 我了解队友的职业目标，也了解现有职位是如何帮助他们得到发展的。
2. 我知道每个人的内在动机和外在动机，也知道他们遭遇的挑战与困难。
3. 我会进行深入的一对一谈话，而不是停留在表面的讨论上。
4. 我们之间的交流非常自然并且顺畅，彼此都感到很舒服，还会有碰撞出"共同人性"（指不同人群之间存在的某些共同的思想意识或者行为的总和）的时刻。
5. 我认识同事的家人，也了解他们工作之外的生活。

人们都希望与自己的领导建立更多的私人关系，然后才会全身心地投入工作。他们对于接近领导的想法非常坚定，因为他们认为只有与领导建立坦诚并且深厚的关系后，才会产生信任并做出相关承诺。玛丽非常关心自己的员工，所以她从他们身上看到了更加敬业的态度以及更高的忠诚度。

真实的关系催生同理心，也就是站在别人的立场思考问题的能力。同时，同理心能够孕育出和谐的关系，让团队成员从心理上有一种安全感，并且相信自己的领导会支持自己。只有具备同理心，领导者才能把来自不同文化背景的同事调动起来，让他们的投入程度达到最高水平，给他们赋能，从而让他们发挥卓越的业绩表现。这需要的是谦逊和与人进行交流的能力，而不是评判他人的能力。

关爱最终会带来信任。正如史蒂芬·柯维断言的那样，这会对组织产生可量化的影响力。当信任度低的时候，会有明显的"信任税"，组织内部会出现决策过程放慢以及成本增加的现象；当信任度高的时候，工作节奏就会加速，协作配合就会更加顺畅。

---

## 拥抱服务型领导力

卡尔森公司（Carlson）前任 CEO 玛丽莲·卡尔森·内尔森（Marilyn Carlson Nelson）极大地改变了父亲科尔蒂斯·卡尔森（Curtis Carlson）所创建的公司。她的父亲卡尔森是一个销售天才，同时也是一位强硬且咄咄逼人的老板。玛丽莲在孩子长大后重新回到公司工作，有一次，她陪同父亲参加了一场 MBA 报告会，内容是他们对卡尔森公司文化的研究。

当她问学生们是怎么看卡尔森公司时，竟然没有一个人敢回答这个问题。最后，一个学生说："卡尔森公司被看成一座血汗工厂，公司根本不关心自己的员工。教授们不推荐我们进入卡尔森工作。"听到这样的回答，玛丽莲惊呆了。"那次报告会让我受到了巨大的震撼。"她说。也正是这次报告会之后，她意识到卡尔森的公司文化需要被改变，父亲那种自上而下独裁式的管理风格亟待调整。

玛丽莲决定把卡尔森公司重塑为一家关心客户的公司，她运用的方法就是为员工创造一个充满关爱的工作环境和氛围。她把公司的管理重点从财务资本转向人力资本，她在公司里是这么强调关爱的：

我需要那些拥有"公仆之心"的人。在我们即将创造的新文化中，服务型领导力是非常重要的推动力。对自己工作感到满意的员工就会给我们带来对公司满意的客户。在服务行业，客户很快就能感受到你是否真心为他们提供服务。

玛丽莲知道，改变公司文化需要做大量的工作。她不知疲倦地到世界各地会见员工和客户。"只有员工感到自己被认可，被授权，并真正理解公司的愿景和使命时，我们才能更好地建立良好关系，"玛丽莲说，"我们不能只是简单地告诉员工如何把餐盘放到餐桌上。他们必须根据客户想要私密独处或者愉快夜晚的需求，给客户提供定制化的高质量服务。"

玛丽莲通过自己的行动和影响力，提升了团队乃至整个公司对员工的关爱度。卡尔森的公司文化成功地转向团结协作型的文化。这个例子充分告诉我们，领导者如何通过关爱自己所服务的人改变组织。

■ ■ ■

## 组织：让人们团队协作

作为教练型领导者，你的第二个任务就是了解每个团队成员的优势和劣势，以及他们的工作动机。然后，你才能把他们组织在一起，让他们成为有凝聚力的团队，所有成员都能在自己擅长的岗位上或者自己的黄金点上工作，扬长补短，激发每个人达到自己的最佳状态。对一个团队来说，最具破坏性的莫过于让某个人远离自己的黄金点与人协作。这样的情况不仅伤害到个人的自信心，还会拖慢团队前进的速度，最终会阻碍组织实现使命的进程。

领导者应该如何创建团队文化，才能让每个人都处于最佳状态，并为团队的更大利益而共同努力呢？教练型领导者会定期与自己的团队成员进行接触，并观察他们的领导力。例如，董事会主席可以参加 CEO 的战略会议，这样既能为高管团队增加价值，又能看到 CEO 的实际行动。同样，领导者可以与销售人员一起给客户打电话，了解客户的实际需求。

作为领导者，你能够和团队成员一起并肩工作吗？你能以身作则，率先垂范并提供建设性反馈意见吗？你足够了解他们的境况并给出有用的建议吗？你应该做的是在副驾驶的座位上坐下来，观察并聆听，给出建议并鼓励他们，而不是高高在上地评判他们。

你除了进行实地观察，还需要获得相关数据，让你不仅能够信任而且能核实他们的努力程度。你可以参考具有预警效果的一些指标，如员工满意度调查和客户反馈意见等，用这些指标预测团队的表现，因为财务数据只能在事后提供历史的信息，在很多时候都已经为时已晚。

如果你想建立一支被充分授权的团队，你就需要从自己的日常行为开始。你不能说一套做一套，口头上讲授权管理，行为上却大权在握，这样你就会在团队中失去信誉。同时，你也不能奖励或容忍那些摆弄手中权力的下属，他们喜欢玩弄政治，表现得就像混蛋一样。

## 团结在一起创造卓越绩效

2006年，艾伦·穆拉利成为福特汽车公司（Ford）的CEO。这位穿着运动外套和休闲裤子的新任CEO，从穿着上就与福特以往那些沉默寡言的高管完全不同。他被簇拥到他那个巨大的办公室，大约有30名助理在迎接他，帮他脱掉外套，给他端来咖啡。不到一个月，这些助手都被辞退了，取而代之的是他从波音公司带过来的一名助理。

穆拉利走进这间亨利·福特二世（Henry Ford II）使用过的巨大办公室，透过全景窗凝视着外面，看到了汽车行业最著名的工厂——鲁日河工厂（River Rouge Plant）。他告诉助理，他想到工厂里走一走，与员工们见个面，但助理们却告诉他："我们的管理人员从来都不与工厂的员工直接交谈。"听罢，他仍然坚持立即前往工厂。

穆拉利在工厂最初的参观经历让他深信，福特的问题要比巨额损失更为严重。当年福特的亏损预计高达127亿美元，这也是福特有史以来最大的损失，但是管理团队竟然没有人愿意承认公司的问题所在。穆拉利是一位直觉敏锐的领导者，他知道他所面对的是一个亟须彻底修复的破碎文化。

为了解决并克服当前的问题以及业绩下滑所带来的困难，穆拉利意识到自己需要采取果断措施为福特的下滑提供缓冲。在提供了福特的整个资产并以标志性的福特车标作为抵押后，福特公司获得了235亿美元的贷款。然后，穆拉利制定了以满足客户需求为核心的战略，开发了一系列高端轿车和高端卡车。此外，他还坚持要求那些已加入工会的福特工厂的成本与南部非工会工厂的成本保持在同一水平。与此同时，他把公司的品牌缩减到福特和林肯两个主要品牌，剥离了捷豹和路虎等奢侈品牌。

这些战略调整经历了不那么引人注目但同等重要的过程：穆拉利每周都会

召开业绩评估会（Business Performance Review，BPR）。穆拉利认为，每周把高管团队聚集在一起，用一整天的时间对福特的业务状况进行实事求是且深入的评估，就能转变公司文化。在评估会上，他比任何高管都更关注细节，也会给出非常坦诚的评估意见。他用绿、黄和红三色编码系统来评估关键项目的利好状况。考虑到公司的严重亏损和各种问题，当每个项目被标为绿色时，他感到很困惑，这怎么可能呢？

尽管公司面临严重的困难，穆拉利并没有在会议中跳起来大喊大叫。他风格低调且务实。事后，他还会在便笺上画上笑脸，与同事进行亲切的交谈，有时还会突然闯入某个会议，还经常会给同事一个拥抱等。福特的很多管理人员一开始都低估了穆拉利，还有人把他叫作"乡巴佬"。

在第五次业绩评估会上，他发现报告显示公司各个项目进展非常顺利，这无疑与数十亿美元的亏损相互矛盾。"有哪些工作进展不顺利吗？"他问。没有人应答。在一周后的会议上，福特（美国）总裁马克·菲尔兹（Mark Fields）发出了红色警告：一款重点新车的发布必须暂停。马克的同事都以为他会被解雇，但是穆拉利却为他鼓掌，说："马克，你暴露这个问题做得很好！谁能帮助马克呢？"他在讲话中多次鼓励马克："是你遭遇了问题，而你不是问题本身。"

穆拉利并没有在出任 CEO 后进行大范围的人事调整。相反，他在努力改变公司文化，用教练的方式给每位领导者进行辅导，让他们深入业务细节，进行团队协作，努力提升绩效。

福特公司之所以能够再次复兴并非偶然，这需要每个团队成员都发挥出自己的最好水平。穆拉利每周召开业绩评估会，把高管们组织起来，让他们像一个团队那样工作。他对团队成员的要求从未超过他自己愿意付出的程度。他有一种独特的能力，就是把对下属真实的关爱与对结果的闭环问责结合起来的能力。

## 协同：围绕共同愿景团结大家

对教练型领导者来说，最具挑战性的任务是让员工与公司的使命和愿景协同一致，并激励员工勇担大任，努力让愿景和使命变成现实。这比设定财务目标困难得多，财务目标其实并不能影响绝大多数员工，也不能激励和启发他们。

领导者的任务是带领大家把公司愿景和使命变为现实，并将其用于制定战略、设定目标和做出决策等工作。这样，战略和愿景就会变得强大无比，用共同的语言和统一的使命让所有员工团结起来，共同奋斗。如果只是把战略和愿景变成海报贴在墙上，那张海报就毫无意义，甚至会让员工对此冷嘲热讽。

在美敦力公司的使命与奖章颁发仪式上，所有的新员工都会收到刻有公司使命的奖章。这让我们认识到，无论你是在工厂工作，还是在研发实验室做研究，或者在销售部门做营销，你都必须为**"减轻病痛、恢复健康，延长寿命"**这一公司使命做出应有的贡献。

---

### 超越利润的使命

吉姆·怀特赫斯特（Jim Whitehurst）由于领导开源软件供应商红帽公司（Red Hat）实现巨大增长，被《巴伦周刊》（*Barron's*）杂志评选为全球最佳CEO之一。在他的任期内，公司收入和股票分别增长了8倍和10倍，红帽公司被 Glassdoor 评为最佳工作场所，有些员工甚至把公司的标识文在了自己的身上。为了寻求更大的创新，IBM 公司在 2019 年以 340 亿美元的价格收购了红帽公司。

怀特赫斯特在加入红帽公司之前，是达美航空公司（Delta Air Lines）的 CEO，他曾以"表格管理"而著称。在达美航空，他所经营的公司在高度监管的行业中运营，几乎没有战略灵活性，所以只能通过数字和表格管理。

在加入红帽公司后，怀特赫斯特认识到开源软件公司与他之前任职的公司截然不同。"我根本不知道云计算将会如何发展，"他说，"变革的速度如此之快，行业内的公司过去是每十年进行一次重大创新，而现在是每年都需要一次。随着价值创造模式的改变，领导力的本质也必须随之改变。"

由于变革的速度和不确定性，怀特赫斯特选择协同团队成员，让他们围绕红帽公司的使命而努力工作。"如果大家只是为了工资而工作，他们就不愿意付出额外的努力。如果他们把超越利润的使命看成自己的信念，他们就会奉献自己的全部。"

在红帽公司，我们的内在动力是——开放源代码的使命、提高透明度与开放性的程度以及知识产权的自由。大家夜以继日地工作，也不分周末与假期，甚至在洗澡的时候都会思考工作上的事情。这是因为大家把这个使命当成自己的信仰。他们不只是要做需要他们去做的事情，而是要做他们认为能使组织获得成功的事情。

作为 CEO，怀特赫斯特竭尽全力让使命更加清晰化。他说：

红帽公司给新员工更多的是文化灌输，而不是技能培训。高层人员会谈公司文化、历史以及在全球的地位的重要性。甚至有员工在参加完这些会议后说："我了解红帽的历史，也知道为什么开源如此重要，但是我现在还没有自己的手机或电脑。"

为了强调使命和共同背景，怀特赫斯特采用了一套开发的管理体系，赋能团队进行创新：

管理体系需要与领导行为保持一致。预算并没有那么重要，重要的是要为大家创造空间去试验或者尝试新事物，从而达到发明新产品的目的。我们会进行试验，尝试新事物，毙掉一些项目，同时也会投资其他项目。当你身处快速变革之中时，你看不见清晰的终点，因此你需要组织更具韧性。

怀特赫斯特通过非正式的交流活动频繁地分享他的领导哲学。"每周五我都会录制一个短视频。视频很随意，我一般都穿着 T 恤衫。"他会通过视频分享令人沮丧的消息，如裁员，也会分享鼓舞人心的消息，如客户创新。随着视频和社交媒体的发展，领导者与团队沟通并协同他们与组织使命保持一致的机会比以往任何时候都更多，也更好。

■ ■ ■

## 挑战：激发最大潜能

大家都知道足球运动员米娅·哈姆（Mia Hamm），她曾赢得 21 次全国大学体育协会（NCAA）女足锦标赛冠军，她的教练安森·多兰斯（Anson Dorrance）每周都给球员进行排名并公之于众。多兰斯把这个做法称为"竞争熔炉"，他根据各个指标给每个运动员打分，如球员的速度。他的队员都十分清楚自己在队里排在什么位置，也知道如何练习才能得到提高。

优秀的教练会通过给队员设置挑战挖掘他们最大的价值和潜能。例如，回看比赛录像、进行周排名或者一对一反馈等，这些"挑战"都是推动队员提升自己并达到顶峰的方法。他们经常自我发问：我是否让我的队员竭尽全力了？某某没有发挥出他的全部潜能，我给他设置的挑战是不是还不够苛刻？我让队员走出他们的舒适区了吗？挑战他人不仅能让队员提升自己的表现，还能让他们发展领导力。马特·克里斯坦森（Matt Christensen）在杜克大学时跟着迈克·沙舍夫斯基（Mike Krzyzewski）打篮球，他说："沙舍夫斯基教练为了让我不断进步，会到现场指导我的每一场练习。"

在通常情况下，中层管理者把这种富有挑战性、事必躬亲的领导者描绘成微观管理者，却忽略了挑战本身的重要性。领导者深入参与细节工作是可以帮助团队成员成长的。

---

## 融入团队

凯文·夏尔（Kevin Sharer）在领导安进这家生物制药公司时，鼓励团队成员接受各种挑战，同时要求他们竭尽全力，精益求精。当夏尔还是年轻海军军官时，取得过骄人的成绩。他的队长却告诉他，由于他的专注和投入，他可能会失去团队成员。夏尔清楚地知道这正是自己管理风格中不可分割的一部分："当我进入'潜水艇模式'时，我就会深入地钻研问题本身，并且认为自己一个人就可以解决这个问题。那个时候，我根本听不进去别人的意见。"

随着阅历的丰富，夏尔变得越来越成熟，他开始知道如何在管理工作中做到"宽严相济、张弛有度"。刚刚开始工作时，夏尔跟着 GE 的 CEO 杰克·韦尔奇，跟他学会了如何在不同层级之间快速切换，甚至同时应付几个不同层级的工作。"大多数 CEO 都倾向于在他们感到最舒适的层级上发挥领导力。遗憾的是，一旦过于陷入某个层级，他们就会遭遇麻烦，无法自拔。你必须适应业务发展的需求，也必须时刻准备着让团队自主运营。"

在公司最高层，你会关心宏观的重大问题："我们的使命和战略是什么？人们是否理解和信任这些使命？"在基层，你看到的就是操作层面的实际问题："我们能否完成销售任务？工厂最后一批待售商品能带来多少利润？"在与中层管理者交流时，你会问一些类似这样的问题："如果那家生物技术公司推出的新药具有市场前景，我们是否应该投资这家公司？"

在安进公司，夏尔要求管理团队成员从行为上就要表现得像个领导者。为了让他们明白自己的确切要求，他清楚地表述了他所期待的具体领导行为要求，例如：

- 提供诚实且具有建设性的反馈。
- 设置高绩效标准，使用可衡量的目标来跟踪工作进展，并根据情况不断提高绩效标准。
- 在进行运营进度评估时，要实事求是、结果导向、快速纠错。

夏尔提出这些领导行为标准要求并率先垂范、以身作则，然后用这些行为标准评估公司前 100 名管理人员。随着时间的推移，他越来越习惯于他所谓的

"严格的爱"："对领导者来说，平衡是一门艺术，其微妙之处在于你要知道什么时候该施压，什么时候要共情。"作为 CEO，这个方法让夏尔带出了一支出色且稳定的管理团队，使公司收入从 30 亿美元增长到 150 亿美元。

■ ■ ■

## 帮助：解决问题，庆祝成功

很多领导者认为，他们的工作是创建组织战略、组织架构和制度流程，然后把工作分派给大家去执行落地，同时还要与具体执行的人保持距离。这其实是大错特错的！如今，你不可能坐在办公室桌子后面就能成功，你必须亲自参与团队的工作。

教练型领导者会帮助下属找到实现使命的最佳路径。杰克·韦尔奇对员工要求很高，也很苛刻，但也正是这样的高标准和严要求让员工们深信，他会全力以赴地帮助他们获得成功。如果有什么事情偏离了轨道，他会亲临现场帮助领导者纠偏。他采用的方法就是一系列的特别工作会，也就是他所谓的"深度潜水"。韦尔奇的好奇心和连珠炮式的提问让他很快形成自己的观点。众所周知，他很坦率，也很强势，但他同样也会创造机会与人们庆祝成功。

斯蒂芬·霍金（Stephen Hawking）说过："你只要参与，就成功了一半。"很多领导者忙于参加各种会议，却没有时间与员工接触并帮助他们。他们总是说太忙了，所以没有时间参加颁奖典礼、公司野餐、销售会议或者贸易展等。他们也没有时间到各地的办公室、工厂、实验室走动，也没有时间到销售现场或服务场所视察。但是，领导者在重要活动中出现或参与一线工作，对员工来说意义重大。这会让员工们知道领导们不是高高在上，只能敬仰，而是有血有肉、可亲可敬的身边人。通过奖励好的行为并进行激励，是帮助员工成长的重要组成部分。教练型领导者会经常对员工说"谢谢你"和"干得好"。

领导者帮助员工的方法包括提供咨询、给出建议，或者在他们进行至关重要的联络时给予协助。例如，默克公司 CEO 罗伊·瓦杰洛斯经常在公司的自助餐厅吃饭，他总是会在吃饭时了解员工的工作情况以及遭遇的挑战。他会记录谈话要点，再用几天的时间思考一些具体的问题，然后给员工打电话反馈自己的想法和思考。

请想象一下，当默克公司的研究员拿起电话听到瓦杰洛斯回复他们的问题并给予帮助时，他们会有什么样的感受呢？"我会打电话对他们说，'这个问题很棘手，但是你可以尝试做这么几件事情。'"瓦杰洛斯说。"人们喜欢让自己的领导参与进来。他们会感受到你愿意帮助他们找到解决方案。"这样的互动会强化研究人员工作的重要性，也会在员工当中产生乘数效应。

在通常情况下，领导者能给人们最好的帮助是真诚地"倾听"。积极倾听是领导者最重要的能力之一，这会让人们真切地感到自己被关注。沃伦·本尼斯是世界上最好的倾听者，他总是耐心地倾听人们的想法，敏锐地进行观察，并根据自己多年的宝贵经验给出充满智慧的建议。当别人认为他们能够从我们这里学有所获或者当别人向我们寻求建议的时候，我们会感到自己是被尊重的。

大卫·格根在《见证权力》（*Eyewitness to Power*）一书中写道："**领导力的核心是领导者与追随者之间的关系。人们只有在相信领导者是一位可靠的人时，才会把自己的希望和梦想托付给他。**"真实领导者会在组织中与人们建立起信任关系，并给予长期的回报。当今世界，在线远程工作更为普遍，激励所有人都倾尽全力投入工作的难度比以往任何时候都要大。你如果想让团队发挥出最佳水平，就必须采用COACH模型（关爱、组织、协同、挑战和帮助）的方法，才能获得成功。

■ ■ ■

## 在合适的层级上恰当地运用教练方法

领导力需要顺势而为。你什么时候应该像凯文·夏尔那样深度融入团队？什么时候应该像吉姆·怀特赫斯特鼓励创新那样搭建平台，给予人们自由发挥的空间？首先，你需要认清时势，然后根据情况调整自己的领导方式和参与程度。例如，怀特赫斯特在达美航空公司对于安全问题就采取了深度参与的领导方式；而在红帽公司时，他就对公司创新业务充分授权。

你在充分认清时势和人员情况之后，就能知道自己应该参与到什么程度了。安泰保险公司（Aetna）的CEO罗恩·威廉斯（Ron Williams）使用管理仪表盘和个人观察与经验来决定自己的时间分配。他说最优秀的领导者会"顶天立地，用头脑高瞻远瞩，用行动脚踏实地，用观察力确定自己应该在什么时间出现在什么地方"。

你要根据自己对团队工作效能、能力和经验的判断来决定参与的程度。如果组织正处于风险之中，或者团队成员经验不足，那么你就要深度参与其中。如果管理团队已经走上正轨，管理成员也都经验丰富，那么你就无须过度参与。总的来说，参与型领导力是最有效的领导力。

图10-2"参与度框架图"可以为你如何参与管理团队工作提供参考。

| 参与太少 | 参与适度 | 参与过多 |
|---|---|---|
| • 很少纠正错误方向 | • 与团队成员一起为共同目标而奋斗 | • 过度频繁和具体的反馈削弱了成员的主人翁意识 |
| • 对工作缺乏了解，不能给出具体可行的反馈 | • 根据每位团队成员的不同情况给出个性化反馈 | • 团队成员失去主动性和首创精神 |
| • 这种领导方式带来的失败率很高，领导者给予的价值很小 | • 教练风格因人而异、恰到好处，激发每个人发挥最佳状态 | • 领导者因过多参与执行的细节而缺乏远见 |

图 10-2　参与度框架图

- - -

## 领导风格

我们之所以把"领导风格"这个话题放在最后，是因为你的风格是真实自我的外在表现。如果你不真实，那么你就会戴上人格面具，人们也会很容易地看穿你。

许多组织都在努力让年轻的领导者接受公司所推崇的领导风格，甚至会通过培训改变他们的领导风格，从而让其更加适应公司的发展。这种做法存在巨大的风险：你会为了在组织中取得成功而妥协并改变自己吗？如果答案是肯定的，那么你就会感觉自己像冒牌货一样，努力遮盖自己的本来面目。本章提及的所有领导者，他们的领导风格都是独特且有效的领导风格。但是，你不能通过模仿他们的领导风格而获得成功，你需要做的是成为你自己。

掌握一系列的领导风格，能够让你灵活应对各种不同的情况，这对于你提升领导力来说至关重要。你需要根据下属的个人能力，以及他们愿意承担多大的权力与责任来调整自己的领导风格。例如，如果你的下属需要清晰的指令才能完成工作，那么他们就还没有做好全权处理事务的准备。相反，那些富有创造性或者比较独立的人就不喜欢指令型领导风格。

在领导岗位上，你的一项非常重要的工作就是要看清形势以及绩效要求，这样才能灵活调整自己的领导风格，从而达到效益最大化。你一旦理解了自己的工作环境，就可以调整自己的沟通方式和领导风格，在实现使命的同时还能保持自己的本色。

■ ■ ■

## 新兴领导者：罗伯特·瑞福

如今，Compass 公司的 CEO 罗伯特·瑞福（Robert Reffkin）已经成长为一名教练型领导者，他在 2012 年与合伙人一起创办了这家房地产技术公司，并于 2021 年在股票市场成功上市。他的口头禅是："没有人能独自成功。"

罗伯特的关注点从关爱团队开始——他喜欢给员工手写感谢信，并亲自给新入职的员工打电话欢迎他们加入公司。他说：

你花越多的时间与同事建立起真实且可靠的关系，你就越有可能实现你的梦想。因为你愿意为此承担风险，并且知道有一群人在你身边为你加油。

罗伯特听从导师的建议组建了自己的团队,他的导师是这么忠告他的:"不要试图把你的短板变成长板,而是要扬长避短。"

一个人不可能擅长所有的事情,但是你一定有所擅长。你要花时间了解你自己以及团队中每个人的优势,然后尽一切可能用人所长。

随着 Compass 公司的发展,罗伯特与团队成员携手合作并一起共建激励人心的使命宣言。他每天都会鼓励团队成员与公司的战略愿景相协同。在每个新项目刚刚开始时,他还会问:"这个项目获得成功之后会是什么样子的?"他说,"回答这样的问题能让每个人都思考同一个目标。"
罗伯特阐明他的挑战原则的方法之一是给出坦率且诚实的反馈。

我在生活中学到的最重要的一课是:反馈是一种礼物。我与很多导师的关系之所以会加深,就是因为我请求他们给我的反馈要坦诚,甚至可以进行严厉的批评。然后,我会采纳他们的建议,将其运用于生活。最后,我还会让他们知道他们的反馈和建议是如何帮助我的。

罗伯特通过给团队反馈具体建议提高他们的绩效,从而帮助他们获得胜利。他在《没有人能独自成功》(*No One Succeeds Alone*)一书中给出了很多实用的建议,例如,"帮助你认识的人在某件事情上获得成功"。他还列举了很多自己遭遇的挫折与失败的例子,展示出自己非常脆弱的一面。当团队成员身处逆境时,他们跟他讨论自己的境遇会感到很舒服。

# 比尔的观点：用好 COACH 模型

■ ■ ■

1989 年，在我加入美敦力公司担任 CEO 后，我关心的第一件事情就是公司的使命与价值观、领导团队、一线员工和客户。为了快速学习业务，我的时间分配采用了 30-30-30-10 模式：30% 的时间分给客户，30% 分给员工，30% 分给管理层，还有 10% 分给董事会和外部利益相关者。

作为医药行业的新人，我通过医生和患者的眼睛了解公司产品是如何产生作用的。在美敦力的那些年，我亲身经历了 700 多次现场手术。我花时间与美敦力的工程师和科学家在实验室里进行交流，我还会去参访工厂。我到全球各地参访时，一直遵循 1 小时定律——只用 1 小时听业务汇报，然后去拜访客户。

通过这样的一个学习过程，我意识到我们需要组成一个战略业务单元和若干区域团队的全球矩阵，而不是美敦力当时的职能型组织结构。这样，我们就能把决策权下放到关键影响点上，而不是集中在公司总部。我们还需要发挥人们的职业黄金点，把他们放在最合适的岗位上，同时招募领导者填补空缺岗位。

接下来，我们让美敦力的高管层像一个团队一样作战，而不是各自为战。我们成立了执行委员会和运营委员会，共同建立团队合作机制，共同应对挑战并做出决策。美敦力的使命让我们把公司在全球的领导与共同的使命和行为准则紧密联系在一起。通过专注于服务患者的外部使命，把由来已久的内部政治斗争缩小到最小范围。

我喜欢给大家设置挑战性任务，激发他们发挥出最好水平。挑战能带来更优的业绩，因此我们把挑战设定为绩效阈值，也就是提高患者需求满意度的绩效阈值，但有些人对这样的挑战感到非常不满。有些人把这个过程称为微观管理。当那些不满这个挑战性任务的人最终看到结果时，他们就会认识到深度参与业务会给每个人带来好处。

我离开美敦力之后的这些年，还指导过一些领导者成为教练型领导者，而不是以老板或主要负责人的身份领导团队。这帮助他们成为更加卓有成效的领导者。基于这些经验，我更加坚信领导者应该成为教练型领导者。

## 本章小结：教练型领导

**要点回顾：**

- COACH 模型可以作为领导者教练团队实现最佳状态的指南。

- 关爱（C）：建立理解和信任。

- 组织（O）：让人们进行团队协作。

- 协同（A）：围绕共同愿景把人们团结起来。

- 挑战（C）：激发团队成员的最佳状态。

- 帮助（H）：与团队一起解决问题。

- 教练型领导者很少依赖职位权力，而是更多地应用协作、信任、同理心、辅导和反馈等方法。

- 为了让团队成员发挥最佳水平，真实领导者采用 COACH 模型，通过与团队成员建立良好的人际关系，在工作上提供建设性反馈意见，辅导他们设立可延展的目标等方式，帮助他们获得成功。

**思考问题:**

1. 请举一个例子说明你过去是如何有效地激励其他领导者为共同的使命和价值观奋斗的。

2. 你在授权他人挺身而出承担领导职责时收效如何?你目前正在通过做什么提高自己这方面的能力?

3. 请回想一下,你在授权他人和实现自己的绩效目标之间面临冲突的情境。

　　a. 你是如何处理这一个冲突的?

　　b. 你是优先考虑实现自己的目标,还是优先考虑你们的关系?

4. 如果遭遇关系与绩效之间的冲突,你会采取什么不同的行动吗?


**领导力发展实用建议:**

● 从 COACH 模型的五个维度上给自己打分。

● 请至少两名团队成员给你在这些维度上的表现进行评分。

● 用**关爱**维度的 5 个问题来评估你在工作中与同事关系的亲密程度。

● 花时间观察一位领导者的行为。你学到了什么?你能给他提供哪些建设性的反馈意见?

● 问问你的同事,他是否知道你们组织的使命?跟与你的团队成员进行对话,确保他们每个人都能团结一致。

# 4

第四部分
## 应对当下的挑战

在我们对领导者进行的成长访谈中，最显著的共同点是他们的人生故事
对他们领导力的影响。你的人生经历就是你的领导力基础。它塑造了你
看待这个世界的方式，它可以推动你前进，也可以阻碍你前进。

我们在前三部分阐述了真实领导力的框架与原理。在第四部分，我们将讨论当前迫切需要注意的特别主题：建立包容性组织、培养危机领导力和道德型领导者。

第 11 章主要讲述包容性领导力，其中团队成员的多样性是必要的，但还不充分。很多组织都非常关注员工的多样性和平等，但他们却没有通过艰苦努力打造具有包容性的组织文化。本章将介绍一些在组织成员多样化方面做得很好的领导者——我们发现，有些领导者更希望自己是因品格和取得的成就被大家所熟知，即他们希望大家知道"他们是谁"和"他们取得了哪些成绩"，而不是被统计和划分为某类特定人群，例如，出生在哪里或者哪个年代。本章还会探讨在工作场所实现平等所需的责任与义务。

第 12 章将回顾过去 20 年中持续发生的危机，并给领导者们提供 7 个切实可行的解决步骤：

1. 面对现实，从自己做起。

2. 深挖根源。

3. 与一线团队成员密切联系。

4. 不浪费任何一个危机。

5. 做好长期准备。

6. 在备受关注的危机时刻，要追随你的"真北"。

7. 持续奋斗进取，专注获得胜利。

最后，第 13 章是呼吁领导者成为道德型领导者的典范，也是我们在本书中讨论的所有概念的总结。我们介绍了很多道德型领导者，他们用清晰的道德术语重塑自己的工作，无论他们是从事生产牛仔裤还是编制软件等其他行业的工作。当生命走到终点时，如果我们自问"我们是如何对待我们所爱的人的，我们给这个世界留下了什么"，我们将作何回答？

第 11 章
# 包容性领导力

不同的声音能为每个人带来更好的讨论、决策和成果。
——谷歌公司 CEO 桑达尔·皮查伊（Sunder Pichai）

美国一直努力与种族不平等的历史和平共处，但是 2020 年的抗议活动彻底粉碎了所有相关的幻想。任何看过乔治·弗洛伊德案件视频的人，都目睹了警察是如何暴力执法的，关于现场录像的真实画面令人感到不安。因此，美国多地爆发了抗议活动。这个局面的产生不是这一单独事件造成的，而是太多正在发生的相似悲剧造成的。正如一位非洲裔朋友告诉我的那样，"我受够了"。

我在明尼阿波利斯（Minneapolis）的家中能听到头顶上直升机盘旋的声音，能闻到刺鼻的烟雾，发生在我们城市的暴乱对 1300 多栋建筑造成了破坏。那段时间，我对此祈祷并且寻求与各方的对话，还参加了周日的抗议活动。暴乱过后，人们愤怒不安，并失去了耐心。大家希望迅速稳定局面，而对领导者们来说，他们面对的是前所未有的渴望平等的需求，他们需要讲清楚如何在组织内部实现种族平等的计划。

我们只是进行反思已经远远不够了。我们必须有意识地促进社会包容性的发展，让非洲裔美国人、土著民族等有色人种（BIPOC）以及女性和移民等群体融入社会。作为领导者，我们有责任建设一个更加公平和公正的社会，确保机会均等并广泛适用。

我们的组织必须向多样性发展，但这还远远不够。我们还需要建立包容性组织，让每个人都有归属感。这是让人获得成就感的唯一路径，只有这样，人们才会尽最大努力发挥自己最大的潜能。那些亲身经历过社交排斥并产生创伤的人，更希望自己因为"你是谁"（Who you are）而被接受，而不是因为"你的身份标签"（What you are）而被接受，请详见图 11-1 的解析。

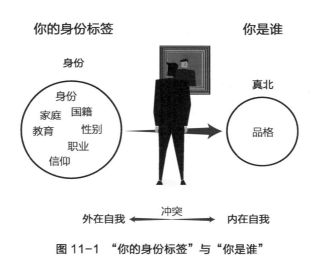

图 11-1 "你的身份标签"与"你是谁"

■ ■ ■

## 乌苏拉·伯恩斯："你的出身"并不代表"你是谁"

施乐公司（Xerox）前任 CEO 乌苏拉·伯恩斯在纽约的廉价公寓中长大，家里只有一间卧室。她和两个姐弟由母亲一人抚养长大，母亲是巴拿马移民。伯恩斯说："我的个性是由我的母亲、我的姐姐和弟弟以及我所在的社区塑造的。纽约是一个能让人变得坚强的地方。你必须提高嗓门大声说话，还要勇敢无畏，否则就会被压垮。当初，我并没想过将来要经营一家大公司，但是我从母亲那里学到了怎么做才能获得成功。"

母亲是伯恩斯生活中最强大的力量。为了养家糊口，她打两份最低收入的零工，靠食品券生活，穿的衣服都是从旧货店买的。每当孩子们离开家时，她就用望远镜远远地观察他们，希望他们能安全地生活。

伯恩斯从来没有因为自己是非洲裔女性或者在贫困中长大而压抑自己。她在成为《财富》（*Fortune*）500 强公司首位非洲裔女性 CEO 后，戏称自己因此而声名狼藉，"通过荒唐的方式创造了历史"。

为什么非洲裔女性领导数十亿美元的公司就如此让人感到惊奇呢？我上过两所好大学，获得了工程硕士学位，在施乐公司工作了 28 年，做过大部分重要的工作，所以这不应该令人感到惊讶。我和其他 CEO 之间唯一的不同是我的性别和种族。我是凭着自己的能力赢得了这个职位，我不是从马戏团的杂耍中被挑选出来的。

在所有的组织中，伯恩斯都是多样性和包容性文化的倡导者，她的特点就是直言不讳，从不保留自己的意见，知无不言，言无不尽。她说："我一直都很直率。"

直率可以激发讨论并节省时间。我们都要更加率直一些，敢于表达不同意见，不要废话连篇、拐弯抹角，这样才能快速解决问题。过分客气在某种意义上就是浪费时间。施乐公司遭受过极端礼貌的困扰，我们不能坦率表达自己的真实想法，人们有时也会支持平庸的意见和见解。

在职业生涯的早期，伯恩斯的心直口快总是让她陷入麻烦。曾经有一位欧洲裔男性问施乐公司副总裁，公司为什么如此重视多样性。事后，伯恩斯对这位副总裁进行了公开的批评，说他缺乏共情和原则，这导致了一场不友好的交流。当这位高管让伯恩斯到他的办公室时，伯恩斯以为自己会被解雇，但他只是训斥了伯恩斯，说伯恩斯太直言不讳，言辞也过于激烈。

这次冲突让他们建立起了师生般的辅导关系，这位高管还让伯恩斯担任他的助理。一开始，伯恩斯觉得这个职位不适合她，让她感到很疑惑。但她现在认为，在任职过的所有岗位中，这是最重要的一个岗位，因为在那个位置上，她能够了解公司的内部运作。最终，伯恩斯被升职为公司全球制造生产板块的副总裁，并与 CEO 安妮·马尔卡希并肩作战，在公司濒临破产的情况下扭转公司局面。

马尔卡希和伯恩斯一起削减了公司 20 亿美元的成本，裁员 3.8 万人。随着形势的好转，她俩紧密合作，分工清晰，马尔卡希主外，负责客户营销，被称为"外当家"；而伯恩斯主内，负责内部运营，被称为"内当家"。2009 年，当马尔卡希宣布退休时，伯恩斯就成了施乐公司 CEO 的不二人选。

伯恩斯在她的整个领导生涯中，一直把多样性和包容性放在首位，甚至将其当作公司成功的基石。她说："如果要成为一家面向未来的成功公司，那么，你就算少赚点钱，也不能在多样性或者道德操守上出现瑕疵。"2020 年，她发起了"董事会多样性行动联盟"，其使命是增加董事会成员多样性，推进公司的多样性、公平和包容等方面的问责措施。伯恩斯认为，公司可以通过重新考虑董事会成员标准提升董事会的多样性，这些标准一直是少数族裔的障碍。例如，要求董事会成员必须具有 CEO

的经验。

在美国企业界，竞争规则和环境都是由欧洲裔男性定义的。他们说："这个游戏是专门为我而设计的，除了长得像我这样的人，不会有其他人适合参与这个游戏。"很好！这令人惊讶吧？

伯恩斯还鼓励公司设定具体的目标，并跟踪执行情况，努力推进公司成员多样性的进展。她说，如果 20 世纪 70 年代没有出台反歧视行动的相关政策，那么她根本不可能上大学。

"一枝独秀"确实很显眼。如果 50 人中只有一两个像你这样的人，你可能是个怪胎。但是，这有时也可能会给你带来好处。在施乐公司这10 年里，我是高管团队中唯一的非洲裔女性。如果我举手提问，就总是会被叫到，因为他们不可能看不到我。其实，我们需要扭转这种"一枝独秀"的情况。

伯恩斯说她已经实现了美国梦，尽管国家面临各种挑战，但她相信美国梦依然存在。虽然她对商界高层缺乏多样性感到失望，但她希望经历了乔治·弗洛伊德被警察谋杀这个事件以及新冠疫情之后，种族和性别平等方面能够出现一些根本性转变。她鼓励人们要与持有不同观点的人进行开放性对话。她说："我们都在学习如何进行求同存异的对话。"

像伯恩斯这样的 CEO 并不想被多样性定义，他们只是希望获得领导一个组织的机会。为了确保包容性文化的发展，从董事会和高级管理人员开始，组织在各个层级和职位上必须配置各类多样性的人员。

# 乔治·弗洛伊德之死掀开了种族主义的面纱

在发生了乔治·弗洛伊德事件以及有关抗议示威活动后，我给十几个非洲裔朋友打电话询问他们的情况和感受，我对他们遭遇的歧视感到震惊。那些境遇是我作为欧洲裔美国人从未经历过的。这些通话唤醒了我，针对非洲裔美国人的制度性歧视在美国依旧到处可见，许多欧洲裔美国人对每天发生的不公正现象视而不见。乔治·弗洛伊德被谋杀事件撕下了美国理想主义外表的面纱，这面纱隐藏了种族主义的严重程度以及非洲裔美国人和其他少数种族的困境。

美国合众银行副主席蒂姆·韦尔什（Tim Welsh）的住所离乔治·弗洛伊德遇害的地方只有几英里远，这场悲剧也让他无比震惊。"乔治·弗洛伊德被谋杀后，我感觉自己像个失败者一样。"蒂姆说。

我在这个社区经营了 25 年，努力创造一个更公平、更公正的社会环境，但我却对种族主义问题的严重性一无所知。在一次市政厅周会上，我通过电话分享了自己的所闻所感，有 1000 名领导者参加了会议，他们管理着 2.6 万名员工，我在电话中失声痛哭。

作为回应，合众银行联合众多企业和社区领导者，尤其是那些非洲裔领导者，一起建立了"联盟之联盟"。韦尔什指出："不是欧洲裔领导者给非洲裔社区提供解决方案，相反，解决方案其实来源于非洲裔社区，我们只是给他们提供人力和财力支持。"领导者们逐渐认识到，为了让变革有效，他们必须从内部推动变革，而不是从外部强压而推行变革。

■ ■ ■

# 员工多样性是必要的但还不充分

美国富国银行（Wells Fargo）CEO查尔斯·沙夫（Charles Scharf）最近受到了抨击，因为他说找不到多样性的候选人。这简直是一派胡言。如果你找不到多样性的候选人，就应该在更广泛的领域进行招聘，或者在自己的组织中更深入地挖掘人才。你可以不断提拔具有多元背景的年轻领导者，并对他们进行辅导、培训和培养来支持他们的成长。只有当组织的高管团队重视多元视角时，组织才会更具优势。

自从乔治·弗洛伊德被谋杀后，许多公司都在加强对多样性、公平和包容（DEI）的关注，他们通过规模宏大的多样性项目提高多元背景的人才数量。多样性人才从数量上得到了部分改善：2020年在《财富》世界500强企业董事会的席位中，女性领导者占比为27%，而2016年仅为20%；非洲裔董事的比例从2019年的4.5%在两年时间内上升到7.4%，但这一占比还远远不够。

为了提升组织人员的多样性，一些公司的招聘规定中明确要求至少要有一名多元背景的候选人。科罗拉多大学的研究表明，当候选名单上要求有一名以上多元背景的候选人时，雇用多样性人才的可能性就会大大增加。这份研究调查还显示："如果要求在最终入围名单中至少有两名女性或少数族裔，那么雇用女性的概率比不做此要求的公司高79倍，少数族裔则是194倍。"

许多组织已经认识到多样性的必要性，但这还远远不够。因为那些拥有不同背景的人如果觉得自己没有完全被接纳，就会选择离开。美国施利文金融公司（Thrivent Financial）的首席多样性官（Chief Diversity

Officer）赫歇尔·赫恩登（Herschel Herndon）说：

只有当人们充分感受到被包容、被重视、被欣赏时，他们才能创造可持续的成果。我们必须非常清楚自己的使命，即我们的"真北"，并让每个人都能保持一致。我们还必须创建一个足够包容的环境，让每个人都能发挥出自己的最佳水平。为了实现这一使命，每个人都必须感到自己与最终结果息息相关。

我在高盛集团董事会服务了 17 年，与三位 CEO 共事过，他们三位都致力于多样性的发展。人力资源部门每年都会提供关于员工多样性的统计数据，但公司却从来没有女性或 BIPOC（非洲裔、原住民和有色人种等非白色人种）领导者进入公司最高层。虽然许多才华横溢的多样性领导者被公司聘用，但很多人选择了离职，因为他们觉得不能完全融入公司文化。当大卫·所罗门（David Solomon）成为 CEO 后，他在上任第一年就提拔了二十几名非常有才华的女性和非洲裔领导者。例如，让斯蒂芬妮·科恩（Stephanie Cohen）担任高盛集团消费者与财富管理业务板块的全球联席主管，这是高盛四大业务板块之一。所罗门并没有谈论多样性这个话题，而是直接采取大胆的行动，并产生了立竿见影的效果。

很多时候，CEO 并不直接牵头管理 DEI（多样性、公平和包容）的有关工作，而是分派给人力资源部负责组织协同。我们都知道，建立包容性组织并没有简单的答案可以参考，这里仅仅是建议大家做五件事：**打造包容性组织文化、提供机会、培养归属感、建立多样性社区，并严格跟踪执行效果。**

具有多元背景的人才众多，有时我们只需要打开门，让他们走进来就可以了。赫蒙族难民康梅卡（MayKao Hang）就是一位获得了这样机会的领导者。现在，她正在运用自己的平台帮助那些弱势群体，让他们也能充分发挥自己的潜能。

康梅卡的家人从东南亚战争中逃离出来，生活在麻风患者聚居的隔离检疫区。她说："那些麻风患者救了我的命，他们不仅给我们提供了住所，还处处保护着我们。"几年后，两位基督教女教士把康梅卡一家人重新安置在密尔沃基市（Milwaukee，美国威斯康星州最大的城市），而后帮助他们移居到圣保罗（St. Paul，美国明尼苏达州的首府）。在那里，康梅卡在贫困中长大。由于原来只会说自己民族的语言，她开始学习英语并成了家人的翻译。

康梅卡回想起自己沉重的童年："那时，我不仅要面对流离失所、战争、贫困、心理卫生和精神创伤等问题，还要学会在跨文化中如何应对现实的困难和复杂的情况。"正是从这种极端逆境中成长，她学到了三个教训：永远不要看不起任何人，每个人都有值得学习的地方，以及不要让环境决定你能成为什么样的人。

布朗大学给康梅卡资助了全额奖学金，但是她还要打两份工来支付食宿费用。她从 24 岁开始在维尔德基金会（Wilder Foundation）参加社区活动的组织工作，给那些受到虐待的妇女和儿童提供帮助。有一个非常不幸的案件长期困扰着她：公共住房办公室对一名女子打来的 17 个电话置之不理，该女子随后杀害了自己的孩子，并试图自杀。康梅卡说："她认为他们死了比活着要好。在我们的社会中，不应该有人走到这一步。在那个时刻，我找到了自己人生的使命。"

康梅卡在抚养 4 个孩子并攻读博士学位期间，仍然继续在基金会提供服务。当维尔德基金会总裁退休时，他提名由康梅卡担任总裁一职。一开始，康梅卡拒绝了他，因为她觉得自己没有资格担任这么重要的职位。她说："我问自己，'我为什么不能对此说可以呢？因为我不能让别人来撰写我自己的故事。'"后来，康梅卡把该组织从项目制运作发展到强调关联及社区化运行的管理方式，给它打上了自己的烙印。

我们必须更加关注社区中最脆弱的和那些被剥夺权利的群体。我把这称为"不举手就不救助"。要想成为人人都来进行研究、获取知识和领导力的首选之地，就需要进行彻底的转型。我们推出了整体的心理健康服务和家庭成员老龄化咨询，还协助城乡两个区域建立经认证的社区行为健康诊所，目前数量已经翻番。

当圣托马斯大学校长茱莉·沙利文（Julie Sullivan）邀请康梅卡到大学工作，并担任健康管理学院创始院长时，她用自己特有的谦逊方式笑着回答："我从未涉足学术界，甚至不知道院长是做什么的。"但她抓住了这个机会，把社会福利工作、咨询心理学以及学院其他一系列健康和运动相关的专业课程整合起来，同时新创办了一所护理学院，专注于全人健康[①]，即专注于心智、身体、精神和社区发展。她说："在生命中的每一天，我都会聆听求助的声音并赶往需要我的地方。"

---

① 全人健康一般是指一个人致力于维持健康状态，并发挥自己最大的潜力，以达到整体的幸福安宁。——译者注

## 培养归属感

佐治亚理工学院工程院院长拉希姆·贝亚（Raheem Beyah）是一位具有包容性的领导者，他会帮助那些在社会经济背景上比较贫困的人，使他们能充分发掘自己的潜能。他是由母亲一人抚养长大的，最初他们生活在一间小公寓里，后来搬到了亚特兰大贫民区的一所房子里。8 岁时，贝亚因父亲虐待母亲而与父亲发生了肢体冲突，并让他滚出家门。"你不能这么对待妈妈，"然后他对母亲说："你得和他离婚。"

母亲离婚后，贝亚就成了家里唯一的男人，他乘坐公交上学，自己做饭，而他的母亲同时打三份工，还要靠透支信用卡来生活。由于体重原因，母亲的健康出现了问题。因为在家附近走路锻炼不是很安全，所以他用自己微薄的积蓄为她买了一台跑步机。

对贝亚来说，归属感在多样性和包容性文化中是基本要素。作为佐治亚理工学院的教学人员，他总是感到自己完全是受欢迎并被包容的。贝亚表示，其他很多组织都不是这样的，在那些组织里，非洲裔和西班牙裔教师经常会感到被孤立，也没有人愿意与他们合作。他把这归功于佐治亚理工学院的高层领导，尤其是最近的三任校长，这就是为什么理工学院的六个院中有三位非洲裔院长和三位女性院长。

贝亚认为，佐治亚理工学院工程院之前的院长加里·梅（Gary May）和史蒂夫·麦克劳林（Steve McLaughlin）都是他的导师，他们给他提供了担任领导者的机会。当他被任命为电子和计算机工程院的临时负责人时，他施展领导才华的机会就来了。最初，他坚决想拒绝这次任命。"我缺乏自信，觉得自己像个冒牌货。史蒂夫在我身上看到的优秀品质，我自己却完全看不到。他在为一个 30 多岁的年轻教授承担巨大的风险。"最终在妻子的鼓励下，贝亚还是接受了这个挑战。

几年后，当史蒂夫邀请贝亚担任工程院院长时，贝亚看到了自己能发挥更大影响的机会。

对我而言，担任这一职务能够有机会去改变他人的人生。我决定关注那些落后地区的人，帮助他们得到提高和发展。这个挑战超越了种族，更多关乎社会经济层面。一夜之间，我从服务人员变成了负责庞大部门的主管。尽管这令人惊讶，但是我能够理解并尊重这两个不同的世界，并有信心成为它们之间的桥梁。

他表示，自己的工作主要是给所在的工程院赋能，让院系在学术研究和师资培养方面取得卓越成效，同时要想办法增加捐赠收入并提高学院排名。他总结道："这些相当于基础设施，让我能推动自己倡导的社会变革，但这并不是我的最终使命。"

我集中精力帮助那些落后地区的人们，让他们也能得到提高和发展。对于生活在佐治亚州农村地区以及各城镇的孩子来说，他们很有潜力，但是很多人并没有上学的机会。这些孩子能否入学对他们来说就变得至关重要。这就是我的使命，也是让我感到充满激情的事情。我所做的每一个决定最终都会回到这个使命上来。我属于这里，也想给其他人带来归属感，让他们也有机会属于这里。在我百年之后，希望刻在我墓碑上的文字不是"他增加了捐赠收入"，而是"他为有需要的人搭建起了桥梁"。

# 建设包容性社区

如果我们想了解形形色色的人，就需要和他们一起生活，一起工作。但是，大多数社区都是隔离开来的。玛妮塔·施罗德（Marnita Schroedl）找到了改变这种状况的方法。她创建了一些社区，鼓励人们相互理解并培养大家的同理心。她这样做主要是因为早年的生活经历，那时她不断地遭到排斥、拒绝、种族歧视以及性虐待等，正是因为这些不公正的待遇和持续不断的歧视给她带来了灵感。

"我从来就没有过归属感。"她的话语让人感到心酸。

在我七个月大的时候，皮肤上出现了黑色素。在那之前，我的血亲家庭一直认为我是白种人。但在1962年，如果欧洲裔家庭有一个黑色皮肤的孩子，那就是奇耻大辱。我的亲生祖母坚持把我送给寄养家庭抚养。正因如此，我两岁半之前换过三个寄养家庭。太平洋西北部有一个小镇，那里生活的全是白种人，镇上有一家保守的德国人和爱尔兰人相结合的天主教家庭，我是镇上唯一有着黑色皮肤的孩子，我就是在这样一个环境中长大的。

从我刚到小镇的那天起，一直到我离开的那天，我和我的寄养家庭一直被人恐吓，镇上的人也在有意地回避我们。孤立、拒绝和暴力一直萦绕在我的身边，陪我度过了整个小学时光。我并没有得到任何鼓励，也没有人珍视我，更没有人投入精力来培养我。当我问高中辅导员如何申请大学时，她却说："没有哪所大学会接受你。"那时，我的SAT成绩在全美位于前1%，我的GPA是3.75，但由于我的肤色，却被告知"没有一所大学会要我"。我竟然相信了她的话。然后，我从高中辍学，还曾经尝试自杀。

玛妮塔把这些曾经遭遇的拒绝和公然的歧视看成命运对自己的严酷考验，并将之转化成人生的召唤。她说："不应该有人感到孤独，或者不受欢迎。不应该有人有这种感受。"在罗德尼·金事件审判之后，由于"我的白人朋友不跟我的黑人朋友说话"，玛妮塔在洛杉矶运用自己的烹饪天赋主持餐桌对话活动，并以此为契机让不同肤色的人们达成和解并得到治愈。

这段经历催化孕育了"玛妮塔的餐桌"（Marnita's Table）。餐桌把不同的人聚集在一起，在分享美食的同时进行坦诚的交谈，讨论社区所面临的独特挑战。"玛妮塔的餐桌"采用了有意而为之的"社会互动"方式，并将其变成一种可复制的模式，在全世界范围内获得了广泛推广。这也正体现了美国诗人埃德温·马卡姆（Edwin Markham）四行诗的意境：

他画了一个圆把我圈在外面，
将我视为异教徒，背叛者，一个令人鄙视的东西。
但是爱神和我拥有获胜的聪明才智。
我们画了个圆将他圈进来！

玛妮塔说："为了解决无法参加和机会不均等的问题，我们为每个人在餐桌前都提供了的座位。分享权利和珍视差异这些做法需要通过实践练习。最终，这会成为一种社区实践。""玛妮塔的餐桌"有五个基本原则，即**探讨与反思、真实相待、选择自由、权力共享和趣味性**。你如何把这些原则融入你与别人的互动呢？

玛妮塔认为，分享食物是一种普遍的共享体验。她解释说："人们就像是生活在花园里：我们必须耕种赖以生存的社区。"

## 责任与义务

近年来，很多公司已经开始公开披露自己关于多样性、公平和包容（DEI）的具体数据。摩根大通（J. P. Morgan）和默克公司是这方面的典范，他们通过报告增加 DEI 方面的透明度。根据员工种族和性别的构成情况，他们在报告中把岗位、晋升和调动等数据进行披露。

摩根大通的"员工构成报告"（Workforce Composition Disclosure）披露了董事会、运营委员会、管理层等公司各层级，甚至包括实习生的性别和种族的构成比例。报告还把各阶层晋升为副总裁及以上职务的百分比进行了披露。

默克公司在其报告中也提供了类似的数据。根据工作类别和晋升等方面情况，他们把未被充分代表的族裔群体和女性代表进行了细分，数据可以追溯到 2016 年。这份报告还披露了项目结束后的留任率、横向调动数据以及参加默克公司女性领导力和多样性领导力项目的人员记录情况，旨在帮助那些没有被充分代表的群体，帮助他们提升自身领导力能力和水平。

除了对多样性和公平相关情况进行量化评估，很多公司就员工是否感受到被接受、有归属感等问题进行调查，并使其成为工作的一部分。在建立更具包容性环境的进程中，如果要取得真正的进展，那么公司就必须对所有的 DEI 数据保持一定的透明度。虽然数字并不一定总让人感到满意，但是通过计量这些指标，可以与利益相关者建立信任，并让组织承担起推进相关工作的责任与担当。

高层领导也可以参加小团体的活动，或者与有关个人进行非正式的接触。相关调查可以显示发展趋势，但不能讲述公司内部的故事。你可以向他们提出一些问题，例如，"你认为是什么阻碍了组织营造更具包容性的文化？""我们在哪些方面做得不错，哪些方面还需要继续改进？"等问题。然后，你需要做好准备，耐心倾听并深入理解。

"你不能在收益增长或产品发布等工作方面失败，因为你需要保住饭碗。"Ariel 投资公司联席 CEO 兼总裁梅洛迪·霍布森（Mellody Hobson）说，"但当涉及员工多样性相关工作时，你可以说你在努力推进，但其实并不会产生任何后果。"梅洛迪经营的公司是一家资产 180 亿美元的全球化公司，其领导层中有 69% 的领导者是少数族裔和女性。她是唯一一位在《财富》世界 500 强公司中担任董事会主席一职的非洲裔女性，这家公司就是我们熟知的星巴克，她认为这是一件难以想象的事情。

梅洛迪倡导对员工多样性进行评估并以结果为导向进行激励。"有些公司对具有显著效果的多样性政策不够重视，这样的公司其实是在自杀。"她说，"这不是一个公司是否会死的问题，而是一个何时会死的问题。"她认为，持有不同观点的多样性群体会做出更好的决策。"如果你碰到了很难的问题需要解决，那么多样性群体会给你提供更好的解决方案。"

然而，美国企业在提升员工多样性方面进展缓慢，慢得令人心痛，尤其是硅谷的那些公司。梅洛迪把在那里工作的人比喻成"没有烟灰缸的《广告狂人》，让人一下子就回到了 1950 年"。梅洛迪建议从提高透明度开始做起，她说："你每年都需要在年报中披露有关进展情况。如果你想显示出你的成功，如果你想要赢，想要改进，你就需要提高透明度，并把相关情况公之于众。"

梅洛迪向董事会提议，公司可以把员工多样性作为薪酬考核的组成部分，她提出："在美国企业中，激励机制代表一切。如果战略的要务是多样性进程，那么必须把它与高管的薪酬激励机制直接挂钩。"

■ ■ ■

## 新兴领导者：穆里西库·雷夫

穆里西库·雷夫（Murisiku Raifu，简称"穆里"）从小就想成为一名医生，为加纳的医疗保健事业做出自己的贡献。现在，他正在运用自己所受的教育和学到的技能尝试改变非洲的医疗保健事业。

穆里在加纳长大，与来自非洲各地的移民一起生活，邻居们的语言多种多样，这个环境让他学会了很多语言并能流利表达。穆里是家里第一个上学的人，他想到美国继续自己的学业。根据自己的想法，他从《彼得森指南》（*Peterson's Guide*）一书中挑选学校，手写了 30 封信并寄给北美排名靠前的中学，还提出了关于奖学金的申请和诉求。

功夫不负有心人，他终于收到学校的入学通知和奖学金。但是，他前往美国的旅程却并不轻松。穆里的母亲卖掉自己的首饰，为他买了一张飞往纽约肯尼迪机场的单程机票。"那时，我才 15 岁。当我到达美国时，口袋里只有 173 美元，我的钱躺在那个小小的衣服口袋里，同时还承载着我的一大堆梦想。"他说。穆里到达美国后，不知道自己应该去哪里。最终，他上了一辆出租车，告诉司机把他送到布朗克斯（Bronx，纽约市的一个区），因为那里住着一个人，而穆里只是知道他的名字而已。

由于获得了奖学金，穆里顺利进入阿默斯特学院和明尼苏达大学医学院学习，后来在加利福尼亚大学洛杉矶分校神经外科做了 7 年住院医师。为了当一名神经外科医生，他选择到纽约皇后区的纽约长老会医院工作。在那里，有人对他说"你应该只给非洲裔美国人看病"，当时他面临严峻的考验。他回想道：

这些人试图剥夺我的权利，而这份权利代表着"真北"，也能解释
"你为什么这么做"。当然，我很愿意帮助非洲裔患者，也愿意给他们带
来尊重和尊严。但我到这里工作是为了帮助所有的患者。我的原则是，
无论你是世界上最富有的人还是最贫穷的人，我都会让你有尊严地看病，
并让你得到你应有的待遇。我走到今天，不是为了接受这些限制，更不
能让这些限制阻碍我发挥自己的全部潜能。

因此，穆里请了公休假，到哈佛大学肯尼迪学院攻读了公共管理硕
士学位。毕业后，他回到加利福尼亚州并重新开始实践自己的理想。同
时，他创办了一家名为塔拉姆斯医疗（Talamus Health）的科技公司。他
说："我把自己当成一个多面手，不仅能做手术，还能创造美好的事物。
我们的最终使命是让人们的生活变得更好。"

目前，塔拉姆斯医疗在尼日利亚、加纳、南非和津巴布韦等国家开
展业务，正在利用手机创造医疗保健的市场，让人们获得更好的医疗保
健服务。人们只要打开手机就可以预约诊所、获得化验结果、看到医嘱、
订购药物并支付医疗费用等，还能访问自己的医疗记录。穆里看到了改
变整个非洲医疗体系的机会，让专业的医疗变得更加普及，让每个人都
能在需要时得到应有的治疗和护理。

穆里的故事虽然只是一个案例，但它告诉我们：当机会来临时，即
使你面临移民身份和被歧视这些障碍，只要你足够积极进取，你就能实
现自己的梦想。

■ ■ ■

## 比尔的观点：采取行动反对歧视迫在眉睫

本章访谈的领导者都具有多元化的背景，他们也都很谦逊。这些领导者在取得伟大成就的过程中克服了令人难以想象的困难，困难之大让我震惊。他们为了让其他人也获得类似的成功机会，倾注了自己全部的热情，热情之强烈同样让我感动。虽然他们的父母在物质上并不富有，但是他们在价值观和使命追求方面对这些领导者产生了巨大的影响。他们不遗余力地给孩子提供各种机会，并鼓励他们用这些机会去帮助别人。

这些领导者都因为自己的种族、性别或族裔血统等问题遭遇各种偏见，但他们为了实现自己的使命，克服偏见并走出了困境。因为他们战胜了重大挑战，这样的人生经历给他们提供了动力，驱动他们承担起伟大的事业。同时，困难重重的人生经历还让他们更具同情心和爱心，让他们渴望帮助别人，确保人们不被偏见局限。

我从来没有遭遇过他们那样的歧视，但每当别人受到歧视时，我都会感到很愤怒。我在 18 岁那年，在美国南部遭遇过歧视行为，这让我感到十分震惊；后来，我就读过的佐治亚理工学院成为南方第一所和平共处的公立学校，我又因此感到无比自豪。从那时起，亚特兰大市和佐治亚理工学院在包容性进程方面都取得了喜人的成绩。

在企业界，我一直主张打开大门欢迎那些有才华的女性、非欧洲裔美国人（BIPOC）、移民以及性少数群体等多样性的领导者，我还提倡在遭遇歧视时要予以对抗。每当欧洲裔美国人男性抱怨缺乏多样性人才，或者质疑组织是否"愿意降低绩效"时，我都会说："一派胡言！"

为了充分发挥多样性领导者的潜力，他们需要盟友来帮他们排除障碍、消除歧视，支持他们并为他们说话，同时还要指导他们，为他们带路，就像我遇到的老领导那样，为他们也打开大门。欧洲裔美国男性可以为那些曾经在公开场合或潜意识中受到过歧视的人创造机会，还可以建立包容性的组织，让每个人都因为"他们是谁"而被接受，而不是因为他们的身份标签而被接受。

作为领导者，如果我们要保持成功，就不仅需要让各种声音出现在决策桌上，还必须营造包容性文化，让每个人都有归属感。

## 本章小结：包容性领导力

**要点回顾：**

- 多样性和包容性是每个组织的基本特征，但仅有多样性是远远不够的。领导者需要确保人人都能觉得自己完全被组织包容，从而让他们发挥出自己的最佳水平。

- 如果要营造具有包容性的组织文化，领导者必须培育以员工归属感为核心的文化氛围。在这种文化里，无论其性别、种族、信仰、血统或性取向等，每个人都能感受到自己是被接纳的。

- 包容性组织的关键是确保每个人都因为"他们是谁"而被接受，而不是因为他们的身份标签而被接受。

**思考问题：**

1. 你会无意识地对某些事物存有偏见吗？你在哪些方面会由于文化成见而对他人做出评判？

2. 你是如何运用让人感到舒适的方式（例如，包容的语言和坦诚的对话）与团队成员进行沟通的？

3. 你打造包容性工作环境的目标是什么？你是如何定期检查目标进展情况的？又是如何评估的？

**领导力发展实用建议：**

- 举行社区的"市政厅会议"形式的大会或小组讨论会，让每个人都有机会发言，让他们的声音都能被听到。

- 报名参加有关多样性和包容性主题的培训，并支持团队成员一起参加；分享关于多样性倡议的培训内容。

- 通过外联，或者与代表多样性的组织进行合作，积极招募多元背景的员工。

- 多使用包容性语言，避免使用带有社会偏见或性别歧视的词语。

- 让自己和团队承担起变革的责任；制定目标并公之于众，定期追踪使命完成情况，并确保其逐步向前推进。

- 创造机会让领导们讨论包容性领导力及实施战略。

第 12 章

# 危机领导力

永远不要浪费一场危机。

——英国前首相温斯顿·丘吉尔（Winston Churchill）

在过去 20 年里，我们经历了一个又一个危机。新世纪刚刚开始时，我们都非常乐观，但是在 2001 年 9 月 11 日，纽约世贸中心遭到恐怖组织的袭击，双子塔轰然倒塌，造成了人间无数悲剧。

此后不久，安然、世通和泰科（Tyco）等公司在欺诈的泥潭中陆续倒下，三位 CEO 杰夫·斯基林（Jeff Skilling）、伯尼·埃伯斯（Bernie Ebbers）和丹尼斯·科兹洛夫斯基（Dennis Kozlowski）被判长期监禁。与此同时，网络公司的股票价格暴跌，思科公司（Cisco）损失了 83% 的股票市值，亚马逊（Amazon）的市值则下跌了 89%。虽然这两家公司的股价很快就反弹了回来，但其他公司却一直没能恢复到原来的股价。

由于交易员的激进操作，在高杠杆率和低流动性模式的推动下，股市的繁荣期随之而来。上市公司被迫满足短期盈利的需求，通过回购股票实现提升股东关于现金回报的目的。2008 年 9 月 14 日，雷曼兄弟公司的破产引发了全球金融危机，这场危机是由于各地都缺乏财务责任导致的。雷曼兄弟的倒闭很快让花旗集团（Citigroup）、美林证券（Merrill Lynch）和美国国际集团（AIG）等各大金融机构也面临破产的风险，进而导致信贷市场的完全关闭。

在接下来的十年里，经济逐步回稳。直到 2020 年的新冠疫情，我们又开始陷入泥潭。世界各地的经济又开始处于停滞状态，各国政府通过巨大的财政赤字干预，并想以此缓解经济停滞所造成的损失。与此同时，随着全球气候变暖，严重的森林火灾、龙卷风和地震等气候灾害发生得也越来越频繁。

那么，下一场危机又会是什么？除了那些"事后诸葛亮"的说法，所有这些重大危机都没能被预测到。作为领导者，我们所面临的问题是，应该如何在这些意外事件中发挥领导作用？

20 世纪末，美国陆军战争学院的学生们曾预测 21 世纪的世界将是充满不稳定性（Volatility）、不确定性（Uncertainty）、复杂性（Complexity）和模糊性（Ambiguity），简称 VUCA。过去这 20 年的事实也证实了他们的先见之明。现在，问题又摆在我们面前：领导者需要具备哪些素质才能成功驾驭危机呢？为此，我们提出了 VUCA 2.0 版，即远见（Vision）、理解（Understanding）、勇气（Courage）和适应性（Adaptability），如图 12-1 所示。

**VUCA**
- 不稳定性
- 不确定性
- 复杂性
- 模糊性

**VUCA 2.0**
- 远见
- 理解
- 勇气
- 适应性

**图 12-1 VUCA 和 VUCA2.0**

如果你要带领大家渡过危机，就需要把自己当成船长。由于面对各种不确定性，你需要对你要去的地方有一个清晰的画面，这就是"**远见**"。正如史蒂芬·柯维在《高效能人士的七个习惯》中所写的那样，我们要"以终为始"，要找到你的目的地。毫无疑问，你的船会受到暴风雨的洗礼和冲击。为了能在这些风浪中前行，你需要对事物的运作方式具有深刻的**理解**，而你的知识则来自多年的经验。然后，你需要鼓起**勇气**，带领你的团队穿过暴风雨，在不确定性面前毫不动摇。由于你会面临意想不到的事情发生，所以你需要在策略上具有**适应性**，但对于目标和愿景坚定不移。

■ ■ ■

## 卢英德：追求有意义的绩效

百事公司（PepsiCo）前CEO卢英德·努伊领导百事公司12年，这期间经历了消费者质疑、股市批评以及激进投资人企图分拆公司等事件。从这些事件中，我们能够看到她的领导才能，可以用**远见、理解、勇气和适应性**这四个词语来描述她。卢英德出生于印度的金奈，在马德拉斯基督教学院毕业后到美国耶鲁大学学习商科。1994年加入百事公司，之前曾先后任职于强生公司、博思艾伦咨询公司、波士顿咨询集团、摩托罗拉（Motorola）和阿西布朗勃法瑞（ABB）等知名企业。

2006年，卢英德上任百事公司CEO后提出了大胆的理念，即"有意义的绩效"，这个理念的四大目标是：一是为股东创造价值；二是为人们和社会提供有营养的食品；三是尽量减少对环境的影响；四是珍视员工。卢英德说："什么对企业有利，什么又对世界有利，我们有责任把这两个

'有利'连接起来。"

每个公司都有自己的灵魂，灵魂由企业中所有的人孕育而生。员工并不想戴着面具走进公司，他们想全身心地为公司工作，同时希望公司是一家关爱世界的公司。

为了给人们提供有营养的食品，卢英德致力于让大家养成健康的饮食习惯。通过研发健康食品，公司为消费者增加了零卡和低卡食品的选择，通过推广营销，为大众提供果汁、茶饮和燕麦片等有益于健康的食品，同时保留其传统的"好吃"的产品，如百事可乐和 Frito-Lay 薯片。为了平衡百事公司的产品组合，卢英德组建了专门的营养团队，由食品科学家来主导相关工作，让他们专注于研究如何减少产品中钠和糖的问题。

虽然她倡导的新使命在公司内部广受欢迎，但外部的金融界对此持怀疑态度。他们最关注的显然是短期收益，对他们来说，也就是苏打水和薯片的收益。曾经有一个投资经理挖苦卢英德："你以为你是谁？特蕾莎修女吗？"

2011 年，百事可乐因市场份额下滑首次落后于健怡可乐，跌至市场第三的位置，卢英德遭遇上任以来的首次重大危机。随即，投资者就开始恶言相向，指责百事公司失去了对核心业务的把控。在卢英德任职的最初 5 年里，百事公司的股票只增长了 3%，可口可乐的股票则上涨了42%。

为了回应投资者对公司的批评，卢英德进行了一系列的战术调整，但并没有改变她对企业愿景的坚守。她在软饮料的市场营销上增加了 6

亿美元的投资，以此默认百事可乐将工作重心再次放在核心业务发展上。她还对领导层人员进行了调整，最引人注目的是更换了北美区饮料部门的负责人。

在一系列改革后，公司稳步复苏，百事公司的股票分别在 2012 年和 2013 年两年都有所反弹。那时，一位激进投资者——特里安对冲基金公司（Trian Partners）的所有者纳尔逊·佩尔兹（Nelson Peltz）从中看到了短期获利的机会，并提出一项大胆的拆分并购计划，他建议剥离饮料部门，将百事公司的食品部门与他控制的亿滋国际公司（Mondelez）进行合并。为了实现这一计划，他斥资 15 亿美元购买百事公司股票（1% 的股权），并积极策划媒体活动帮他吹捧这一拆分并购计划。

卢英德召集董事会审议这个议案后，拒绝了佩尔兹的提案。她在 CNBC 频道上陈述了自己的看法，所言内容令人信服。出人意料的是，沃伦·巴菲特非常支持她，他告诉 CNBC："如果我拥有百事公司的控制权，我将保留这两项业务。其中一项（食品）是非常好的业务。另外一项（饮料）也是非常好的业务。为什么要拆分呢？"然后，他又挖苦了那些激进的投资者："我认为，我们应该为那些会留下来的股东去经营公司，而不是为那些即将离开的股东去经营公司。"

一次午餐时，我问卢英德："你为什么这么关心持有公司股份仅占 1% 的股东？"她深思熟虑后回答说，那些最大的基金可能会被说服并支持佩尔兹的提议，继而获得短期收益。第二年 2 月，佩尔兹重启了这项计划，并向卢英德的顶头上司——百事公司董事会发送了一封 37 页的信。10 天后，董事会的主持董事亦安·库克（Ian Cook）率先表态，强行断绝了佩尔兹关于拆分的念想，他写道："我们的主要工作应该是为股东创造价值，而不是给他们带来高成本且会损害利益的新干扰。"两年后，卢英德和佩尔兹达成和解。

最终，卢英德坚韧的品质、专注于长期回报以及有意义的绩效战略赢得了胜利。因为她在应对 2011 年投资者批判方面所做的策略调整，公司连续 7 年都取得了出色的业绩。同时，这也反映在百事可乐的股价上，百事公司的股价上涨了 78%，而竞争对手可口可乐仅上涨了 31%，这一涨幅是竞争对手的两倍多。

我们从卢英德的故事可以看出，当公司业绩滞后时，优秀的领导者会在战术上进行策略调整。而与此同时，他们依然会全身心地致力于长期愿景。就像卢英德所做的那样，如果你选对了方向，就不要偏离自己的目标，最后赢得胜利的一定会是你。作为领导者，你要根据社会发展的进程进行预测，并制定相应的战略举措。如果遭遇干扰事件或者插曲，领导者需要坚持到底，用信念、韧性和勇气来抵御或适应这些突发事件。

■ ■ ■

## 危机领导力的七项修炼

毫无疑问，每位领导者在掌舵期间都会或多或少且无法避免地面临危机时刻。正如在风平浪静的水域练不出熟练水手的道理一样，那些总是想要逃避挑战的领导者，在上任后不可能做好迎接更大挑战的准备。通常来说，除了你之前经历过类似的挑战，你不可能为某个特定的危机做好准备，本书为所有的领导者提供危机领导力的七项修炼供大家参考，请见图 12-2。

1. 面对现实，从自己做起。

2. 深挖根源，找准症结。

3. 保持与一线团队的密切合作。

4. 不要浪费任何一个危机。

5. 做好长期的准备。

6. 在备受关注的危机时刻，追随你的"真北"。

7. 持续奋斗进取，专注获得胜利。

图 12-2　危机领导力的七项修炼

## 第一项修炼：面对现实，从自己做起

我们来对比一下百事公司 CEO 卢英德和通用电气 CEO 杰夫·伊梅尔特（Jeff Immelt），他们两个人在面临危机时是如何领导公司的。我们知道，卢英德成功渡过了股东危机这一难关。2010 年，她面对百事公司市场份额下降的现实，从战术上做出了策略调整，增加 6 亿美元的额外投资用于软饮料的市场营销。但在整个过程中，她从未偏离过自己的目标。

相比之下，伊梅尔特却从来不承认自己面临危机的这个事实，包括糟糕的收购、下滑的业绩以及未披露的 150 亿美元保险债务等。伊梅尔特非但没有认识到通用电气公司对通用金融服务公司（GE Capital）的过度依赖问题，反而将通用电气公司的消费金融业务的规模扩大了五倍之多，导致通用电气公司的资产负债过度杠杆化。在 2008 年各大银行破产倒闭时，伊梅尔特不得不给布什总统打电话，请他和银行一起出手来救助通用电气公司。

与此同时，伊梅尔特虽然早在 2004 年就出售了通用电气的保险业务，但是一直没有披露当时保留的长期负债。这迫使他的继任者在 2017 年不得不核销这 150 亿美元的坏账。伊梅尔特最终在 2015 年才全部卖掉通用电气金融服务公司，损失了 160 亿美元。然后，他用 500 亿美元，相当于现今股价两倍的价格回购 GE 股票。在任职期间，他因高调收购阿尔斯通（Alstom）和贝克休斯（Baker Hughes）等公司而付出了高昂的代价，却以低价出售了很多通用电气公司的传统业务。

由于伊梅尔特的领导，通用电气公司的投资者损失了 3000 多亿美元的股东价值。伊梅尔特试图把通用电气公司变成一家高科技公司，但通用电气公司的基因里并没有高科技的属性。最后，他推行的那些举措基本上都被继任者终止了。通用电气公司的崩塌告诉我们，企业集团模式是行不通的，因为这种模式缺乏核心使命，也就是那种能够把员工和明确且具有独特优势的公司战略结合起来的核心使命。这种模式建立在金融工程之上，忽略了核心使命、公司战略和健全的商业活动，因此不能让公司提高市场地位，也无法提升长期的股东价值。

请问问自己，你过去在处于低谷或者遭遇危机时，能够清醒地面对现实情况吗？你是否像照镜子一样审视过自己的行为呢？危机的发生是不是与自己也脱不开关系呢？你是否承担了全部责任，还是把责任推给其他人或外部因素？其实，如果你在早期危机中犯过错误，那时的风险成本还比较低，你完全可以汲取其中的经验和教训，当日后需要你承担更大责任时，你就可以为应对更大的危机做好准备。

## 第二项修炼：深挖根源，找准症结

在发生金融危机时，各大公司通常会任命新的领导者来接手公司。施乐公司的安妮·马尔卡希无疑是一位杰出的领导者，当施乐面临倒闭时，她带领公司渡过了公司史上最大的危机。尽管马尔卡希被强行推到了她从未预料过的职位上，但她仍然展现了非凡的领导力，让施乐公司96000名员工都团结起来，为了共同的使命而努力。她推行的授权措施让施乐公司免于破产，还为继任者乌苏拉·伯恩斯营造了健全的公司文化。

当施乐公司的前任 CEO 失败后，董事会决定让马尔卡希出任 CEO 一职，这让所有人包括她自己都感到非常惊讶。她说：

这种情况就像要去打仗一样，因为公司正处于危急关头，这份工作将会戏剧般地改变我的人生，我需要竭尽全力。我从来没有想过自己会成为 CEO，也从来没有人准备把我培养成 CEO。

2000 年，当马尔卡希掌管施乐公司时，没有人知道当时施乐所面临的境遇是什么。那时，施乐正面临一场重大的流动性危机，公司收入一直在下滑，销售团队一片混乱，新的产品线早已衰竭。公司债务总额高达 180 亿美元，银行的授信额度已经消耗殆尽。公司内部的士气一落千丈，股票价格也直线下降。

当时，施乐的流动资金只能维持一周，外部顾问给出的建议都是申请破产保护，免除债务支付。更糟糕的是，施乐的 CEO 当时把全部精力都用在了处理证券交易委员会对收入认定方法的调查上，根本无暇顾及公司现金流的状况。马尔卡希对此做了大量的调研工作，最后终于发现了流动性危机的根源：**会计师在记录未来收入时没有确认支出费用。**

那时公司正处于财务危机最严重的阶段，马尔卡希没有任何金融财务背景，她应该如何应对这场危机呢？为了弥补自己在金融财务知识和经验上的不足，她让财务部门的工作人员为自己补习金融财务知识。

由于马尔卡希已经发现了公司的问题所在，她的使命变得非常清晰：不仅要把公司从破产的边缘挽救回来，还要恢复施乐公司昔日的辉煌。她所面临的挑战是，如何把心灰意冷的员工们团结起来，让整个公司的领导者们振作起来，大家一起应对危机。

马尔卡希并没有在总部参加没完没了的各种会议，而是亲自去拜访客户，防止客户流失；了解一线销售人员的情况，预防销售人员的辞职。她告诉销售人员：**"我愿意在任何时候赶到任何地方去挽救施乐的客户。"**她对客户及销售工作的参与程度释放了一个重要信号，这让施乐公司一线的销售团队趋于稳定，让客户重新对施乐建立了信心。

2000 年 10 月，马尔卡希坦诚地告诉投资者，施乐现有的商业模式不可持续。第二天，施乐的股价下滑了 26%。她说："这对我来说就是一场火的洗礼。"

我最害怕的是自己可能站在泰坦尼克号的甲板上，眼睁睁地看着这艘"巨轮"驶向海底的深渊。每天夜里我都会从梦中惊醒，想着我们的96000 名员工，还有那些退休人员。如果公司破产了，他们怎么办？这是最让我感到恐惧的事情。

尽管马尔卡希对公司能否存活下去持怀疑的态度，也不能从这种不确定性和压力中脱离出来，但是她必须让团队坚信施乐能够继续生存下去。

从日本回来的那一天，是我人生中非常阴暗的一天。大约晚上 8:30，我在开车回家的路上，突然之间，我把车停在莫利特公园大道边，我对自己说："我不想回家，但是我可以去哪里呢？我根本没有地方可去。"

你有过类似的感受吗？根据我的经验，很多领导者都有过感到孤独和绝望的时候，这非常常见，只是大多数人没有勇气承认而已。遭遇这种情况时，你需要的是同事们的支持。让马尔卡希那天能够恢复正常状态的是来自公司首席战略顾问的一条语音信息，这条语音令人振奋，激励她重拾信心并获得勇气去迎接第二天。

当公司的外部顾问建议施乐应该宣布破产，从而免除 180 亿美元债务负担时，马尔卡希勃然大怒。"破产的方法永远都不会让我们获得胜利。但凡还有一丝希望，我就不会采用这样的方法。所有的施乐人都坚信，我们能打赢这场战争。"

马尔卡希最后赢得了胜利。她削减了数十亿美元的运营开支，裁减了 38000 名员工为组织瘦身，但是研发团队和一线销售团队都未受波及，继续保持进取的状态。随后，她发布了 60 项新型彩色和数码技术产品，重新恢复了公司收入和利润增长。

## 第三项修炼：保持与一线团队的密切合作

2017 年，美国领先的癌症研究和治疗机构得克萨斯大学 MD 安德森癌症中心（The University of Texsa MD Anderson Cancer Center）任命彼得·皮斯特斯博士（Dr. Peter Pisters）为院长。那时，MD 安德森癌症中心的财务状况堪忧，已经连续亏损两年，员工士气也处于低谷。皮斯特斯博士就是在这样一个时刻接手了这个中心。当时，MD 安德森癌症中心正面临前所未有的人才流失的状况，那些非常有才华的教职员工因各种原因而选择离开。例如，压力过大，总是要提高工作效率来支持研究工作等。

之前，皮斯特斯博士在加拿大的多伦多大学健康网络（Toronto's University Health Network，为多伦多大学的教学医院）担任 CEO。他来到 MD 安德森癌症中心后，意识到自己需要表现出自信、谦逊，以及对倾听和学习的真诚兴趣。

上任的第一天，他给中心的所有人发了一条信息："我想通过一个倾听和学习的过程修正错误并重新获得新的知识，我可以从你那里了解到咱们这个组织的伟大之处，还可以了解到你关于院长的注意力和中心的资源应该重点投向什么地方的建议。"他解释道：

我访谈了中心的 200 名员工，从一线工作人员到顶尖人才，晚上和周末我都在医院巡视。我与一线员工接触，查看患者留给护理员的便笺，这让我能够获得中心有关情况的一手资料。

为了提高整个组织管理层的活力，皮斯特斯博士开始定期与高层领导者会面。他解释道：

观察工作现场以及参加面对面的会议有助于重建信任。我们每季度召开一次领导层会议，从讲述患者的故事开始，听完故事后，每个人都会擦亮眼睛，清楚地认识到我们的使命是什么，我们为什么在这里。领导者定期深入组织基层的这种行动会建立信任，而这种信任对推动变革非常重要。

两年一次的员工敬业度调查证实了皮斯特斯博士所做的工作的有效性。该调查的参与率创纪录地达到89%，显示员工敬业度呈现两位数的增长，而员工的职业倦怠率则下降了6%，员工的个人使命与MD安德森癌症中心的使命的契合度竟然达到98%。

## 第四项修炼：不要浪费任何一个危机

2008年9月14日，星期天上午，我和佩妮在罗德岛州纽波特市庆祝我的生日。那天早上7:30我参加了高盛集团董事会的电话会议。尽管我已经意识到大家对雷曼兄弟财务状况的担忧，但是星期天开会依然是一件极其不寻常的事。会议一开始，高盛公司总裁加里·科恩（Gary Cohen）说，除非政府在最后一刻出手救助雷曼兄弟，否则雷曼兄弟当天就会破产。他还表示，其他过度杠杆化的金融机构在未来几天也可能会倒闭。

科恩说，由于高盛为应对外部金融冲击备有充足的流动资金，所以高盛的状况还算良好。由于高盛高层一直对次级抵押贷款的高风险属性非常担忧，因此决定退出了次级市场并增加了1000亿美元的流动性。此外，在沃伦·巴菲特50亿美元投资的帮助下，高盛毫发无损，安然渡过了自1929年以来最大的金融危机。

难道是高盛的领导者比其他人都聪明吗？或者仅仅是幸运？其实都

不是。高盛 CEO 劳尔德·贝兰克梵是一位出色的风险管理者，他出色地带领自己的团队成功渡过危机，摩根大通的杰米·戴蒙也是如此。两家公司都在 2009 年迅速反弹。危机过后，高盛因高管高薪和参与有争议的抵押贷款交易等问题而受到强烈指责与批评，最后那笔交易导致高盛接到美国证券交易委员会的诉讼和国会听证会的传唤，并在 2010 年春季遭到媒体的负面报道。

贝兰克梵没有像许多领导者那样采取防御性措施，而是成立了业务标准委员会（BSC），该组织由 150 名高级合伙人组成，由高盛副董事长直接负责有关工作，同时由一个四人组成的董事会委员会来监督该组织（BSC）的工作，我被邀请出任该委员会的主席。这个组织（BSC）负责对高盛开展的所有业务进行自上而下的审查，包括其委员会结构和审批机制，以及沟通的透明度和专业培训工作。2011 年 1 月发布的 BSC 报告包含了 39 项改进建议。通过积极主动的做法，贝兰克梵先发制人，利用危机让高盛在服务客户方面成为一家更有效率的公司。

## 第五项修炼：做好长期的准备

科里·巴里（Corie Barry）在担任百思买 CEO 8 个月时，遭遇了新冠疫情的爆发，这直接威胁到公司的店铺及上门服务的商业模式。当时，巴里意识到新冠疫情可能会持续很长一段时间，因此召集团队进行决策并制定了应对危机的三个原则：

1. 把员工和客户的安全作为百思买公司的首要任务。
2. 即使商店被迫关闭，也要尽可能避免裁员。

3. 从创造长期价值的角度出发来做决策。

因为疫情，百思买关闭了 1026 家门店，巴里在 3 月中旬宣布零售业务仅限于路边取货，顾客不再进入门店。此外，暂停奇客小分队（Geek Squad，百思买旗下的服务公司）上门安装及维修服务，公司员工则居家办公。一个月后，她让 51300 名员工在家待岗，人数约占员工总数的 20%。她表示："我们的目标是让疫情这件坏事变成好事，促使我们成为一家充满活力的公司。"

我们要延续足够长的时间来为员工就业搭桥铺路，一直到政府刺激政策开始实施为止，我们不会把他们晾在一边不管；但是，我也不能给他们一个确定的终止待岗的时间表。我们之所以做出这样的决定，是因为要为客户和员工的健康安全着想。

巴里和董事会成员均降薪 50%，她的直接下属降薪 20%。为了预防危机恶化，百思买保留足够的现金流，除了现有的 20 亿美元的现金，还申请了 12.5 亿美元的循环信贷额度。为了持有充足的现金，她还暂停了股票回购计划，减少了进货量，延长了供应商付款期限，降低了促销费用，并停止了资本性支出。

在危机刚刚开始时，领导者不知道危机会持续多久，也不知道危机会带来什么样的影响。到了 2020 年 11 月，巴里意识到，百思买不仅成功地渡过了这场危机，还加速推进了新业务的战略实施，即线下销售、线上购买和店内取货相结合的战略模式。百思买发现，奇客小分队可以通过远程服务和上门安装及维修相结合的方式提升竞争优势。百思买为长期低迷做好了准备，并为客户提供了更多的购买方式，成功地进行了危机管理并赢得了市场份额。

## 第六项修炼：在备受关注的危机时刻，追随你的"真北"

CEO、公司领导者与聚光灯之间只有一件事的距离。星巴克董事长霍华德·舒尔茨和 CEO 凯文·约翰逊（Kevin Johnson）得知两名非洲裔顾客在位于费城中心的星巴克门店被捕，还有一段视频在网上疯传。他们被指控的是什么？非法入侵吗？或者像他们自己所说的那样，他们只是在那里等着和朋友见面？非洲裔顾客在店里被捕这件事违反了星巴克的基本价值观，即需要平等地对待每一个人。舒尔茨在哥伦比亚广播公司（CBS）电视节目上对盖尔·金（Gayle King）说：

当第一次看到那段视频时，我感到非常糟糕。这件事让人尴尬和羞愧，这与星巴克的主张背道而驰。不可否认，我本人也负有责任。我们需要公开透明地、诚实地解决这个问题。

舒尔茨后来说，他曾经问那个经理："如果那两个年轻人是欧洲裔美国人，你会报警吗？"她很诚实地回答说，可能不会。"我既然知道了这一点，那我就有义务讲出真话。"舒尔茨说。

毫无疑问，星巴克做了错事，但舒尔茨追随了自己的真北并重申了星巴克的价值观。他立即前往现场，向那两位顾客道歉，对他们进行了财务补偿，并公开承认这是自己的责任。随后，星巴克暂停了美国全部8000 家门店的业务，给员工进行了为期一天的关于种族偏见的培训。

星巴克承担了该事件的全部责任并采取具体行动来解决问题，从而将损失降至最低。显然，避免这种情况发生会更好，但人总是会犯错的。当他们犯错时，作为领导者，你的职责是承担责任并立即采取行动来纠正错误。

## 第七项修炼：持续奋斗进取，专注获得胜利

■ ■ ■

## 新兴领导者：珍·海曼

珍·海曼（Jenn Hyman）创立的服装租赁平台 Rent the Runway（RTR）已经发展成为一家具有标志性的品牌公司。她聪明而自信，合作共创这家公司是为了解决几乎每个女性都会遭遇的问题，**"衣橱里挂满了衣服，却没有可穿的"**。在创业的这十年时间里，海曼筹资超过 3.4 亿美元，招募了碧昂丝（Beyoncé）和格温妮丝·帕特洛（Gwyneth Paltrow）等名人来支持公司的发展并成为董事会成员。创业 11 年后，RTR 线上租赁服务同比增长超过 100%。

随后，新冠疫情爆发，RTR 收入急速下滑。正如海曼解释的那样："如果你只需要穿着睡衣坐在家里，你真的不需要每天都换一套新衣服。"面对这样的形势，她迅速行动，削减从资金支出到库存开支相关的一切费用，她还削减预算并裁员 40%。然后，筹集 1 亿美元的债权和股权，用以确保公司能够继续运营，渡过漫长的新冠疫情。

透明度帮助海曼在不确定时期赢得了信任。虽然身处艰难的状况中，海曼还是做出了选择并稳定了业务发展。她说：

我不得不告诉大家，我们正处于危机之中。目前公司所处的外部环境是前所未有的时期，也是最艰难的时期，我们需要重塑商业模式。我相信，危机同时也孕育着机会，能让我们全方位成长，学习领导力和新技能。例如，如何与人建立深入且良好的关系，如何激励和鼓舞他人，如何培养韧性和勇气；再如，在资源匮乏的情况下，如何果断地做出明确的关于优先级的决策等。

海曼向团队成员表明了自己的坚定信念——RTR 的"云端衣橱"理念在新冠疫情后将更加符合时代的发展。她说："为了能够存活下去，我们一旦进行了必要的削减，就一定要利用这段时间进行业务转型，以确保我们变得比以前更加强大。"为了实现这一目标，她制定了清晰的应对策略：

- 重塑 RTR 的核心订单模式，根据消费者使用情况，进行分层定价。
- 在需求低迷时期，重构运营管理模式，改善流程，提高效率。
- 推出服装转售模式，增加收入，创建新的渠道吸引新的用户。
- 将产品收购模式转向轻资本方式，让设计师在某种程度上与 RTR 建立伙伴关系。

最初创建公司时，海曼把战略锚定在公司使命之中。经历了疫情，她把后新冠疫情时期视为公司的"第二次创业时刻"：

时尚是一个普及率低的行业，只有 1% 的人能拥有那些我们渴望已久的东西。我们的使命是对女性说："你可以拥有你想要的一切。"对我们创始团队来说，这是一个使人振奋的想法。此外，还有一种叛逆的精神：我们要彻底颠覆这个精英产业。我们绝不会让这百年一遇的疫情摧毁我们的愿景。

向每个人强调公司要实现时尚普及的使命，创建更具竞争力的商业模式——通过这种做法，海曼把疫情转变成 RTR 的机会，发挥出了平台公司的优势。2021 年 10 月，在海曼的领导下，RTR 成功上市，成为第一家创始人兼 CEO、COO 和 CFO 都是女性领导者的 IPO 公司。

■ ■ ■

## 比尔的观点：危机是对领导者的真正考验

作为一名领导者，你一定会在职业生涯中遭遇危机时刻，并且根本无法回避。而这一时刻将会成为决定你任期的时刻。当你按计划进行经营并且进展顺利的时候，你会感觉应对自如，人们也愿意追随你的领导。当危机来临时，无论危机来自内部还是外部，你的领导力都将受到真正的考验。

当危机来临时，没有现成的剧本可以告诉你该怎么做，你也不可能对问题的根源及其影响看得十分清楚。这时，你需要团结大家，客观面对危机，在做最坏打算的同时，制订灵活的计划，以便应对危机。

在我的职业生涯中，我经历过许多这样的危机，也看到过不同的领导者在处理危机时有多么不同。令人惊讶的是，那些在经济形势比较好的时候表现得非常强大的领导者，却常常无法应对挑战。只有那些在艰难时期带领大家一起找到解决方法并渡过难关的领导者，才是真正的领导者。

沧海横流方显英雄本色。当前进的道路不明朗时，那些关心自我形象的领导者往往缺乏勇气并难以采取果断的行动，因为他们害怕失败。勇敢的领导者并不担忧自己的外在形象，他们只是想让人们团结起来渡过难关。他们努力克服所有障碍，带领人们走出困境。

作为新兴领导者，你需要在风险较低的情况下锻炼自己，做好准备，以便在风险高的时刻承担起更大的责任。培养勇气的唯一方法是在最困难的情况下挑战自己。我的建议是：一是寻找机会锻炼自己；二是不要在困难面前退缩。只有这样，你才能在遭遇重大危机时做好准备。也就是说，你不仅要带领团队渡过难关，还要有勇气采取大胆的行动，让自己成为胜利者。

---

## 本章小结：危机领导力

**要点回顾：**

- 危机是对领导者的真正考验。

- 所有领导者在任期间都不可避免地会遭遇危机。

- 要想渡过危机，你不仅要毫不动摇地坚持自己的远见，还要深刻理解事物运行的规律。此外，还要鼓起勇气带领团队穿越暴风雨，并在策略上保持灵活性和适应性。

- 危机领导力的七项修炼：

  1. 面对现实，从自己做起。

  2. 深挖根源。

3. 保持与一线团队的密切合作。

4. 不要浪费任何一个危机。

5. 做好长期的准备。

6. 在备受关注的危机时刻，追随你的"真北"。

7. 持续奋斗进取，专注获得胜利。


**思考问题：**

1. 请问问自己，在过去当你遭遇危机时：

    a. 你勇于面对现实吗？

    b. 你有没有反思过，思考你的行为是如何导致危机的？

    c. 你承担全部责任了吗？

    d. 你把责任归咎于他人或者外部因素了吗？

2. 请想象一下，未来当你遭遇危机时，你会如何做出回应？你有合适的团队来驾驭这场危机吗？你有正确的使命和策略来指引你实现目标吗？


**领导力发展实用建议：**

- 向你的团队披露组织所面临的挑战，鼓励他们提出解决方案。

- 走访员工、客户和顾问，了解问题并听取不同的意见和观点。

- 制定决策原则和长期计划来应对危机。

- 利用危机实现组织及业务转型，让组织能够增强未来的市场地位。

第 13 章
# 道德型领导者

把事做好和做好事之间并不相互矛盾。
——Salesforce CEO 马克·贝尼奥夫（Marc Benioff）

在最后一章，我们给你的领导力提升之路提出了一个挑战：成为一名道德型领导者，通过坚守自己的价值观、做诚实正直的典范、展现勇气并对世界产生积极的影响。

亚里士多德曾提出，伟大的沟通者需要具备三个素质：**理性、品格和情感**。对当今的领导者来说，尽管逻辑性（理性）和同理心（情感）是必备的品质，但是，其中最重要的还是品格，或者说是道德素养。当今时代迫切需要的是道德领袖，如圣雄甘地、亚伯拉罕·林肯、特蕾莎修女、纳尔逊·曼德拉、温斯顿·丘吉尔和马丁·路德·金等，他们都是伟大的道德领袖。他们建立了极高的道德标准，很少有人能够达到他们那样的高度。

然而，他们示范的美德都是我们能够做到的。只要你能找到自己的"真北"，就能成为一名道德型领导者，真实待人并追随自己的"北极星"，实现自己的使命。当你这样做时，你就能激励并带动他人追随你的领导，你就会成为他人学习的典范。

商业领袖多弗·塞德曼是道德型领导领域中最重要的思想家和倡导者，他认为："领导力需要领导者走进人们的内心深处，而不是仅仅是停留在思想层面。领导者要动员他人一起为了共同的远大事业而奋斗，同时还要为每个人创造条件，让他们贡献出自己的全部才能和智慧，并把最深层的仁爱体现出来。"

道德型领导者是受使命驱使的，当他们在解决对错问题时，勇气和耐心让他们充满活力，让他们能够给人以启迪和鼓励。你如果要成为道德权威，就需要让大家知道"你是谁"以及"你是如何领导的"。领导者不是要在人们身上运用权力，而是要从人们身上获得权力。

塞德曼说，处理类似的问题需要从道德层面来重新审视它们，按下暂停键并进行深入的思考：

如果想成为道德型领导者，你需要停下脚步，暂停一会儿，反思你所处的世界，反思你所面临的困境，反思你处理问题的方式和方法。"暂停"是必不可少的，可以让你从道德层面来判断问题，确保自己的行为符合自己的价值观。

■ ■ ■

## 奇普·伯格：李维斯公司的道德型领导者

李维·斯特劳斯（Levi Strauss，简称李维斯）公司的 CEO 奇普·伯格是当今道德型领导者的典范。伯格在 2011 年成为 CEO 之前，曾就读于拉斐特学院，在美国陆军服役过，在宝洁公司工作过。在他接手李维斯公司时，这个有着 168 年历史的品牌已经日渐衰落，销售额不断下降，债台高筑。伯格从来就不是一个会在挑战面前退缩的人，他相信通过以人为本的价值观和相应的原则领导公司，就一定能重振品牌影响力，恢复公司的财务实力。2019 年，在经历了 39 年的私有化后，他带领公司重返股票市场。2021 年，尽管受到了新冠疫情的影响，公司报告显示的收入和盈利能力依然创造了几十年来的新高。

在伯格担任 CEO 10 年之际，我与他进行过一次谈话，他充满自信地向我介绍他是如何扭转乾坤的，以及是如何处理那些最具挑战性的问题与困难的。伯格相信，李维斯公司的标志性品牌代表着真实，这必须反映在公司领导层和员工身上。

如果一个品牌言行不一，或者说文字表述和图片不相符，那么这个品牌就会有麻烦。我们知道，在重要问题上表明立场，就一定会产生影响，不仅会对公司造成影响，还会对李维斯的品牌造成影响。

我们的品牌是世界上最具标志性的品牌之一，但是在十年前有过一次濒死的经历。对我来说，让我们的公司成为一家伟大的公司是一项崇高的事业。而李维斯品牌的宗旨就是让人们能够表里如一，成为真实的自己。

伯格在与员工接触时，一直坚持"真实"的作风。例如，他每个月都会举办一次全球网络直播的"薯条和啤酒"见面会。他在简短介绍公司新闻后，就会让员工任意提问。他认为，如果透明度足够高，那么员工之间一定会建立信任关系。"大家会发现，其实我很平易近人。"

伯格希望李维斯公司是一家员工能够在日常工作中展示真实自我的公司。他解释道："新冠疫情给我们带来了重大影响，所以我希望有一天我们的员工能够告诉他们的孙辈，公司在这个时期是如何对待他们的。尤其是在公司不得不关闭门店解雇员工时，我们会给那些人提供 12 个月的医疗保障。"

他还认为，领导者在谈论重要公共问题时必须诚实。此外，进行社会宣传一直是李维斯习惯使用的做法。他说："在这个日益分裂的世界里，CEO 们有义务参与其中。我们有影响力，我们有发言权。如果袖手旁观，我们就无法履行领导者的职责。"

近年来，伯格一直直言不讳地讨论诸如制止枪支暴力、气候变化和带薪探亲假期等敏感话题。他说，"现如今，年轻的消费者具有社会意识，他们会通过网络获知一切。"

我们的目标客户是 Z 世代消费者，所以我们必须了解他们的思维模式。气候变化和枪支暴力等问题对他们来说太重要了，所以我们必须采取明确的立场。我们不能支持一切，也不能什么都不支持。我们要为最重要的事情站台。在表明立场时，我们的思考角度应该是：30 年后，我们是否站在了历史正确的一边？

伯格相信，"多样性的组织，任何时候都会胜过同质化的组织。"乔治·弗洛伊德的案件发生后，他让团队花时间对李维斯公司的员工多样性进行了认真的评估。后来，他意识到，"事实很难堪，我们并没有达到自己需要达到的水平"。然后，伯格与非洲裔员工进行了会面，主动了解他们在李维斯公司的工作情况，并承诺每年更新公司关于多样性、公平和包容（DEI）的统计数据，开展薪酬公平审计工作，并任命一位非洲裔领导者成为公司董事会成员。

他还致力于加强投票权的工作，给员工提供投票的时间，并捐赠 300
万美元为他们提供公平投票的机会。当佐治亚州立法委员通过更具限制
性投票的法案时，伯格把他们称为"种族主义者"。今天，他在其他州与
立法委员们一起合作，努力阻止类似法案的通过。

伯格坚信从塞德曼那里学到的"暂停原则"。他除了坚持每天写日记
的习惯，还会停下来，对自己发问：

- 今天我对别人的生活带来了积极影响吗？
- 今天我给团队带来了帮助吗？
- 我是不是在思考前进的方向？我环顾四周的机会和挑战了吗？
- 我是否践行了自己的价值观？
- 我以身作则了吗？我在领导方式上是否有所进步？

你每天会花时间停下脚步，暂停一会儿吗？当你问自己这些探索性
问题时，就能发现你的日常生活是否与自己的愿望保持一致，这会帮助
你成为一个更好的道德型领导者。另外，你可能会发现，正念或冥想也
能帮助你做到这一点。

伯格通过自己的行动和声音为所有人树立了道德型领导者的典范。
他对自己的使命充满激情，致力于让李维斯成为世界上一股强大的力量。
他在激励员工、帮助员工提升方面充满勇气，也愿意碰触政治敏感性的
问题。他总结道："李维斯公司之所以能够通过坚持原则实现利润增长，
是因为我们坚持长期主义。"

■ ■ ■

# 多方利益相关者模式

那些像伯格一样有勇气和远见的道德型领导者与那些只考虑短期利益的交易型领导者形成鲜明的对比，而交易型领导者自20世纪80年代以来就主导了商业界和金融界。随着短线交易员、对冲基金和激进型投资者等人逐渐掌控权力，他们开始收取高额费用，抽取20%的收益，对市场带来的潜在危害不容小觑。他们专注于获取短期收益和股票回购，投资时不再关注长期回报，普遍追求短期的股东价值最大化，这让市场陷入了一种狂热状态。

他们迫使公司削减研发成本和其他长期投资，这将彻底摧毁公司的经济价值和未来的生存能力，如通用电气。2001年，通用电气曾是世界上最具价值的公司。在CEO杰夫·伊梅尔特的管理下，股东价值下降了3000亿美元，创下历史上最大的降幅。因为没有公司使命，也没有清晰的价值观，通用电气成了米尔顿·弗里德曼（Milton Friedman）陷阱学说的生动例证——"企业的社会责任是增加利润"。对于20世纪信奉弗里德曼学说的领导者们来说，通用电气的失败也给他们上了生动的一课。

事实上，上市公司以及有限责任公司都是以服务社会为宗旨而被批准成立的。但在过去30年里，股东给企业施加了巨大的压力，迫使商人转变自己的角色，让他们认为自己的职责就是管理资产，确保股东能够获得最大化的短期利益。2019年，美国商业圆桌会议把美国排名靠前的公司组织在一起，迈出了重要的一步，把从股东至上的观念向多方利益相关者的模式转变。

在摩根大通CEO杰米·戴蒙的带领下，美国商业圆桌会议的181位

CEO承诺"为了所有利益相关者——客户、员工、供应商、社区和股东等人的利益而领导公司"。杰米·戴蒙说："大型企业都会在自己的员工身上和社区内投资，因为他们知道，从长远看，这是成功的唯一途径。"作为圆桌会议新声明的主要发起人，美国强生公司CEO亚历克斯·高斯基补充道："这反映了企业今天可以并且应该运营的方式，肯定了企业在改变社会方面的重要作用。当CEO们真正致力于满足所有利益相关者的需求时，企业就会在社会变革方面发挥重要作用。"

这样的变革遭到一些金融界和媒体人士的质疑，却受到了众多CEO和领导者的广泛欢迎，因为这种方式正是他们一直想要的经营方式，即股东不要再因短期收益而施加压力。他们非常确信，服务于所有的利益相关者能够为每个人带来长期的更大的价值，同时可以避免出现像通用电气那样的失败。

经验告诉我，支持股东价值最大化的人大多不理解或者根本就不关心企业如何才能创造可持续的股东价值，因为他们只是短线股票交易员，而不是公司的长期投资人。创造可持续价值必须从所有利益相关者的利益出发，围绕他们的共同使命和价值观，服务于公司的客户以及所有与公司成败息息相关的人。

一个组织的使命和价值观会吸引员工，激励他们创新，为客户提供优质服务。这就会提高客户满意度，继而提升公司收益。不断增长的收益带来源源不断的利润，就可以对员工、创新以及客户服务进行再投资。这样，就会创造出可持续的股东价值。当所有利益相关者的利益一致时，企业运转就会形成良性循环，详见图13-1。

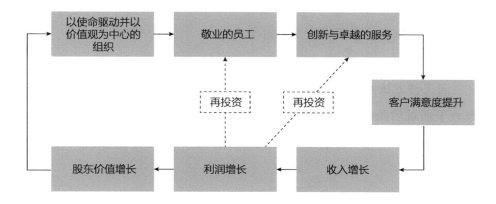

图 13-1　可持续增长和业绩表现

领导一个多方利益相关者模式的组织并非易事，因为领导者如果想满足所有利益相关者的需求，就必须权衡一切并做出艰难的决策。满足所有利益相关者的需求是非常难的，因为他们的目标总是相互矛盾的。投资者、员工、客户、社会活动家以及政府领导者都会不可避免地向决策者施压，从而让自己的利益获得优先考虑。你如果想创造长期的可持续的价值，就需要以道德为指针来做出明智的判断，并在深思熟虑后采取行动。在疫情期间，领导者做出任何决策都尤为不易，因为你只能根据有限的信息做出快速的应变。

百思买 CEO 休伯特·乔里列举了不同的领导者在做决策时使用的五种共同方法：

1. 专注绩效；

2. 不做坏事；

3. 做"正能量"的贡献者，确保利大于弊；

4. 成为向善的力量；

5. 尽力解决社会面临的最大挑战。

前三种方法是 20 世纪企业领袖的典型做法。而今天的领导者，他们致力于通过后两种方法做出贡献。在追寻自己"北极星"的途中，像伯格那样的道德型领导者正在承担起解决我们这个时代最难问题的责任。

■ ■ ■

## 领导者应该在什么时候应对公共问题的挑战

媒体报道越来越具有争议性，来自股东和社会活动家的压力也日益增加，这些都提出了一个至关重要的问题：CEO 应该在什么时候对公共问题发表意见并采取行动？这样的决策极其复杂，因为通常来说，这没有一个清晰的"正确"答案。

对领导者来说，决定参与公众问题并不是一个简单的选择，因为无论你如何做，都不可避免地会受到谴责和批评。你不能对所有的事情都直言不讳，否则你就会失去影响力。即便你决定不参与其中，也依然会面临严重的后果。

道德型领导者应该关注那些与使命和价值观直接相关的问题。为了能够做出艰难的决策，你需要构建自己乃至整个公司的使命以及价值观。卷入某些事件或问题是否违背自己或者组织最深层的价值观？是否与自己的"北极星"或者公司的使命相悖？怎样做才能对公司的伤害最小？怎样做才能带来最大的善？

让我们看看那些通过领导力解决重要问题的道德型领导者是怎么

做的：

- 让资本为所有人服务——马克·贝尼奥夫
- 让环境可持续——保罗·波尔曼
- 助人为乐的伦理银行——理查德·戴维斯（Richard Davis）
- 重塑医疗保健服务体系——布拉德·史密斯（Brad Smith）

你会探讨教育机会均等、女性权益或收入不平等这样的问题吗？虽然你不能改变整个世界，但是你能产生重大影响。你可以听从内心的召唤，用自己的声音和立场，为大众的利益做善事、做好事。

## 让资本为所有人服务

马克·贝尼奥夫是道德型领导者的典型代表，他告诉大家如何用"为善者诸事顺"这样的理念来领导公司。当他担任 Salesforce（客户关系管理平台）公司 CEO 时，他运用资本为公司相关的每个人服务，哪怕是那些流浪在旧金山街头无家可归的人，只要成为公司利益相关者，他就会让资本为其服务。

贝尼奥夫的职业生涯始于软件巨头甲骨文公司，他在进入公司第一年就获得了公司的最佳新秀奖。在工作中，他以客户为中心，精力充沛，干劲十足。在工作之外，他在社区做志愿者服务。他说这种割裂的生活让他迷失了方向。"在学校做志愿工作时，我是在做慈善，在回馈社会。但是我现在好像是两个人，一个是商人，另一个是慈善家。"他说，甲骨文公司"太米尔顿·弗里德曼化了——只关注股东回报"。

然后，贝尼奥夫休假去拜访了印度教徒的一个修行处。当古鲁（印度宗教导师）阿玛契（Mata Amritanandamayi）质疑他是否回馈他人时，他顿悟了。

我对自己说："我想成为一个无论在哪里都能表里如一、诚实正直的贝尼奥夫。当我创办公司时，从第一天开始，公司的价值观就是乐善好施、奉献和慷慨。"这是一个激动人心的时刻。

1999 年，当贝尼奥夫创建 Salesforce 公司时，他看到了市场机会，他认为软件将过渡到云端，并且预见客户关系管理软件能量身定制做一对一的数字客户关系。他把信任、客户成功、创新以及平等的价值观作为公司文化的核心。然后，通过"1-1-1"模式将服务他人融入 Salesforce 的基因。所谓的"1-1-1"模式就是把公司 1% 的股份、1% 的产品和员工 1% 的时间捐献给志愿服务。

贝尼奥夫让 Salesforce 公司获得了令人难以置信的成功，价值到达 2500 亿美元。公司在客户关系管理方面拥有绝对的领先地位，正是这种公司文化使得 Salesforce 公司在业界首屈一指。贝尼奥夫解释道：

研究表明，把崇高的使命融入文化的公司更容易成为业界翘楚，增长更快，盈利更强。**Salesforce** 就是活生生的例证，公司能够因此而蓬勃发展，每个人都能从中获利。把事做好和做好事之间并不相互矛盾。

当 Salesforce 公司的价值观受到考验时，贝尼奥夫勇于做出艰难的选择和决策。他说，除非你把文字变成行动和言行一致，否则价值观只是文字而已。

在贝尼奥夫的家乡旧金山市，他主张对大型的科技公司征税，用来安置无家可归者。他的这一主张遭到其他科技公司 CEO 的批评，贝尼奥夫说，"我们赚取的则是数十亿美元，而公司缴纳的税仅仅是一个小数目，却能帮助城市变得更干净。"

女性、性少数群体雇员、无家可归者、公立学校以及我们赖以生存的地球都是公司重要的组成要素，都是关键的利益相关者。你是在编织美丽的织锦。如果你把它们结合在一起，就能获得丰富的股东回报，也会从利益相关者那里收获难以置信的回馈。我们在这里不仅仅是为了赚钱，而是为了改变世界，彼此爱护。

贝尼奥夫一直在努力解决与公平公正有关的问题，如不平等问题。贝尼奥夫直言不讳地挑战其他 CEO，让他们能够保持步调一致。他相信，商业是变革的最大力量来源。他认为，商界必须扮演重要角色，在解决重大问题时应发挥重要作用，使商业更加人性化。他身体力行，告诉大家多方利益相关者的模式如何服务于每个人，发挥出自己的领导力和影响力。

## 让环境可持续

在过去这十年里，联合利华公司 CEO 保罗·波尔曼一直是可持续发展的领衔商业代言人。在任职初期，他认识到可持续发展是联合利华的"北极星"，就发布了"联合利华可持续发展生活计划"，并将其作为公司的战略基础。他对此做出了大胆的承诺并严格执行，让公司其他领导者也进行公开承诺并且要求他们对其承诺负责，同时接受大家的监督。波尔曼的这种做法，其实是建立在公司的传统根基之上的，并且是继承了共同创始人利华休姆勋爵（Lord Leverhulme）的遗志，这位创始人曾运用"阳光牌"的肥皂消灭了英国的疟疾。

波尔曼把可持续发展融入联合利华的每个产品，这不仅改变了联合利华，还为其创造了竞争优势。此外，他还收购了像七世代和肯辛顿爵士（Sir Kensington's）这样的一些可持续发展的品牌。为了改变公司领导层，波尔曼推出了"联合利华领导力发展项目"，给成千上万的领导者们提供真实领导力的培训。

2019 年，波尔曼在结束十年 CEO 任期后离开了联合利华，并与瓦莱丽·凯勒共同创建了一个叫"IMAGINE"的组织，这一组织成立的使命是激励各个行业的领导者为联合国 2030 年可持续发展使命做出贡献。波尔曼和凯勒与众多 CEO 们一起努力，从食品和服装行业开始，把可持续发展的核心要义融入各家企业的战略。

通过个人的影响力，波尔曼正在影响着很多 CEO 和领导者，让他们高度重视环境问题，并做出更加坚定的变革承诺。波尔曼最近出版了新书《净积极影响》（*Net Positive*），他主张组织对于环境的贡献应该大于其所索取。

绝大多数新兴的领导者都相信，我们必须通过改变自己的行为减少对气候变化造成的影响。那么，我们需要采取什么样的行动才能应对这些挑战呢？

## 助人为乐的伦理银行

在过去的这 25 年里，理查德·戴维斯是最讲道德伦理的银行业人士之一，他从来都不会为了赚更多的钱而偏离自己的原则。他注意规避那些高风险、高回报的交易，也正是此类交易造成了 2008 年的金融危机。而他所在的美国合众银行则安然无恙地渡过了这次危机。

戴维斯在美国合众银行职业生涯的早期，形成了不同寻常的职业哲学。那时，他一直在级别比较低的岗位上工作，经历过几次在一线岗位的横向调动，并且拒绝了内部晋升的机会，他不在乎能否赚更多的钱。这样的工作背景让他更愿意与银行的一线员工在一起，尤其是那些柜员。"我在领导力方面的强项是知道应该听谁的，"他说，"当你身居高位时，你就很难理解一线员工的工作与生活，一线员工经常与客户进行沟通交流，如果你想理解他们，你需要走到他们中间亲自与他们沟通。"

作为美国合众银行的 CEO，戴维斯在 2008 年金融危机和 2009 年经济大衰退期间担任银行业协会主席，那时他所面临的是他职业生涯中最大的挑战。他拜会了奥巴马总统，向他解释了发放信用贷款的重要性。他支持多德－弗兰克法案（Dodd-Frank）和美联储的严厉监管，他说："他们创造了公平的竞争环境。"

戴维斯把地方银行看成社区的领导者，因为这些银行了解社区的需求，能够把人们团结在一起，改善环境与生活。作为 CEO，他还是双城社区的商业领导者，还在基督教青年会（YMCA）、联合劝募会（United Way）、明尼苏达州管弦乐团（Minneapolis Orchestra）、艺术学院（Art Institute）以及明尼苏达州商业伙伴组织（Minnesota Business Partnership）担任领导职务。他带领各方为城市建造了新的橄榄球场，并以美国合众银行冠名，代表明尼苏达州承接了第 52 届超级碗冠军赛。他说："如果你所在的社区不团结，那么银行就不可能健康发展。"

戴维斯在 CEO 的位置上工作了 11 年，他在离任时说："我终于可以去完成我十几岁就梦寐以求的服务使命了。"现在，他在许愿基金会（Make-A-Wish Foundation）担任 CEO。在新冠疫情期间，他为那些重症儿童描绘并展望替代飞机旅行的方式，并对基金会进行改革。

对每个人来说，银行和金融都非常重要，就像"油箱中的燃料"一样重要。金融稳定和安全，我们就可以用净资产来改善生活并创建健康社区。我们需要的正是像戴维斯一样的，重视道德伦理的银行家。在他们的眼中，客户的需求高于获取利润。

# 新兴领导者：布拉德·史密斯重塑医疗保健服务体系

布拉德·史密斯从大学毕业后，拒绝了麦肯锡高薪工作的机会，选择去给美国参议院候选人鲍勃·寇尔克（Bob Corker）担任司机。他为什么会选择薪酬只有麦肯锡三分之一的工作呢？"那份工作看起来更加有趣一些。"史密斯说。这份工作让他成为白宫工作人员，并在田纳西州经营一家教育智囊团。

当生病的祖母遭受重疾折磨时，他发现医疗护理领域存在很多不平等的地方。根据经验，他创办了一家名叫"渴望健康"（Aspire Health）的医疗护理服务机构，这是一家专门为患者缓解痛苦的护理公司，并由前参议员比尔·菲斯特（Bill Frist）担任董事会主席。这家公司并不只局限于按服务收费，而是更加关注为患者减轻痛苦。史密斯将这个服务模式扩展到 25 个州，为成千上万的患者提供服务。

后来，他将"渴望健康"以 4.4 亿美元卖给了安赞公司（Anthem），史密斯被邀请回到华盛顿并在卫生与公众服务部门任职。"这个时机其实并不理想，但可能以后再也不会收到这样的邀请了。"在新冠疫情爆发时，他在新的工作岗位上才工作了两个月，然后就被贾里德·库什纳（Jared Kushner）请到白宫帮忙应对疫情带来的挑战。

史密斯说："问题接踵而来，在进入下一个问题之前需要搭建体系框架并且提供解决方案。我意识到，待在幕后就会有提供服务的巨大空间和机会。"无论在白宫讲台上主持新冠疫情简报会，还是定期与总统会面，抑或是担任国内政策委员会副主任时，史密斯一直保持低调，不仅谦逊有礼，而且渴望能够完成任务并把事情做好。

现在，史密斯回到了田纳西州，开启了新的医疗保健事业。他说：

医疗保健对人们的生活有着重大影响。我们应该关注那些最脆弱的患者群体。我曾经在政府部门服务，也创办过公司，还经营过非营利性机构。你可以帮助所有这些不同领域的人，但问题是，你在哪里能产生最大的影响力呢？

史密斯说："跨界工作能让你保持谦逊，因为你需要学习很多新东西。"他的职业生涯告诉我们，无论工作多与少，或者职位高与低，你要到需要你的地方去，并且做好每一份工作。此外，走那些并非传统的道路可以带给你梦寐以求的机会。

■ ■ ■

## 比尔的观点：让领导力创造非凡

我认为，创新类的组织每十年就需要换一位新的领导者。因此，在担任美敦力 CEO 时，我给自己设定了一个十年任期。当我在 58 岁把权力移交给继任者时，我完全不知道未来会是什么样子。这让我感觉，自己好像拉着绳索从看不到底的岩石峭壁上往下滑。

我用了 8 个月的时间思考下一步计划，包括到政府去任职，抑或接受另外一份 CEO 职位，或者到阿斯彭研究所（Aspen Institute）任职等。后来，我搬到了瑞士，在两所著名的瑞士学校教书。就在那时，安然、世通和泰科等公司陆续倒闭了，造成一场公司治理的危机。

也正是那个时候，我看到了世界迫切需要真实领导者，真实领导者以道德准则为指引，能够带领大家对组织进行变革。我发现，领导者通过应对社会上最严峻的挑战，可以对数百万的人产生巨大影响。我决定为培养新兴的领导者贡献自己的力量，尤其是那些致力于打造可持续发展组织的领导者，他们会让世界变得更美好。我相信，如果我能对领导力转型这项事业做出贡献，就能够比只专注于一家组织产生更大的影响。

领导力转型需要道德型领导者，需要他们在各个组织乃至整个社会中都走上领导岗位。道德型领导者能够从深层次进行自我反省，他们在自我认知和情商方面都略胜一筹。这并不是需要有宗教信仰才能实现，尽管很多道德型领导者有着自己的宗教或者精神方面的信仰。他们追求那些能够激发他们活力的事业，这让他们能够有勇气去应对挑战并走出困境。

道德型领导者不需要职位所赋予的权力。任何人都能成为道德型领导者，他们可以用自己的声音和文字去激励他人，就像沃伦·本尼斯和吉姆·沃利斯那样。他们用个人品格和行动为大家树立了强有力的典范，人们可以追随他们，聆听他们的课程和指导，让自己的道德品质得以发展和提升。我从美敦力公司退休后，我的满足感都来自新兴领导者们所取得的成就，就是像你一样的领导者。我给你们授过课或一起工作过，有些人的故事还出现在本书中。

现在，我把领导力的火炬传递给你。你要成为新兴的道德型领导者，在当今复杂世界中接受各种挑战并发挥领导作用。号角已经吹响，你要听从内心的呼唤和智慧的指引，为了所有人，让这个世界变得更加美好。那么，请现在就开始去发掘自己的"真北"，追随自己的"北极星"，用清晰的道德准则指引自己的组织前进。你将用自己的天赋留下一个可以引以为傲的伟大遗绩，这份满足感就是你的回报。

## 本章小结：道德型领导者

**要点回顾：**

- 商界、政府、非营利性组织以及其他各行各业的道德型领导者，在应对社会上的各种严峻挑战时发挥至关重要的作用。

- 今天的商界领导者已经认识到，他们现在肩负的责任超越以往任何时候，仅让自己的组织对社会做出积极的贡献是远远不够的。

- 要想创造可持续的价值，则必须把所有的利益相关者团结在一起，围绕共同的使命和价值观展开，为公司客户、员工、股东以及所有与公司成败息息相关的人提供服务。

- 你不能解决世界上所有的问题，但是你可以把自己的领导力聚焦于一个或几个主题，从而发挥积极且有意义的影响力。

**思考问题：**

1. 你符合道德型领导者的标准吗？你想发展哪些方面的领导力？

2. 你正在应对哪些重大挑战？

3. 你的组织在应对社会挑战中是如何产生积极影响的？

4. 你是如何为所有利益相关者服务的？在此过程中，你不得不做哪些权衡取舍？

**领导力发展实用建议：**

- 请列出公司中不同的利益相关者。在每个利益相关者下面，列出你在为他们创造价值时所做的实事。

- 对员工进行调查，询问他们认为公司应该对世界产生哪些影响。然后，用他们的反馈重构组织使命：

  a. 我们的使命是如何解决世界面临的问题的？

  b. 我们的使命对你有多大的激励作用？

  c. 你将如何改变使命并使之更加有意义？

  d. 你认为我们公司的可持续发展有多么重要？

  e. 公司采取哪些措施可以提高可持续发展的能力？

  f. 我们应该如何衡量公司对世界产生的积极影响？

非常感谢所有为本书做出贡献的人。首先，我们要感谢劳伦·施文克
（Lauren Schwenk），她是这本书的牵头负责人，在有关内容的调研、写作、
编辑以及设计等方面给予了我们大量的技术支持，并把握整本书编辑过程
的进度与完整性。如果没有她的帮助，我们无法完成本书的创作。

我们还要感谢由珍妮安·雷（Jeanenne Ray）带领的威利（Wiley）出
版团队，他们对本书以及《真北》系列全书提供了大力的支持与鼓励。沃
伦·本尼斯和大卫·格根在领导力研究领域的前沿及最新的研究成果为本
书中的许多理念奠定了基础。此外，我们还要感谢彼得·西蒙斯（Peter
Sims）和戴安娜·迈尔（Diana Mayer），他们二人对 2007 年第一版《真北》
做出了巨大贡献。

**比尔·乔治：** 我要感谢哈佛大学商学院的领导力团队，尤其是院长
尼汀·诺里亚（Nitin Nohria）、休伯特·乔里、斯科特·斯努克（Scott
Snook）和汤姆·德隆（Tom DeLong）等人。如果没有他们的真知灼见、
潜心研究和谆谆教诲，就不可能形成本书中的新理念。此外，哈佛大学
商学院多位同僚为我提供了他们的洞见和智慧，他们包括迈克尔·波特
（Michael Porter）、克里士纳·佩勒普（Krishna Palepu）、米希尔·德赛
（Mihir Desai）、兰杰·古拉蒂（Ranjay Gulati）、艾米·埃德蒙德森（Amy
Edmondson）、达斯·纳拉扬达斯（Das Narayandas）、伦恩·施莱辛格（Len
Schlesinger）、佛朗西思·傅雷（Frances Frei）、斯里坎特·达塔尔（Srikant

Datar）、罗伯·卡普兰（Rob Kaplan）、杰·罗什（Jay Lorsch）和克莱顿·克里斯坦森（Clay Christensen）等人。此外，我还要感谢乔治家庭办公室（George Family Office）的戴安娜·温霍尔德（Diane Weinhold）和史黛西·瓦尔歇斯基（Stacy Walcheski），他们为本书提供了有力的支持和项目管理工作。最后，还要感谢我的妻子佩妮，如果没有她给予的见解、支持和鼓励，本书也绝对不可能问世。

**扎克·克莱顿：**我要感谢三船公司（Three Ships）的同事们，他们不仅阅读了这本书，还尝试运用其中的理念，并与我一起踏上成为真实领导者的旅程。我特别要感谢阿尔蒂·苏拉、劳伦·普罗塞（Lauren Prosser）、约翰·摩根（John Morgan）、约翰·克莱顿（John Clayton）、塞斯·利顿（Seth Lytton）、沃尔克·富勒（Walker Fuller）和史蒂夫·诺埃尔（Steve Noel）等人，他们都为本次的新版本贡献了建设性的反馈意见。此外，大卫·卡西克（David Cusick）、尚恩·杜特卡（Shane Dutka）、德里克·古尔德（Derek Gould）、萨拉·豪普特（Sarah Haupt）、凯西·黑德（Casey Head）、克里斯丁·冯·坎佐（Christian von Kantzow）、马克·刘易斯（Marc Lewis）、安德烈斯·里奥布埃诺（Andres Riobueno）、瑞贝卡·赛德卡（Rebekah Sedaca）、安娜·斯肯德（Anna Skender）以及其他很多同事都参与了本书的内容编辑工作，并且通过领导力发展小组提供了调整建议。我还要感谢我的得力助手丽莉·雷维尔斯（Lily Revels）。我的这些同事是世界上最好的同事，非常感激他们给予我的温柔鼓励，他们是我坚强的后盾。最后，我还要感谢我的妻子凯蒂，每当提起我的妻子，我总是会用"充满智慧"来形容她。她是一个了不起的人，一位好妻子和一个好母亲。我由衷地感谢我的妻子，特别感谢她愿意在约会日和我讨论《真北》，并对领导力发展提出宝贵的见解和看法。

比尔·乔治（Bill Georege），哈佛大学商学院高级研究人员，自 2004 年开始教授领导力课程。他著有四本畅销书，分别是《真实领导力》（*Authentic Leadership*）、《真北》（*True North*）、《找到你的真北》（*Discover Your True North*）和《卓越领导的七项修炼》（*7 Lessons for Leading in Crisis*）。

他曾担任世界顶级医疗技术公司美敦力公司的董事长及 CEO。在他的领导下，美敦力的市值从 11 亿美元增长到 600 亿美元，年增长率高达 35%。他于 1989 年加入美敦力，并担任总裁兼 COO；于 1991—2001 年担任 CEO；于 1996—2002 年担任董事会主席。他早期曾在霍尼韦尔和立顿工业担任 CEO，并曾就职于美国国防部。

他曾担任高盛集团、埃克森石油、诺华制药公司、Target（泛欧实时全额自动清算系统）、梅奥诊所以及美国世界经济论坛等组织的董事。他获得了 2014 年商业领袖鲍尔奖，并于 2012 年入选成为美国国家工程院院士。他曾被美国公共广播事务局（PBS）评选为"25 年来最顶尖的 25 位商业领袖之一"，被美国管理学会评选为"年度首席执行官"，被美国董事协会评选为"年度董事"。

乔治曾获得佐治亚理工学院工业工程学士学位，并以"贝克学者"（Baker Sholar）的身份拿到哈佛大学 MBA 学位。此外，他还获得了佐治亚理工学院、梅奥医学院、圣托马斯大学、奥格斯堡大学和布莱恩特大学的荣誉博士学位。现在，他与妻子佩妮居住在明尼苏达州明尼阿波利斯市。

**扎克·克莱顿**（Zach Clayton），三船公司（Three Ships）创始人兼CEO。该公司拥有300多名员工，主要经营数字市场的相关业务，该业务能使品牌与消费者高效连接，并帮助消费者在购物时能够放心购买。

他曾获得北卡罗来纳大学教堂山分校学士学位，并获得"摩海德学者"称号和大学优秀生联谊会获奖者。此外，他还以优异的成绩获得了哈佛大学商学院MBA学位，并被授予"贝克学者"的称号。

克莱顿在迪克斯公园管理委员会、与荣誉同在以及成功教育与数控转型商务促进会等组织任职。从就读哈佛大学商学院开始，他就协助乔治做图书编辑方面的工作。他在不断追寻"真北"的旅程中受益匪浅，能够更好地理解并应用"真北"的概念。现在，他与妻子凯蒂以及四个孩子生活在北卡罗来纳州的首府罗利。